저자
구경숙 · 장진개

중국어 관용어가 무기다!

초판발행	2014년 8월 20일
1판 4쇄	2021년 11월 15일
저자	구경숙, 장진개
책임 편집	최미진, 가석빈, 高霞, 엄수연
펴낸이	엄태상
디자인	김지연
콘텐츠 제작	김선웅, 김현이, 유일환
마케팅	이승욱, 전한나, 왕성석, 노원준, 조인선, 조성민
경영기획	마정인, 조성근, 최성훈, 정다운, 김다미, 오희연
물류	정종진, 윤덕현, 양희은, 신승진
펴낸곳	시사중국어사(시사북스)
주소	서울시 종로구 자하문로 300 시사빌딩
주문 및 교재 문의	1588-1582
팩스	0502-989-9592
홈페이지	http://www.sisabooks.com
이메일	book_chinese@sisadream.com
등록일자	1988년 2월 13일
등록번호	제1-657호

ISBN 979-11-5720-009-2 13720

* 이 책의 내용을 사전 허가 없이 전재하거나 복제할 경우 법적인 제재를 받게 됨을 알려 드립니다.
* 잘못된 책은 구입하신 서점에서 교환해 드립니다.
* 정가는 표지에 표시되어 있습니다.

머리말

중국인과의 일상적인 의사소통에는 별 문제가 없는데 가끔 중국인들끼리 하는 대화를 듣거나 영화, 드라마 혹은 광고 등을 접하게 되면 글자 표면의 뜻과 전혀 다른 의미를 내포하고 있는 경우의 표현들이 있어 의미 파악이 힘든 경우가 많습니다. 예를 들면 "刀子嘴, 豆腐心"이라는 표현이 있습니다. 글자 그대로 해석하면 "칼의 입, 두부의 마음"이 되는데 속뜻을 이해하지 못하면 왜 이런 말을 하는지 이해가 불가하게 되고 그러다 보면 소통이 불가하게 됩니다. 속뜻을 살펴보면 "말씨는 날카로워도 마음은 부드럽다"라는 뜻으로 어떤 사람을 평가할 때 사용합니다. '왜 칼과 두부라는 단어를 사용해서 이러한 표현을 만들었을까?'라는 의문이 드시는 학습자들은 이미 관용 표현의 매력에 푹 빠지신 학습자일 것입니다.

이와 같이 중국인들이 일상생활에서 자주 사용하는 관용 표현들을 외국인 학습자가 이해하기란 여간 쉬운 것이 아닙니다. 이는 관용 표현이 그 사회의 보편적인 문화를 전제로 해서 만들어지기 때문에 그 문화를 제대로 이해하지 못해서 발생하는 현상입니다. 이러한 관용 표현에는 민중의 생활관, 인생관 등이 그대로 반영되어 있어 중국 문화를 이해하는 데 좋은 학습 자료가 될 수 있을 뿐 아니라 자신의 중국어 실력을 한 단계 올리는데 중요한 수단이 될 것입니다. 중국어 관용 표현에는 우리가 잘 알고 있는 성어를 비롯하여 관용어, 헐후어, 속담 등이 있습니다. 관용 표현은 생동감 있고, 자연스럽게 의사전달을 하기 위해서 반드시 익혀야 할 부분이라 중국어를 학습하는데 있어 상당히 중요한 위치를 차지합니다. 필자 역시 중국에서 오랜 기간 동안 유학을 하면서 중국어 학습의 한계를 극복하기 위해 관심을 가졌던 부분이 바로 이 관용표현 부분이었습니다. 본 교재 대화문에서 사용하는 관용표현을 익히고 중국인과의 대화에 사용하여 여러분의 어학 실력이 한층 더 빛날 수 있길 기대해봅니다.

교재의 특징

- 본 교재에서는 위의 관용 표현 이외에도 인터넷 용어, 신조어 등을 수록하였다.
- 본 교재는 중, 고급 중국어 학습자를 위하여 집필되었으나 상세한 설명이 수록되어 있어 일반 독학자들도 쉽게 학습할 수 있도록 하였다.
- 내용은 한류 즉 한국의 관광지, 문화, 음식, 영화 등 시대에 맞는 현실감 있는 대화로 구성하였다.
- 기존의 교재와는 다르게 중국 문화 전반을 중국어로 익히는 형식이 아닌 한국을 소개하는 형식의 대화문으로 학습자의 지식층을 한껏 더 이용하여 지속적인 대화를 진행하는데 도움이 되도록 하였다.
- 주제에 대해 중국어로 대화하는 형식(대화문)과 열독 부분을 첨가하여 대화의 내용을 정리하도록 구성하였다.
- 대화문에 등장하는 관용 표현에 대한 예문을 들어 다양하게 표현할 수 있도록 하였다.
- 관용어 플러스를 각 과 마다 추가하여 다양한 관용 표현을 익히도록 하였다.

구경숙, 장진개

차례

머리말 **3**
이 책의 구성 **6**
품사약호표 **8**

第1课 强大的"韩流" **9**
在中国都市的"新新人类"当中,"哈韩一族"是引人瞩目的一个庞大群体。

第2课 K-POP — 韩国"音乐" **23**
Korea-POP就是韩国的流行音乐。其实它是一种东西合璧的产物,因为它是在韩乐的基础上大量混入黑人街头Hip-Hop的音乐风格。

第3课 《江南Style》成功的奥秘 **39**
《江南Style》之所以全球火爆,是因为抓住了全世界人们的心理需要。

第4课 "韩流"主力军 — 韩剧 **55**
为什么说韩剧是"韩流"的主力军也不为过?

第5课 韩剧背后的产业链 **71**
韩剧流行带动了音像、出版、漫画CD等各种文化产业产品的发展。

第6课 2012年韩国迎来第1000万名游客 **87**
旅游业成了韩国的另一棵摇钱树。

第7课 东方夏威夷 — 济州岛 **103**
济州岛还享有"蜜月之岛"、"浪漫之岛"的美称。

第8课	**韩食世界化**　119
	不论是烤肉、泡菜还是糕点，五颜六色的视觉享受，是韩国料理的最大特点。

第9课	**"韩版"，东方时尚的代名词**　135
	韩国产的，或者韩国设计，甚至在韩国销售的服装都被叫韩版服装。标新立异的不对称设计，是"韩版"中最典型的款式设计。

第10课	**时尚不夜城 — 东大门**　151
	东大门市场以深夜购物者众多而闻名。每天晚上从各地涌来的批发零售商的车辆成为这里的一大景观。

第11课	**走向世界的韩国电影**　167
	2004年，韩国电影同时扬威柏林、戛纳和威尼斯三大电影节，如此显赫的骄人成绩，使得韩国电影的振兴达到了一个黄金时代。

第12课	**韩语热**　183
	随着韩国的大众文化逐步推广，学习韩国语的人也开始大增。

第13课	**Made in Korea的隐形价值**　199
	"Made in Korea"就是高质量的象征，虽然产品价格比"Made in 其他国家"的高一些，但很多人还是会欣然接受，因为他们买的更是一种自豪感。

해석　218
연습문제 정답　244
과별 색인　250
병음 색인　266

이 책의 구성

학습 도입

과 내용의 핵심이 되는 문장을 소제목으로 넣어서 어떤 내용을 배우게 될지 미리 익힐 수 있도록 하였습니다.

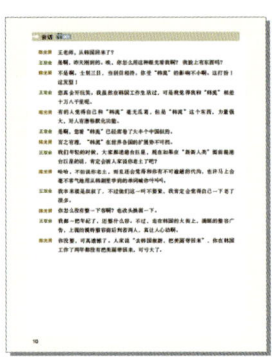

회화(会话)

기존의 교재와는 다르게 중국 문화가 아닌 한국 문화를 소개하는 대화 내용으로 한국의 관광지, 문화, 음식, 영화 등 한류에 대해 현실감 있게 중국인들과 대화를 할 수 있도록 구성하였습니다.

대화(对话)

회화의 내용을 나눠서 해당 대화 내용에 쓰인 관용 표현들을 한어병음, 뜻, 해설, 예문 등을 통해 쉽고 재미있게 익힐 수 있도록 하였고, 이 관용 표현들을 통해 중국어 실력을 한층 더 향상될 수 있도록 하였습니다. 또한, 대화 내용에서 어려운 단어는 보충단어 형태로 표시하여 학생들의 부담을 줄였습니다.

열독 새단어(阅读生词)

열독을 배우기에 앞서 새 단어를 먼저 일목요연하게 정리해서 열독 내용이 회화와 새 단어들을 활용하여 어떻게 구성되었을지 미리 예측하며 단어를 익힐 수 있도록 하였습니다.

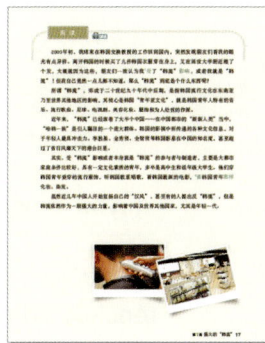

열독(阅读)

각 과의 주제에 관해 회화 내용을 바탕으로 추가 설명이 들어간 하나의 단문으로 구성하여 말하기 실력뿐만 아니라 독해 실력도 함께 향상시킬 수 있도록 하였습니다.

어법중점(语法重点)

반드시 익혀야 할 어법 사항을 다양한 예문을 들어 구성하였습니다.

연습문제(练习)

6가지 유형으로 나눠서 각 과에서 학습한 내용을 테스트하며 복습할 수 있도록 하였습니다. 1번과 2번은 회화, 열독 본문 내용을 잘 이해했는지 확인하는 문제, 3번~6번은 관용 표현 및 단어를 제대로 잘 익혔는지 확인하는 문제로 구성하였습니다.

PLUS 관용 표현

대화문에서 학습하는 관용 표현 외에 중국인들이 자주 쓰는 다양한 관용 표현들을 각 과마다 5개씩 추가로 더 익혀 더욱 풍부한 어휘력을 갖출 수 있도록 하였습니다.

품사약호표

약호	한국어	중국어	발음
명	명사	名词	míngcí
고유	고유명사	固有名词	gùyǒu míngcí
대	대(명)사 인칭대(명)사 지시대(명)사 의문대(명)사	代词 人称代词 指标代词 疑问代词	dàicí rénchēng dàicí zhǐshì dàicí yíwèn dàicí
동	동사	动词	dòngcí
조동	조동사 (능원동사)	助动词 (能愿动词)	zhùdòngcí (néngyuàn dòngcí)
형	형용사	形容词	xíngróngcí
수	수사	数词	shùcí
양	양사 명량사 동량사	量词 名量词 动量词	liàngcí míngliàngcí dòngliàngcí
부	부사	副词	fùcí
전	전치사(개사)	介词	jiècí
접	접속사	连词	liáncí
조	조사 동태조사 구조조사 어기조사	助词 动态助词 结构助词 语气助词	zhùcí dòngtài zhùcí jiégòu zhùcí yǔqì zhùcí
감탄	감탄사	叹词	tàncí
의성	의성사	象声词	xiàngshēngcí
성	성어	成语	chéngyǔ

第1课

强大的"韩流"

在中国都市的"新新人类"当中,
"哈韩一族"是引人瞩目的一个庞大群体。

会话 🎧 001

陈光贤 王老师，从韩国回来了？

王双全 是啊，昨天刚到的。唉，你怎么用这种眼光看我啊？我脸上有东西吗？

陈光贤 不是啊。士别三日，当刮目相待。你受"韩流"的影响不小啊。这打扮！这发型！

王双全 您真会开玩笑。我虽然在韩国工作生活过，可是我觉得我和"韩流"相差十万八千里呢。

陈光贤 有的人觉得自己和"韩流"毫无瓜葛，但是"韩流"这个东西，力量强大，对人有潜移默化功能。

王双全 是啊，您看"韩流"已经席卷了大半个中国似的。

陈光贤 言之有理，"韩流"在世界各国的扩展势不可挡。

王双全 我们年轻的时候，大家都迷港台巨星，现在如果在"新新人类"面前提港台巨星的话，肯定会被人家说你老土了吧？

陈光贤 哈哈，不但说你老土，而且还会觉得和你有不可逾越的代沟，也许马上会毫不客气地用从韩剧里学到的单词喊你아저씨。

王双全 我本来就是叔叔了，不过他们这一叫不要紧，我肯定会觉得自己一下老了很多。

陈光贤 你怎么没有整一下容啊？也改头换面一下。

王双全 我都一把年纪了，还整什么容。不过，走在韩国的大街上，满眼的整容广告，上面的模特整容前后判若两人，真让人心动啊。

陈光贤 你没整，可真遗憾了。人家说"去韩国旅游，把美丽带回来"，你在韩国工作了两年都没有把美丽带回来，可亏大了。

> **对话1**
>
> 陈光贤　王老师，从韩国回来了？
>
> 王双全　是啊，昨天刚到的。唉，你怎么用这种眼光看我啊？ 我脸上有东西吗？
>
> 陈光贤　不是啊。士别三日，当刮目相待。你受"韩流"的影响不小啊。这打扮！这发型！
>
> 王双全　您真会开玩笑。我虽然在韩国工作生活过，可是我觉得我和"韩流"相差十万八千里呢。

□ 眼光 yǎnguāng 명 시선, 눈길
□ 刮目相待 guāmù xiāngdài 성 괄목상대하다, 눈을 비비고 다시 보다

1 **士别三日，当刮目相待** shì bié sān rì, dāng guāmù xiāngdài
괄목상대하다, 새로운 안목으로 대하다

指别人已有进步，不能再用老眼光去看他。常用于一段时间没有见面后，再见面的时候。出自《三国志　吴志　吕蒙传》。
'학식이나 재주가 이전보다 부쩍 진보한 사람을 선입견을 가지고 평가해서는 안 된다'는 뜻으로 어떤 사람을 한참 동안 못 만났다 재회했을 때 사용한다. 출처는 《삼국지·오지·여몽전》이다.

例　别拿老眼光看人，士别三日，当刮目相待嘛！
　　就一个月不见，你的汉语说得更流利了，真是士别三日，当刮目相待啊。
　　你整容后，肯定会让很多人有士别三日，当刮目相待的感觉。

2 **十万八千里** shíwàn bāqiān lǐ 차이가 많이 나다

形容距离非常远，也形容差距很大。
거리가 멀거나 차이가 많이 남을 형용한다.

例　你怎么走到这里来了，这里离你们学校十万八千里呢！
　　一个很漂亮一个很丑，俩人简直相差十万八千里。
　　我的汉语水平离人家还有十万八千里呢。

对话2

陈光贤　有的人觉得自己和"韩流"毫无瓜葛，但是"韩流"这个东西，力量强大，对人有潜移默化功能。

王双全　是啊，您看"韩流"已经席卷了大半个中国似的。

陈光贤　言之有理，"韩流"在世界各国的扩展势不可挡。

- 毫无 háowú 동 조금도 ~이 없다
- 瓜葛 guāgé 명 (일 사이의) 관련, 관계
- 席卷 xíjuǎn 동 장악하다, 점령해서 통치하다

1　潜移默化 qiányí mòhuà 은연중에 감화하다

潜：暗中同，不见形迹；默：不说话，没有声音。指人的思想或性格不知不觉受到感染、影响而发生了变化。用于人的思想、作风等。

자신도 모르는 사이에 동화되어 원래의 행적, 정체가 드러나지 않는다. 즉 사람의 생각이나 행동이 부지불식간에 좋은 영향을 받아서 변화되는 것을 말하며, 사상이나 품격 등에 쓰인다.

例　许多变化都是潜移默化的。
　　孩子就像是白纸，所有影响都是潜移默化的。
　　不管你有没有意识到，这些对你的行为和想法有潜移默化的影响。

2　言之有理 yánzhī yǒulǐ 말이 일리가 있다

指话说得很有道理。

말에 아주 일리가 있음을 가리킨다.

例　言之有理，所以不要担心，大家都会同意的。
　　言之有理，不会有人这么轻易放弃的。
　　言之有理，但是他怎么知道他们会去那儿呢？

3　势不可挡 shìbùkědǎng 세찬 기세를 막아낼 수 없다

指某种事物的力量和发展势力很大很猛，不可以阻挡。

어떤 사물의 역량이 크고 발전해가는 기세가 맹렬해서 막아낼 수 없다.

例　企业经营国际化已成为势不可挡的热潮。
　　势不可挡的时尚风潮对他好像毫无影响，他依然保持着自己朴素的特点。
　　全球化、现代化的进程势不可挡，它不仅冲击着我们的经济，还冲击着我们的文化。

对话3

王双全　我们年轻的时候，大家都迷港台巨星，现在如果在"新新人类"面前提港台巨星的话，肯定会被人家说你老土了吧？

陈光贤　哈哈，不但说你老土，而且还会觉得和你有不可逾越的代沟，也许马上会毫不客气地用从韩剧里学到的单词喊你아저씨。

- 巨星 jùxīng 명 (어떤 방면에) 뛰어난 인물, 거성
- 老土 lǎotǔ 형 본고장의, 지방색을 띤, 촌스러운
- 逾越 yúyuè 동 뛰어넘다, 초월하다, 넘다, 넘어서다
- 代沟 dàigōu 명 세대차이

1　新新人类 xīnxīn rénlèi 신인류, 신세대

"新新人类"为1980年代末期至1990年代初期的台湾流行语，有"新潮"、"年轻"、"不同于旧时代的人们"的意思，主要泛指当时仍是初中生、高中生的学生。

신세대는 1980년대 말부터 1990년대 초까지 대만에서 유행한 "새로운 물결", "젊은이", "구세대와 다른 사람들"이라는 의미의 유행어. 주로 당시의 중학생, 고등학생들을 가리킨다.

例　新新人类的成长背景，已大不同于以往的传统人类。
　　在一个满是"新新人类"的办公室里，有几位头发花白的人，是大好的事情。
　　物质充裕、资讯发达、价值观多元化、以及生活型态快速变迁等，都是新新人类成长环境的特色。

2　不可逾越 bùkě yúyuè 뛰어 넘을 수 없다

逾：越过。不可能超过或不可能越过。形容自然界或思想意识上的鸿沟。出自《左传　襄公三十一年》："门不容车，而不可逾越"。

초과할 수도, 넘어갈 수도 없다. 자연계 혹은 사상, 의식의 경계를 넘을 수 없음을 나타낸다. 출처는《좌전·양공삼십일년》이다.

例　这些问题并非不可逾越的障碍。
　　形象思维与逻辑思维之间没有不可逾越的鸿沟。
　　我的数学成绩明显证明，我面临着一个不可逾越的障碍，因此我放弃了。

> **对话4**
>
> 王双全　我本来就是叔叔了，不过他们这一叫不要紧，我肯定会觉得自己一下老了很多。
>
> 陈光贤　你怎么没有整一下容啊？也改头换面一下。

1 这一……不要紧 zhè yī …… bú yàojǐn 이렇게 하는 것이 별 문제가 되지 않다

"这一"后面经常出现一种动作或者行为，"不要紧"表示在前面的动作或者行为出现后，表面上似乎没有妨碍。后面的句子一般会出现转折。
"这一" 뒤에는 일반적으로 동작 또는 행위가 오며, "不要紧"은 앞에 오는 동작이나 행위가 출현한 후 겉으로 봤을 때 별 문제가 아닌 것 같음을 나타낸다. 뒤에 보통 전환의미를 나타내는 내용이 온다.

例　他这一开窗不要紧，风把我的稿子都吹乱了。
　　他这一感冒不要紧，办公室里的所有人都被传染了。
　　我这一看不要紧，后面竟然有十几个人跟着。

2 改头换面 gǎitóu huànmiàn 단지 겉만을 바꾸고 내용은 그대로다

原指人的容貌发生了改变。现多比喻只改外表和形式，内容实质不变。本课用的是它的本意。
원래는 사람의 용모에 변화가 생긴 것을 나타냈는데, 지금은 겉과 형식만 바뀌고, 내용과 실질은 바뀌지 않음을 나타낸다. 여기서는 원래의 뜻으로 쓰이고 있다.

例　一些世界著名的商学院正在改头换面。
　　为了重新获得领先的地位，雅虎需要彻底改头换面。
　　好几十万失业者必须改头换面，实现人生转型，找到新职业。

对话5

王双全 我都一把年纪了,还整什么容。不过,走在韩国的大街上,满眼的整容广告,上面的模特整容前后判若两人,真让人心动啊。

陈光贤 你没整,可真遗憾了。人家说"去韩国旅游,把美丽带回来",你在韩国工作了两年都没有把美丽带回来,可亏大了。

- 心动 xīndòng 동 마음을 움직이다, 마음이 흔들리다
- 亏 kuī 동 손해 보다, 잃어버리다, 손실되다

1 一把年纪 yì bǎ niánjì 나이가 지긋하다

"把"原来是量词,一般用于可以用手拿的东西或者指可以用一只手拿的量。这里的"把"是"把"的抽象用法。"一把年纪"是将无法触及的时间单位用形象的方式表达出来,形容年纪大。

"把"는 양사로 손으로 잡는 물건, 잡는 양, 한 줌을 나타낸다. 여기서 "把"는 연령을 나타내는 추상적 의미로 쓰이고 있다. "一把年纪"는 손으로 잡을 수 없는 추상적인 것, 즉 나이가 많은 것을 표현하고 있다.

例 他都一把年纪了,还穿紧身牛仔裤!
你都一把年纪了,怎么还和小孩子打架。
那些游戏适合小孩子,我都一把年纪了,不感兴趣。

2 判若两人 pànruò liǎngrén 전혀 딴 사람 같다

形容某人前后的言行或者长相明显不一致,像两个人一样。

어떤 사람의 앞뒤 말과 행동 또는 모습이 일치되지 않아 전혀 딴 사람 같음을 형용한다.

例 她今天跟以往判若两人。
他结婚之后性格判若两人。
她原来很害羞,但自从上大学以来已经判若两人。

阅读 生词

1. 异样 yìyàng 형 이상하다, 특별하다
2. 竟然 jìngrán 부 뜻밖에도, 의외로
3. 乃至 nǎizhì 부 더 나아가서
4. 亚文化 yàwénhuà 명 비주류문화
5. 为人处世 wéirén chǔshì 성 남과 잘 사귀며 살아가다
6. 作派 zuòpài 명 위엄, 위신, 가식적인 자세
7. 引人瞩目 yǐnrén zhǔmù 성 사람이나 사물이 특별해서 흡인력이 있다
8. 冲击力 chōngjīlì 명 충격
9. 知名度 zhīmíngdù 명 지명도, 세상에 이름이 알려진 정도
10. 昔日 xīrì 명 옛날, 지난날
11. 风靡 fēngmǐ 동 풍미하다, 유행하다
12. 天下 tiānxià 성 하늘 아래의 온 세상, 한 나라 전체
13. 素质 sùzhì 명 소질, 자질
14. 宣扬 xuānyáng 동 선양하다, 널리 알리다
15. 股 gǔ 양 맛, 기체, 냄새, 힘 따위를 세는 단위

阅读

2000年初,我结束在韩国交换教授的工作回到国内,突然发现朋友们看我的眼光有点异样。离开韩国的时候买了几件韩国衣服穿在身上,又在延世大学附近理了个发,大概就因为这些,朋友们一致认为我[1]受了"韩流"影响,或者我就是"韩流"!但我自己竟然一点儿都不知道。那么"韩流"到底是个什么东西呢?

所谓"韩流",形成于二十世纪九十年代中后期,是指韩国流行文化在东南亚乃至世界其他地区的影响,其核心是韩国"青年亚文化",就是韩国青年人特有的音乐、流行歌曲、足球、电视剧、美容化妆、服饰和为人处世的作派。

近年来,"韩流"已经席卷了大半个中国——在中国都市的"新新人类"当中,"哈韩一族"是引人瞩目的一个庞大群体。韩国的影视中所传递的各种文化信息,对于年轻人最具冲击力。李胜基、金秀贤、全智贤等韩国影星在中国的知名度,甚至超过了昔日风靡天下的港台巨星。

其实,受"韩流"影响或者本身就是"韩流"的参与者与制造者,主要是大都市家庭条件比较好,具有一定文化素质的青年,多半是高中生和低年级大学生。他们穿韩国青年爱穿的流行服饰,听韩国歌星唱歌,看韩国最新的电影,[2]像韩国青年那样化妆、染发。

虽然近几年中国人开始宣扬自己的"汉风",甚至有的人提出反"韩流",但是韩流依然作为一股强大的力量,影响着中国及世界其他国家,尤其是年轻一代。

语法重点 어법중점

1 受(到) ~影响：영향을 받다, ~의 영향을 받다

朋友们一致认为我受了"韩流"影响。
这个地区受热带暖流的影响，冬暖夏凉。
他很有主见，一般不会受别人意见的影响。

2 像 + 명사 + 那样(这样/一样) + 형용사/동사：마치 ~ 같다

他们像韩国青年那样化妆、染发。
他不像你这样聪明，但是像你一样勤奋。
蓝天像湖水一样平静，像玻璃一样透明。

练习 연습문제

1 会话와 阅读 내용을 근거로 질문에 대답하시오.

1) 陈光贤为什么用那种眼光看王老师？
   _____
   _____

2) 王老师觉得自己受到韩流的影响了吗？为什么？
   _____
   _____

3) 王老师看到满大街的整容广告后，觉得怎么样？
   _____
   _____

4) 韩流是什么东西呢？
   _____
   _____

5) 受韩流影响的人群主要是哪些人？
   _____
   _____

2 会话와 阅读 내용을 근거로 옳고 그름을 판단하시오.

1) "韩流"已经影响了半个中国。（　　）

2) 陈光贤觉得王老师"把美丽带回来了"。（　　）

3) 韩流在中国的很多地方都有影响。（　　）

4) 金秀贤、全智贤等韩国影星在中国的知名度和港台巨星差不多。（　　）

5) 港台巨星过去曾经风靡整个中国。（　　）

3 다음 보기에서 알맞은 단어를 골라 빈칸을 채우시오.

| 보기 | 潜移默化 | 言之有理 | 势不可挡 |
| | 十万八千里 | 不可逾越 | 士别三日，当刮目相待 |

1) 你别老拿旧眼光看人家，你要知道(　　　　　)。

2) 改革旧体制的呼声(　　　　　)。

3) 我的汉语很不好，和小王有(　　　　　)的差距。

4) 爸爸和儿子之间好像有(　　　　　)的鸿沟似的。

5) 老人(　　　　　)，让人不得不听取。

6) 现在很多新生事物对人的影响是(　　　　　)的，连自己都不知道怎么被改变了！

4 다음 주어진 단어를 이용하여 작문하시오.

1) 一把年纪：
　　_____

2) 老土：
　　_____

3) 毫无瓜葛：
　　_____

4) 席卷：
　　_____

5) 让人心动：
　　_____

6) 毫不客气：
　　_____

5 다음 주어진 문장의 대화를 완성하시오.

1) A: 你受"韩流"的影响不小啊。这打扮！这发型！

　　B: 您真会开玩笑。我虽然在韩国工作生活过，_____。

2) A: "韩流"已经席卷了大半个中国似的。

　　B: _____。

3) A: _____？

　　B: 哈哈，不但说你老土，而且还会觉得和你有不可逾越的代沟，也许马上会用从韩剧里学到的单词喊你아저씨。

4) A: _____？

　　B: 我都一把年纪了，还整什么容。

6 다음 단문의 (　)에 들어갈 알맞은 어휘를 고르시오.

1) (　)"韩流"，形成于二十世纪九十年代中后期，是指韩国流行文化在东南亚(　)世界其他地区的影响，其(　)是韩国"青年亚文化"，就是韩国青年人特有的音乐、流行歌曲、足球、电视剧、美容化妆、服饰和(　)的作派。

A	所谓	包括	中心	接人待物
B	所谓	乃至	核心	为人处世
C	大概	甚至	重点	放荡不羁
D	所说	还有	核心	我行我素

2) 杰德是一款东风本田刚刚推出的紧凑型MPV，杰德的第一大特点应该就是(　)了，它基本继承了大哥奥德赛的设计理念，流畅动感的线条使它在家用MPV市场(　)，整体造型非常富有(　)。杰德的车头采用了较大面积的熏黑的中网，配合少量的镀铬装饰和炯炯有神的大灯，战斗范(　)。

A	吸引眼球	默默无闻	战斗力	十分
B	引人瞩目	与众不同	说服力	十度
C	赏心悦目	独树一帜	亲和力	十分
D	引人注目	独树一帜	冲击力	十足

PLUS 관용 표현

- 爱面子 ài miànzi 체면을 중시하다, 체면을 차리다
  你很好强爱面子，但是这有什么必要呢！人生最重要的不是这个。
  너 체면을 너무 차리는데 말이야, 그게 다 무슨 소용이니! 인생에서 제일 중요한 것은 체면이 아니야.

- 交白卷 jiāo báijuàn 임무를 완성하지 못하다
  平时不学习的学生，考试时常常交白卷。
  평소에 공부 안 하는 학생은 시험 볼 때 자주 백지를 낸다.

- 爆冷门 bào lěngmén 생각지도 못한 일이 발생하다, 의외의 결과가 나타나다
  今天比赛又爆冷门，一向默默无闻的东南队一举夺得团体赛冠军。
  오늘 시합 결과는 또 의외야, 여태껏 무명이던 동남팀이 단번에 단체우승을 차지하다니 말이야.

- 半边天 bànbiāntiān 세상의 절반, 신세대의 여성
  你那个半边天出差了，是不是?
  네 집사람 출장 간 거 맞지?

- 炒鱿鱼 chǎo yóuyú 해고하다, 사퇴하다
  问他是被老板炒了鱿鱼，还是他炒了老板。
  사장에게 해고당한 것인지 그가 사장을 해고한 것인지 물어 봐.

第2课

K-POP — 韩国"音乐"

　　Korea-POP就是韩国的流行音乐。其实它是一种东西合璧的产物,因为它是在韩乐的基础上大量混入黑人街头Hip-Hop的音乐风格。

会话 009

张玲　　你摇头晃脑地听什么呢?

赵健　　我女朋友给我推荐了几首新的"K-POP"。

张玲　　"K-POP"？这又是什么新名词啊？

赵健　　你连这个都不知道啊？看来你真是个"两耳不闻窗外事，一心只读圣贤书"的书呆子啊。

张玲　　什么啊？我喜欢看书，但是不是"呆子"。你就给我讲讲吧。

赵健　　那我就给你普及一下吧，省得别人说你是"井底之蛙"。你虽然不知道"K-POP"，但是我说个组合的名字，你肯定知道。

张玲　　哪个啊？

赵健　　H.O.T啊，他们在"K-POP"形成早期，可是家喻户晓啊，你不会不知道吧？

张玲　　H.O.T啊，那个时候我可是他们的忠实粉丝，对他们狂热得不得了。

赵健　　是啊，他们当时在韩国可以说是妇孺皆知。

张玲　　我记得当时中国每个城市满大街都是他们的歌声。虽然听不懂，但是都觉得好听。

赵健　　是啊，当时大学宿舍里很多人的床头贴了他们的头像。

张玲　　有些人对他们的崇拜到了"顶礼膜拜"的程度。

赵健　　"哈韩"这个词就是从那个时候真正开始的。你说"K-POP"从出现到现在，势如破竹地向全世界蔓延的原因是什么呢？

张玲　　也许是因为"他山之石，可以攻玉"吧。

赵健　　K-POP的歌曲节奏比较快，而且节奏感强烈，适于跳舞。

张玲　　是啊，他们边唱，我还边跟着他们跳过舞呢。不过现在我很少关注了。

赵健　　现在的K-POP很多已经开始走温柔路线了，抒情成分更多了。

张玲　　啊，你真是对K-POP了如指掌啊。

赵健　　我只是略知一二而已，我女朋友才是不折不扣的K-POP迷呢，她能说出每个偶像的生辰八字。

张玲　　那你不吃醋啊？

赵健　　吃醋？我才不呢，她再怎么喜欢那些偶像，也只是镜中花，水中月啊。不过我为的是跟她有共同语言，否则人家该骂我不爱屋及乌了。

对话1

张玲　你摇头晃脑地听什么呢？

赵健　我女朋友给我推荐了几首新的"K-POP"。

张玲　"K-POP"？这又是什么新名词啊？

赵健　你连这个都不知道啊？看来你真是个"两耳不闻窗外事，一心只读圣贤书"的书呆子啊。

□ 推荐 tuījiàn 동 추천하다, 소개하다
□ 书呆子 shūdāizi 명 책벌레, 공부벌레

1　摇头晃脑 yáotóu huàngnǎo 머리를 흔들다, 스스로 만족하다, 의기양양하다

晃：摇动。脑袋摇来摇去。形容自己感觉很有乐趣或自以为是的样子。
'머리를 흔들다'의 뜻으로 스스로 재미있어 하거나 의기양양한 모습을 형용한다.

例　他们随着音乐节拍摇头晃脑。
　　这首歌节奏轻快动感，让人情不自禁地摇头晃脑起来。
　　看到两个哥哥坐在桑树上吃桑椹，那摇头晃脑的神气，真叫人羡慕死了。

2　两耳不闻窗外事，一心只读圣贤书
liǎng'ěr bù wén chuāngwàishì, yìxīn zhǐ dú shèngxiánshū 세상사엔 전혀 관심이 없다

只一心读书，不关心周边的事情。
세상사에는 전혀 관심을 두지 않고 오로지 한결같은 마음으로 성현의 글만 읽다, 즉 주변 일엔 관심이 없음을 나타낸다.

例　你现在还是学生，最好两耳不闻窗外事，一心只读圣贤书！
　　他那个人，两耳不闻窗外事，一心只读圣贤书，怎么会知道这些绯闻呢。
　　当今社会，能做到两耳不闻窗外事，一心只读圣贤书的人已经很少了。

对话2 🎧 011

张玲　什么啊？我喜欢看书，但是不是"呆子"。你就给我讲讲吧。

赵健　那我就给你普及一下吧，省得别人说你是"井底之蛙"。你虽然不知道"K-POP"，但是我说个组合的名字，你肯定知道。

▫ 普及 pǔjí 동 보급되다, 확산되다

1　省得 shěngde ~ 하지 않도록, ~ 않기 위하여

避免发生某种情况。后面出现的事情是不希望发生的，因此前面往往为了避免后面事情的出现，要做某件事情。

어떤 상황이 발생하는 것을 피한다는 의미로, '뒤에 나타나는 일은 바라지 않는 일이라서 그 일을 피하기 위해 어떤 일을 해야 한다'는 뜻이다.

例　你就住在这儿吧，省得天天来回跑。
　　我再说一遍，省得你忘了。
　　他把电话号码记下来省得忘了。

2　井底之蛙 jǐngdǐzhīwā 우물 안의 개구리

井底的蛙只能看到井口那么大的一块天。比喻见识狭窄的人。出自《庄子　秋水》："井蛙不可以语于海者，拘于虚也。"

'우물 안 개구리는 우물 입구 크기만큼의 하늘만 볼 수 있다'는 뜻으로 견식이 아주 협소한 사람을 비유할 때 사용한다. 출처는 《장자·추수》이며, "우물 속의 개구리에게는 바다에 대하여 말할 수 없다, 자기가 살고 있는 곳만 알기 때문이다."라는 표현이 있다.

例　井底之蛙，所见不大；萤火之光，其亮不远。
　　只有那些无知的井底之蛙才会否定中国，认为中国很丑陋。
　　我们要多学习，多实践，不要像井底之蛙一样目光短浅，没什么见识。

对话3

张玲　哪个啊?

赵健　H.O.T啊,他们在"K-POP"形成早期,可是家喻户晓啊,你不会不知道吧?

张玲　H.O.T啊,那个时候我可是他们的忠实粉丝,对他们狂热得不得了。

□ 狂热 kuángrè 형 열광적이다, 미치다

1　家喻户晓 jiāyù hùxiǎo 집집마다 다 알다, 누구나 다 알다

喻:明白;晓:知道。家家户户都知道。形容人所共知,广为流传。
"喻"는 '명백하다', "晓"는 '알다'의 뜻이다. 즉 모든 사람에게 소문이 자자하게 퍼졌을 때 사용한다.

例　安徒生是中国家喻户晓的童话作家。
　　这篇家喻户晓的文章是鲁迅写的。
　　一位家喻户晓的中国艺术家给他取了个绰号叫"新潮老头"。

2　粉丝 fěnsī 팬, 팔로워

"粉丝"是英文"fans"的诙谐汉语翻译,多指把名人当作偶像的人(狂热、热爱之意,后引申为影迷、追星等意思)。在微博、百度空间等多种网络空间里也出现"粉丝"一词,这里的"粉丝"就是博主、空间主的支持者。在新浪微博中,"关注"是指您关注的人,而"粉丝"则是指关注您的人。
영어"Fans"을 음역한 것으로, 유명인을 우상으로 여기는 사람(열렬한 추종자), 즉 '팬'을 가리킨다. 현재는 트위터, 바이두 등 다양한 인터넷 공간에서 '팔로워'라는 의미로 사용되고 있다. 블로그 "新浪"에서는 팔로윙을 "关注", 팔로워를 "粉丝"라고 한다.

例　我是你的忠实粉丝!
　　我是她最大的粉丝。
　　你不知道吗?他们都是我的粉丝。

对话4

赵健　是啊，他们当时在韩国可以说是妇孺皆知。

张玲　我记得当时中国每个城市满大街都是他们的歌声。虽然听不懂，但是都觉得好听。

赵健　是啊，当时大学宿舍里很多人的床头贴了他们的头像。

张玲　有些人对他们的崇拜到了"顶礼膜拜"的程度。

- 床头 chuángtóu 명 침대 머리맡
- 崇拜 chóngbài 동 숭배하다

1　妇孺皆知 fùrú jiēzhī 모두 다 알고 있다

孺：小孩。妇女、小孩全都知道。指众所周知。
아이, 부녀자 할 것 없이 모두 알고 있다. 즉 모두 다 알고 있다는 뜻이다.

例　此类观点在意大利可谓是妇孺皆知。
　　提起他的名字，中国人差不多是妇孺皆知。
　　经济高速增长的中国已成为世界第三大经济体，这已是妇孺皆知。

2　满…… mǎn …… 꽉 차다, ~에 가득하다

全部充实，没有余地。后加地点或者空间名词，表示那个空间或者地点被某个事物充满了。
"满" 뒤에 장소나 공간을 나타내는 명사가 오며, 빼곡하게 꽉 차서 빈 공간이 없다, 즉 뒤에 쓰인 장소나 공간에 어떤 것이 가득 차 있음을 나타낸다.

例　满屋子充斥着泡菜味。
　　满大街播放的都是那首歌。
　　他一整天满脑子想的都是她。

3　顶礼膜拜 dǐnglǐ móbài 남의 발아래 머리를 조아리며 설설 기다, 맹목적으로 숭배하다

顶礼：佛教拜佛时的最高敬礼，人跪下，两手伏地，以头顶着受礼人的脚；膜拜：佛教徒的另一种敬礼，两手加额，跪下叩头。虔诚地跪拜。比喻非常崇拜。
"礼"는 불교에서 부처님께 예를 갖춰 절하는 것을 말한다. 무릎을 꿇고 두 손을 땅에 대고 머리를 예를 받는 사람의 발에 맞추는 것이다. "膜拜"는 '두 손을 이마에 대고 고개를 숙여 경건하고 정성을 다해서 절을 하다'는 뜻으로 무언가를 지극히 숭배하는 것을 비유할 때 사용한다.

例　我匍伏在他的脚下，向他顶礼膜拜。
　　"大企业"成为国家的情妇，金钱受到众人的顶礼膜拜。
　　在这股英语热中，中国一些最成功的英语教师成为人们顶礼膜拜的英雄。

对话5

赵健　"哈韩"这个词就是从那个时候真正开始的。你说 "K-POP"从出现到现在，势如破竹地向全世界蔓延的原因是什么呢？

张玲　也许是因为"他山之石，可以攻玉"吧。

赵健　K-POP的歌曲节奏比较快，而且节奏感强烈，适于跳舞。

□ 蔓延 mànyán 동 만연하다, 널리 번지다
□ 节奏 jiézòu 명 리듬, 박자

1　势如破竹 shìrú pòzhú 파죽지세, 파죽지세이다

势：气势，威力。形势就像劈竹子，头上几节破开以后，下面各节顺着刀势就分开了。比喻节节胜利，毫无阻碍。

그 형세가 마치 대나무를 자르는 것과 같아서, 첫머리를 딱 잘라서 분리시키면 아래에 있는 각 마디가 칼의 기세를 따라서 바로 분리가 된다. 어디서든 승리하고 아무런 장애가 없는 것을 비유한다.

例　电话所行之处，发展真是势如破竹！
　　他们终于以势如破竹之威，冲破罗马帝国北部边界的防线。
　　苹果的超薄iPad2势如破竹地成功了。

2　他山之石，可以攻玉 tāshān zhīshí, kěyǐ gōngyù 타산지석

攻：琢磨。别的山上的石头，能够用来琢磨玉器。原比喻别国的贤才可为本国效力。后比喻能帮助自己改正缺点的人或意见。

다른 산의 돌을 가져다 쪼아 옥그릇을 만들 수 있다. 본래는 다른 나라의 현명한 재주꾼들이 자기 나라를 위해 충성을 다함을 의미했지만, 지금은 자신의 결점을 교정할 수 있도록 도와줄 수 있는 사람이나 교훈을 의미한다.

例　"他山之石，可以攻玉"，外聘老师可以给企业带来解决问题的新思维、新方法。
　　"他山之石，可以攻玉"，因此，本文用一定的笔墨介绍了欧盟及美国的食品安全法律体系。
　　"他山之石，可以攻玉"，我们要充分利用外国的先进技术和管理经验，加快经济建设速度。

对话6

张玲　　是啊，他们边唱，我还边跟着他们跳过舞呢。不过现在我很少关注了。

赵健　　现在的K-POP很多已经开始走温柔路线了，抒情成分更多了。

张玲　　啊，你真是对 K-POP 了如指掌啊。

赵健　　我只是略知一二而已，我女朋友才是不折不扣的 K-POP 迷呢，她能说出每个偶像的生辰八字。

- 路线 lùxiàn 명 노선
- 抒情 shūqíng 동 감정을 토로하다, 정서를 드러내다
- 偶像 ǒuxiàng 명 우상
- 生辰八字 shēngchén bāzì 명 생년월일시, 사주팔자

1 了如指掌 liǎorú zhǐzhǎng

제 손바닥에 있는 물건을 가리키듯 아주 분명하게 알다, 제 손금을 보듯 훤하다, 손금 보듯 하다

了：明白；指掌：指着手掌。形容对事物了解得非常清楚，像把东西放在手掌里给人家看一样。

"指掌"은 손바닥을 가리키며, 사물에 대한 이해가 물건을 손바닥 위에 놓고 사람들에게 보라고 하는 것처럼 분명함을 비유한다.

例　我们对二者都了如指掌。
　　有趣的是，企业领导者都对它们了如指掌。
　　我对医院的内部运作比我对自己家的状况更了如指掌。

2 略知一二 lüèzhī yī'èr 조금 알다, 대략적으로 이해하다

一二：形容为数不多。略微知道一点。

"一二"는 적은 수를 나타내고, '대략적으로 알다'의 뜻이다.

例　你在会议上提出的方案我略知一二。
　　我对西班牙历史只是略知一二。
　　我对先锋派音乐略知一二。

3 不折不扣 bùzhé búkòu 한 푼의 에누리도 없다, 한 치도 어김이 없다

折、扣：出售商品时，按定价减去的成数。没有折扣，表示完全、十足的意思。

"折", "扣"는 정가에 따라서 감해주는 비율을 말하는데, '에누리 없음, 한 치의 오차도 없음'을 의미한다.

例　她不折不扣地履行了她的所有诺言。
　　他们不折不扣地遵守法律条文。
　　他们不折不扣地执行命令。

对话7

张玲　　那你不吃醋啊？

赵健　　吃醋？我才不呢，她再怎么喜欢那些偶像，也只是镜中花，水中月啊。
　　　　不过我为的是跟她有共同语言，否则人家该骂我不爱屋及乌了。

> 吃醋 chīcù 동 질투하다, 시기하다

1　镜中花，水中月 jìng zhōng huā, shuǐ zhōng yuè
거울 속의 꽃이요, 물 속의 달이다, 그림의 떡이다

指不切实际的东西。
실제로 존재하지 않는 물건을 가리킨다.

例　不少网友称休年假更像是"镜中花，水中月"，可望而不可及。
　　他是镜中花，水中月，遥不可及的东西。
　　你实际一点吧，你现在的想法都是镜中花，水中月。

2　爱屋及乌 àiwū jíwū 어떤 사람을 좋아하기에 그의 집 지붕에 앉은 까마귀까지도 관심을 갖다, 아내가 너무 사랑스러우면 처갓집 말뚝에 까지도 절을 한다

因为爱一个人而连带爱他屋上的乌鸦。比喻爱一个人而连带地关心到与他有关的人或物。
한 사람을 사랑하기 때문에 그 사람의 집 지붕꼭대기에 있는 까마귀까지도 사랑한다. "어떤 사람을 좋아하기에 그와 관계된 사람이나 사물에게까지도 관심을 쏟는다"는 뜻이다.

例　想要真正打动一个女人，就要爱屋及乌。
　　爱屋及乌，人们容易被他们喜爱的人说服。
　　爱屋及乌，所以他连她周围的人也尽量给面子。

阅读 生词

1. 东西合璧 dōngxī hébì 서로 다른 것을 잘 배합하다
2. 产物 chǎnwù 명 산물, 결과
3. 叛逆 pànnì 동 배반하다, 반역하다
4. 动向 dòngxiàng 명 동향, 추세
5. 主题曲 zhǔtíqǔ 명 주제곡
6. 插曲 chāqǔ 명 삽입곡, 간주곡
7. 唯美 wéiměi 명 탐미
8. 主题 zhǔtí 명 주제
9. 柔和 róuhé 형 온유하다, 온화하다, 부드럽다
10. 元素 yuánsù 명 요소
11. 奔放 bēnfàng 형 자유분방하다, 약동하다
12. 活力 huólì 명 활력, 생기, 활기
13. 东风 dōngfēng 명 유리한 형세
14. 视频 shìpín 명 동영상
15. 爆红 bàohóng 동 폭발적인 인기를 끌다
16. 热潮 rècháo 명 열기, 붐
17. 轰动 hōngdòng 동 뒤흔들다, 들끓게 하다
18. 收支 shōuzhī 명 수입과 지출, 수지
19. 顺差 shùnchā 명 흑자

阅读

K-POP，也就是Korea-POP，即韩国的流行音乐。其实它是一种东西合璧的产物，因为它是在韩乐的基础上大量混入黑人街头Hip-Hop的音乐风格。

在K-POP形成早期时，以H.O.T为代表，曲风上多是一些狂热、浮躁的情绪宣泄，表现了年轻人的叛逆心理和奔放的活力，也代表了很多年轻人的心声。歌曲大都节奏比较快，而且节奏感强烈。他们演出时往往都边唱边跳节奏快且有力量的舞蹈，舞蹈是其受欢迎的一个很重要的因素。

后来由于韩国电视剧广为传播，韩剧中主题曲或插曲也随之受欢迎，其中大部分是一些以唯美爱情为主题的歌曲，所以，韩国的流行音乐开始逐渐趋向柔和抒情，加上韩语在发音上有很多气声，在声音的感觉上具有柔和的元素。所以，其特有抒情成分形成了K-POP现今的主要风格。

2011年，K-POP已经[1]成为了东亚和东南亚的一支主流音乐，借此东风，许多韩国经纪公司已经开始计划把K-POP传播至全世界。2012年通过网络视频网站YouTube爆红的《江南Style》则把K-POP热潮推至新的高峰。该歌曲在欧美主流乐坛引起轰动，在许多欧美国家流行音乐排行榜位列第一，而且引起了全球性的模仿热潮。同时借此机会，[2]使韩国的文化、娱乐、服务产业收支在历史上首次实现顺差。

目前K-POP的焦点主要集中于年龄在十几岁左右的中学生群体。[3]不仅歌手们年纪很小，大都是高中在校生，而且听众也主要是中学尚未毕业的少男少女。无论什么样的歌手，必须赢得这些少男少女的心，才能真正在韩国歌坛站住脚。而这些追星族们，主要是小女生，组成了所谓的"OPPA部队"。在演出中，只要偶像出场，她们就会尖叫"OPPA"，声音震耳欲聋，成为韩国演唱会中最有特色的场面。

语法重点 어법중점

1 成为：~이 되다, 으로 변하다
반드시 목적어를 수반해야 한다.

2011年，K-POP已经成为了东亚和东南亚的一支主流音乐。
两个人已经成为了好朋友。
中国已经成为非洲的第一大进口国。

2 使(让 / 叫)：~에게 ~하게 하다, 시키다
반드시 겸어가 와야 한다.

借此机会，使韩国的文化娱乐服务产业收支在历史上首次实现顺差。
他的技术让我佩服。
他叫爸爸打了一顿。

3 不仅(不但 / 不光 / 不只) ～ 而且(并且 / 也 / 还 / 又)：
~ 뿐만 아니라 ~도

不仅歌手们年纪很小，大都是高中在校生，而且听众也主要是中学尚未毕业的少男少女。
这不仅是你个人的事，也是大家的事。
他不光会日语，还会德语。

练习 연습문제

1 会话와 阅读 内容을 근거로 질문에 대답하시오.

1) K-POP到底是什么?
_____
_____

2) K-POP形成早期的代表人物是谁?
_____
_____

3) K-POP向世界蔓延的理由是什么?
_____
_____

4) K-POP的特点是什么?
_____
_____

5) "OPPA"部队是什么意思?
_____
_____

2 会话와 阅读 内容을 근거로 옳고 그름을 판단하시오.

1) "K-POP"形成早期时老人和小孩都知道H.O.T。（   ）

2) 张健真的很喜欢K-POP。（   ）

3) 因为韩语里在发音上有很多气声，所以韩国的流行音乐不得不逐渐向柔和和抒情发展了。（   ）

4) 目前K-POP的焦点全部集中于年龄在十几岁左右的中学生群体。（   ）

5)《江南style》这首歌在全球大受欢迎，把K-POP热潮推向了新的高潮。（   ）

3 다음 보기에서 알맞은 단어를 골라 빈칸을 채우시오.

보기	了如指掌　爱屋及乌　略知一二
	妇孺皆知　井底之蛙　他山之石，可以攻玉

1) 他对那里的地形很熟悉，可以说是(　　　　　)。

2) 那个演员非常有名，可以说是(　　　　　)。

3) 我对韩剧不太了解，不过只是(　　　　　)而已。

4) 爱一个人要做到(　　　　　)。

5) 不学习新东西，就好像(　　　　　)一样不了解外面的世界。

6) 和(　　　　　)有着一样意思的是"远来的和尚会念经"。

4 다음 주어진 단어를 이용하여 작문하시오.

1) 推荐：
　　_____

2) 书呆子：
　　_____

3) 忠实粉丝：
　　_____

4) 狂热：
　　_____

5) 崇拜：
　　_____

6) 生辰八字：
　　_____

5 다음 주어진 문장의 대화를 완성하시오.

1) A：K-POP？这又是什么新名词啊？

 B：你连这个都不知道啊？看来你真是个_____。

2) A：你就给我讲讲吧。

 B：那我就给你普及一下吧，省得_____。

3) A：H.O.T在"K-POP"形成早期，可是家喻户晓啊，你不会不知道吧。

 B：_____。

4) A：你说"K-POP"从出现到现在，势如破竹地向全世界蔓延的理由是什么呢？

 B：_____。

6 다음 단문의 ( )에 들어갈 알맞은 어휘를 고르시오.

1) 目前K-POP的焦点主要（　　）于年龄在十几岁左右的中学生（　　）。不仅歌手们年纪很小，大都是高中在校生，（　　）听众也主要是中学尚未毕业的少男少女。无论什么样的歌手，必须赢得这些少男少女的心，才能真正在韩国歌坛站（　　）脚。

A	集合	群众	而且	稳
B	体现	人群	并且	起
C	表现	人类	还	住
D	集中	群体	而且	住

2) 粉丝的力量无穷大，不仅是简单的（　　）与追星，他们以自己的意志和（　　）"造星"，并以自己的方式推动娱乐个性化时代的来临。当（　　）喊出"就要你最红"，就一定能（　　），选出自己的偶像，让其大红大紫。

A	敬拜	感觉	粉丝	一夜成名
B	崇敬	感想	粉丝	一举成名
C	崇拜	情感	粉丝	立竿见影
D	崇拜	感觉	粉丝	一心一意

PLUS 관용 표현

- **出难题** chū nántí 곤란하게 하다
  小王特别喜欢给领导出难题。
  샤오왕은 사장을 곤란에 빠지게 하고 그것을 즐긴다.

- **出洋相** chū yángxiàng 웃음거리가 되다, 추태를 부리다
  他这样当着大家的面让我出洋相，我一定不会放过他。
  그는 이렇게 모든 사람들 앞에서 나를 웃음거리로 만들었다. 절대 그를 용서하지 않을 것이다.

- **穿小鞋** chuān xiǎoxié 일부러 괴롭히다, 냉대하다
  王院长为人正派，办事公道，没给人穿过小鞋，大家都尊敬他。
  왕원장은 사람 됨됨이가 정의롭고, 일 처리가 공정하며, 일부러 사람을 괴롭히지도 않아 모두들 그를 존경한다.

- **吹牛** chuīniú 허풍치다, 큰 소리치다
  听也别听，他分明就是在吹牛。
  들을 필요 없어, 그 사람 분명 허풍치고 있는 거야.

- **吃大锅饭** chī dàguōfàn 공동분배, 한 솥 밥을 먹다
  吃大锅饭讲不得什么滋味。
  공동분배를 받으니 뭐라고 말할 수가 없다.

第3课

《江南Style》成功的奥秘

《江南Style》之所以全球火爆，是因为抓住了全世界人们的心理需要。

会话 019

张玲　你怎么大汗淋漓？做运动了？

赵健　没有，我在跳"骑马舞"呢。

张玲　骑马舞？就是挺着大肚子，一边做搞笑动作，一边说唱的那个神采飞扬的"鸟叔"的"骑马舞"？

赵健　哈哈！连你这个书呆子也一口一个"鸟叔"啊，"骑马舞"啊，看来《江南Style》真是风靡天下了。

张玲　周围人每天都"江南Style""江南Style"地唱，我就是再呆也抵挡不了这些来自四面八方的冲击啊！

赵健　说得是，这叫耳濡目染。听说它两个月在YouTube的点击量就超过2亿次。那个"鸟叔"大腹便便，长得又搞笑，为什么突然这么红呢？

张玲　我也纳闷儿啊！所以我就专门做了研究。

赵健　你真是书呆子到家了，什么事儿都去研究啊？不过这次你这个呆子说得这么眉飞色舞，估计是真有什么心得。

张玲　别老呆子呆子的，你听我说。

赵健　好好，我洗耳恭听！

张玲　就是因为这首《江南Style》"呆傻简单"啊。

赵健　你这个人，怎么可以这样信口雌黄啊，这么红的MV，哪里呆了？哪里傻了？

张玲　别急，你听我说。这首歌很多地方都是简单的重复，即使你不懂韩国语，你也能跟着哼唱，所以大家都趋之若鹜。看我这个呆子也会唱"OPPA, Gangnam style"。

赵健　哈哈，我求你别唱了。这么有名的歌，从你的嘴里唱出来，我怎么觉得比"鸟叔"还"鸟叔"呢。

张玲　就是啊，连我都能模仿着唱，足可见这首歌会有多少草根基础了。

赵健　你说得头头是道啊。越简单的越容易模仿，一般人不会去模仿难的东西。

张玲　你也是一针见血啊！你看，把胳膊往前一伸，双手搭在一起，然后按照节奏扭动屁股，就是"鸟叔"的"骑马舞"了。

赵健　你快打住，快打住。我看如果你模仿一段，然后放到YouTube上，肯定会比"鸟叔"还红，比"鸟叔"还让人捧腹大笑。你会一鸣惊人成为第一"鸟叔"，真的"鸟叔"会退居第二的。

> **对话1**
>
> 张玲　你怎么大汗淋漓？做运动了？
>
> 赵健　没有，我在跳"骑马舞"呢。
>
> 张玲　骑马舞？就是挺着大肚子，一边做搞笑动作，一边说唱的那个神采飞扬的"鸟叔"的"骑马舞"？
>
> 赵健　哈哈！连你这个书呆子也一口一个"鸟叔"啊，"骑马舞"啊，看来《江南Style》真是风靡天下了。
>
> □ 挺 tǐng 동 (몸 또는 몸의 일부를) 곧추펴다
> □ 搞笑 gǎoxiào 동 웃기다

1　大汗淋漓 dàhàn línlí
땀범벅이 되다, 땀이 비오는 듯하다

淋漓：液体湿湿地淌下，即流滴的样子。形容因运动或体力劳动等导致浑身出了很多汗。近义词：挥汗如雨、汗流浃背。

"淋漓"는 액체가 줄줄 흘러 내릴 때 방울져 흘러 내려가는 모습이다. 운동이나 체력을 요하는 노동을 했기 때문에 온몸에 땀이 나는 것을 형용한다. 비슷한 표현으로 '땀이 마치 비 오듯 하다(挥汗如雨)', '땀이 등에 배다(汗流浃背)' 등이 있다.

例　人们总是在运动之后大汗淋漓。
　　那个男孩子大汗淋漓，为什么还坐在太阳下面？
　　尽管天气很凉爽，他仍是大汗淋漓。

2　神采飞扬 shéncǎi fēiyáng 의기양양하다

形容兴奋得意，精神焕发的样子。

의기양양한 모양, 흥분하여 진작된 모습을 형용한다.

例　一天晚上，她丈夫神采飞扬地回到家里。
　　她神采飞扬地走进来了，脸上带着微笑。
　　那位女士离开的时候神采飞扬。

对话2

张玲　周围人每天都"江南Style""江南Style"地唱,我就是再呆也抵挡不了这些来自四面八方的冲击啊!

赵健　说得是,这叫耳濡目染。听说它两个月在YouTube的点击量就超过2亿次。那个"鸟叔"大腹便便,长得又搞笑,为什么突然这么红呢?

- 冲击 chōngjī 명 충격
- 点击 diǎnjī 동 클릭(click)하다

1　就是再……也 jiùshì zài …… yě
아무리 ~해도

就是,连接偏正复句的偏句,表示假设的让步关系。偏句用"就是"提出假设,正句根据假设推出结论,常用"也"呼应。
"就是"는 복문 수식구조의 종속문을 연결시켜 가정된 양보관계를 나타낸다. 종속문은 "就是"로 가설을 나타내고, 주절에서는 "也"를 사용하여 가설에 근거한 결론을 나타낸다.

例　我明天就是再忙也会来参加你的生日晚会的。
　　就是再生气也不该打孩子啊。
　　就是再难也要把两个孩子抚养成人。

2　耳濡目染 ěrrú mùrǎn 항상 보고 들어서 익숙하고 습관이 되다

濡:沾湿;染:沾染。形容见得多听得多之后无形之中受到影响。
'귀로 늘 듣고, 눈으로 늘 보기 때문에, 자신도 모르는 사이에 영향을 받는 것'을 뜻한다.

例　我的个人经历大多都受到家庭教育耳濡目染的熏陶。
　　我是通过耳濡目染逐渐学会这种语言的。
　　由于耳濡目染她爱上了话剧艺术,后来成为一名演员。

3　大腹便便 dàfù piánpián 배가 올챙이처럼 나오다, 배가 북통같다

便便:肥胖的样子。形容肥胖的样子。
"便便"은 뚱뚱한 모양으로, "大腹便便"은 배가 튀어나온 뚱뚱한 모양을 형용한다.

例　坐在那儿的大腹便便的人是谁?
　　那个大腹便便的家伙既贪婪又凶残。
　　据说他去年夏天曾中风,变得骨瘦如柴,完全不是往日大腹便便的样子了。

对话3

张玲　我也纳闷儿啊！所以我就专门做了研究。

赵健　你真是书呆子到家了，什么事儿都去研究啊？不过这次你这个呆子说得这么眉飞色舞，估计是真有什么心得。

- 纳闷儿 nàmènr 궁금하다, 알고 싶다
- 心得 xīndé 명 느낌, 소감, 체득, 터득

1 ……**到家（了）**…… dàojiā (le) 너무 ~하다, 아주 ~하다

到家。指达到相当高的水平。前面可以出现名词或者形容词，能出现在前面的名词或者形容词一般含有贬义。"到家"可以换成"极了"而意思不变。

"到家"는 수준 높은 경지에 도달했음을 가리킨다. 앞에 명사나 형용사가 올 수 있는데 일반적으로는 좋지 않은, 약간 폄하하는 의미를 가진다. "到家" 대신 "极了"로 바꾸어 쓸 수 있다.

例　迂腐到家 → 迂腐极了
　　臭到家 → 臭极了
　　可恶到家 → 可恶极了
　　憨到家 → 憨极了

2 **眉飞色舞** méifēi sèwǔ 희색이 만면하다, 의기양양하다

色：脸色。形容人得意兴奋的样子。

"色"는 얼굴색을 말하며, 의기양양하여 흥분한 모습을 형용한다.

例　那个女孩眉飞色舞地谈论着她在西藏的经历。
　　每每提起她的学生，她总是眉飞色舞，如数家珍。
　　我的大多数朋友住在市内，然而一提到乡村，他们就眉飞色舞。

对话4

张玲　别老呆子呆子的，你听我说。
赵健　好好，我洗耳恭听！
张玲　就是因为这首《江南Style》"呆傻简单"啊。
赵健　你这个人，怎么可以这样信口雌黄啊，这么红的MV，哪里呆了？哪里傻了？

1　洗耳恭听 xǐ'ěr gōngtīng 귀를 씻고 공손하게 듣다, 경청하다

洗干净耳朵恭恭敬敬听别人讲话。请人讲话时的客气话。指专心地听。
'귀를 씻고 공손하게 남의 말을 경청하다'는 뜻이다.

例　何不跟我们谈谈？我们洗耳恭听！
　　对于这样的说法，我们确实应该洗耳恭听。
　　如果你有更好的主意，我洗耳恭听。

2　信口雌黄 xìnkǒu cíhuáng 사실을 무시하고 입에서 나오는 대로 함부로 지껄이다

信：任凭，听任；雌黄：即鸡冠石，黄色矿物，用作颜料。古人用黄纸写字，写错了，用雌黄涂抹后改写。比喻不顾事实，随口乱说。

"信"은 '마음대로 하다'라는 뜻이고, "雌黄"은 "鸡冠石"이라는 돌인데 황색광물로 안료를 만드는데 사용된다. 옛날 사람들이 누런 종이에 글자를 쓰다가 틀렸을 때는 "雌黄"이 들어간 안료를 종이에 바르고 다시 썼다. 이러한 이유로 "信口雌黄"은 객관적 사실을 따지지 않고 함부로 말할 때 사용하는 말의 의미로 확대되어 쓰이고 있다.

例　他信口雌黄，全然不顾后果。
　　任何读过马克思著作的人都不会如此信口雌黄。
　　她称这篇演说是信口雌黄，胡说八道。

对话5

张玲： 别急，你听我说。这首歌很多地方都是简单的重复，即使你不懂韩国语，你也能跟着哼唱，所以大家都趋之若鹜。看我这个呆子也会唱"OPPA，Gangnam style"

赵健： 哈哈，我求你别唱了。这么有名的歌，从你的嘴里唱出来，我怎么觉得比"鸟叔"还"鸟叔"呢。

▫ 哼唱 hēngchàng 동 흥얼거리다, 콧노래 부르다

---

1 趋之若鹜 qūzhī ruòwù 옳지 않은 일에 달려들다

趋：快走；鹜：野鸭。象鸭子一样成群跑过去。比喻许多人争着去追逐某种事物。含贬义。

"趋"는 빨리 가다; "鹜"는 야생오리를 가리킨다. 오리 떼처럼 떼를 지어 달려가다, 즉 '많은 사람들이 우르르 몰려가는 것'을 의미하며 부정적 표현이다.

例　我发现现在许多人因满大街的整形广告，对整形美容趋之若鹜。
　　华尔街和普通民众如今都对黄金趋之若鹜。
　　人生的道路上以追求财富为志者，他们看见金钱利益就趋之若鹜。

2 比 A 还 A bǐ A hái A A 보다 더 A 같아, A 뺨 칠 정도야

比 + 名词 + 还 + 名词，表示比"名词"所带有的某方面的特征程度还高。

"명사"보다 더 "명사" 같다, 즉 "명사"가 가지고 있는 어떤 면에서의 특징보다도 정도가 더 심함을 나타낼 때 쓰는 표현이다.

例　他这个人料事如神，比诸葛亮还诸葛亮。
　　你现在的打扮比韩国人还韩国人呢。
　　他唱得好极了，比歌星还歌星呢。

对话6

张玲　就是啊，连我都能模仿着唱，足可见这首歌会有多少草根基础了。

赵健　你说得头头是道啊。越简单的越容易模仿，一般人不会去模仿难的东西。

张玲　你也是一针见血啊！你看，把胳膊往前一伸，双手搭在一起，然后按照节奏扭动屁股，就是"鸟叔"的"骑马舞"了。

□ 扭动 niǔdòng 동 (몸을 좌우로) 흔들다, 비틀다

---

1 草根 cǎogēn 평민

直译自英文的grass roots。现在其所指也是社会最下层—平民老百姓的意思。
"草根"은 영어 "grass roots"에서 나왔는데 지금은 사회의 최하층, 일반 평민을 가리킨다.

例　他只是一名草根歌手，在歌厅里唱唱而已。
　　我们这些草根的呼声，政府怎么才能听到呢？
　　你如果是草根的话，我就是草根中的草根了。

2 头头是道 tóutóu shìdào 말이나 행동이 하나하나 사리에 들어맞다

本为佛家语，指道无所不在。后多形容说话做事很有条理。
본래 불교 언어로 도는 어디든 존재하지 않는 곳이 없다는 뜻이다. 후에 말이나 행동이 조리가 있는 것을 나타내게 되었다.

例　很多领导讲起话来振振有词、头头是道。
　　他在许多问题上讲得头头是道。
　　对于议会改革，他说起来头头是道，但是其他人可能不买账。

3 一针见血 yìzhēn jiànxiě 한 마디로 정곡을 찌르다

比喻说话直截了当，切中要害。
'급소를 찌르다, 한마디로 따끔한 경고를 하다'의 뜻으로 아주 적절한 것, 요점을 잡아내는 것을 비유할 때 사용한다.

例　他说那家公司实际上正面临破产的危机，真是一针见血。
　　你一定总要这样一针见血吗？
　　一位心理学家一针见血地点到了这个问题。

对话7

赵健　你快打住，快打住。我看如果你模仿一段，然后放到YouTube上，肯定会比"鸟叔"还红，比"鸟叔"还让人捧腹大笑。你会一鸣惊人成为第一"鸟叔"，真的"鸟叔"会退居第二的。

□ 打住 dǎzhù 동 멈추다, 그만두다
□ 退居 tuìjū 동 (낮은 지위로) 물러나다, 밀려나다

1　捧腹大笑 pěngfù dàxiào 포복절도하다, 몹시 웃다

用手捂住肚子大笑。形容遇到极可笑之事，笑得不能抑制。
손으로 배를 감싸 안으면서 크게 웃는다. 즉 '굉장히 웃기는 일에 웃음을 참지 못함'을 의미한다.

例　滑稽的影片常逗得我们捧腹大笑。
　　这个笑话使我捧腹大笑。
　　他一进来，人人都捧腹大笑起来了。

2　一鸣惊人 yìmíng jīngrén 뜻밖에 사람을 놀라게 하다

鸣：鸟叫。一叫就使人震惊。比喻平时没有突出的表现，一下子做出惊人的成绩。
"鸣"은 새가 우짖다. 한 번 울어서 사람들을 깜짝 놀라게 한다는 말로, 평소에는 두드러지지 않던 사람이 뜻밖에 사람들을 놀라게 하는 성과를 보여주는 것을 비유한다.

例　艺术品交易让中国再次一鸣惊人。
　　他是个好学生，但我认为他不会一鸣惊人。
　　我从不企望自己的作品能一鸣惊人。

阅读 生词

1. 推出 tuīchū 동 (신상품을) 내놓다, 출시하다
2. 当下 dāngxià 부 즉각, 바로, 곧, 바로 그 때
3. 榜首 bǎngshǒu 명 명단의 맨 처음
4. 吉尼斯纪录 Jínísī Jìlù 명 기네스북
5. 争相 zhēngxiāng 부 서로 다투어
6. 火爆 huǒbào 형 한창이다, 흥성하다, 번창하다
7. 新媒体 xīn méitǐ 명 새로운 매체, 뉴미디어
8. 参与性 cānyùxìng 명 참여성
9. 高高在上 gāogāo zàishàng 성 높은 지위에 있는 사람이 현실 속에 들어가지 못하고 대중과 동떨어져 있다
10. 联合国 Liánhéguó 명 유엔(UN), 국제 연합
11. 秘书长 mìshūzhǎng 명 사무국장
12. 强劲 qiángjìng 형 세다, 강력하다, 세차다
13. 洗脑 xǐnǎo 동 세뇌하다
14. 科研 kēyán 명 과학 연구
15. 周期 zhōuqī 명 주기 (같은 현상이 한 번 나타나고부터 다음 번 되풀이되기까지의 기간)
16. 核心 héxīn 명 핵심
17. 心率 xīnlǜ 명 심장 박동수
18. 激发 jīfā 동 불러일으키다, 끓어오르게 하다
19. 生理反应 shēnglǐ fǎnyìng 생리적인 반응
20. 朗朗上口 lǎnglǎng shàngkǒu 성 목소리가 또랑또랑하고 유창하다, 기억하기 쉽다
21. 首发 shǒufā 동 처음으로 발표하다
22. 策略 cèlüè 명 책략, 전술, 전략
23. 投放 tóufàng 동 (인적·물적 자원을) 투자하다
24. 预热 yùrè 동 예열하다

阅 读

它，一经推出，就成为了当下最热门歌曲，并占据韩国各大音乐榜首；它，两个月的点击量就超过2亿次，并打破了吉尼斯纪录；它，被神话组合、张东健、布兰妮等众多明星争相模仿。它就是风靡世界的韩国MV——《江南Style》。

它为什么能这么成功？为什么成功的偏偏是它？

首先，《江南Style》[1]之所以全球火爆，是因为抓住了全世界人们的心理需要。作为一个普通人的形象，演唱者的动作，是每个人都能模仿、每个人都能参与进来的。如果未来音乐要走进新媒体时代的话，这种真正意义的参与性是必须的。这首歌不管好听不好听，但至少能让每个人都动起来，让每个人能够通过MV在一定程度上理解演唱者。它打破了过去演唱者高高在上的形象。难怪联合国秘书长潘基文说："《江南Style》为世界和平带来强劲力量，有超过4亿人喜爱并欣赏鸟叔的表演，我很骄傲。"

其次，利用简单重复的"洗脑"功能。有韩国的科研机构对这首歌曲进行了研究，发现它以3.6秒为一个周期将五个音节重复4次，而整首歌中五个音节的核心节奏重复了100次以上，这样的节拍和人在慢跑半小时后的心率几乎同步——这也正是感觉最为兴奋的瞬间。这一说法，解释了为什么大多数人都会不自觉地跟着这首歌摇晃起身体的原因。而另一个激发人们生理反应的元素则是其朗朗上口的旋律和节奏。还有这个MV的画面语言非常简洁，[2]即使不懂韩语也很容易理解这些元素。

第三，《江南Style》很聪明地选择了在YouTube上首发。如果按照传统的营销策略，一首新的歌曲或者MV推出，[3]首先伴随的应该是大规模的广告投放，尤其是在包括电视在内的各大传统媒体上，然后是其他的各种辅助性的营销行为。但是在《江南Style》的传播中，新媒体完全成为了主角，确切地说是消费者成为了主角。先是全球性的平台YouTube迅速形成了第一波热潮，在全球范围内做了预热。然后各种社交媒体，如Facebook、Twitter等又迅速放大了这一热潮。尤其是社交网络中的明星们的主动推销增加了《江南Style》的传播效应，最后才是包括电视在内的传统媒体的主动传播。

语法重点 어법중점

1. 之所以：~ 한 까닭은

뒤에 '是(由于)' · '是(因为)' · '是(为了)' 따위의 말을 수반한다.

《江南Style》之所以全球火爆，是因为抓住了全世界人们的心理需要。
鲁迅先生之所以放弃医学，从事文学活动，正是为了唤醒人民，有力地同反动势力作斗争。
我之所以带雨伞是听天气预报说今天有雨。

2. 即使 ~也：설령 ~하더라도, 일지라도

'即使'가 나타내는 조건은 아직 실현되지 않은 일이거나 사실과 상반되는 일이며 주로 '即使…也[还]…'의 형태로 쓰인다.

这个MV的画面语言非常简洁，即使不懂韩语也很容易理解这些元素。
即使天塌下来，咱们也不怕。
《江南style》的舞蹈非常简单，即使再笨手笨脚也能跟着跳。

3. 首先 ~其次(然后)：첫째 ~ 다음은(열거하는 경우에 쓰임)

首先伴随的应该是大规模的广告投放，然后是其他的各种辅助性的营销行为。
首先，大会主席作报告，其次代表发言。
评价一种产品，首先看它的质量，其次看它的设计。

练习 연습문제

1 会话와 阅读 内容을 근거로 질문에 대답하시오.

1) 鸟叔长得怎么样?

2) 张铃说《江南style》"呆傻简单"是什么意思?

3) 为什么说《江南style》抓住了全世界人们的心理需要?

4) 《江南style》简单重复的洗脑功能是什么?

5) 为什么说《江南Style》选择在YouTube上首发是很聪明的做法?

2 会话와 阅读 内容을 근거로 옳고 그름을 판단하시오.

1) 赵健原来以为张玲不会知道"鸟叔"。（　　）

2) 《江南Style》虽然不好听，但是让每个人都动起来了。（　　）

3) 未来音乐要走进新媒体时代的话，需要真正意义上的参与性。（　　）

4) 《江南Style》的节拍和人在慢跑时候的心率几乎同步。（　　）

5) 《江南Style》在YouTube上做了很多广告。（　　）

第3课《江南Style》成功的奥秘

3 다음 보기에서 알맞은 단어를 골라 빈칸을 채우시오.

> **보기**　耳濡目染　　大腹便便　　趋之若鹜
> 　　　　一针见血　　头头是道　　一鸣惊人

1) 他平时学习很一般，可是竟考上北大了，真是(　　　　　)。

2) 我没有真正去学过韩语，但是通过(　　　　　)学会了。

3) 别看他年纪小，讲起道理来(　　　　　)。

4) 很多人对新型手机(　　　　　)，我也就随大流买了一个。

5) 他从来不运动，没结婚之前就已经(　　　　　)。

6) 那篇文章对时政的评论，可以说是(　　　　　)。

4 다음 주어진 단어를 이용하여 작문하시오.

1) 扭动:

2) 冲击:

3) 心得:

4) 退居:

5) 抵挡:

6) 模仿:

5 다음 주어진 문장의 대화를 완성하시오.

1) A：我就是再呆也抵挡不了这些来自四面八方的冲击啊！

　　B：＿＿＿＿＿＿＿＿＿＿＿＿＿＿＿＿＿＿＿＿＿＿＿＿＿＿＿＿＿＿＿＿。

2) A：你真是＿＿＿＿＿＿＿＿＿＿＿＿＿＿，什么事儿都去研究啊？不过这次你这个呆子说得这么眉飞色舞，估计是真有什么心得。

　　B：别老呆子呆子的，你听我说。

3) A：＿＿＿＿＿＿＿＿＿＿＿＿＿＿＿＿＿＿＿＿＿＿＿＿＿＿＿＿＿＿＿＿。

　　B：你这个人，怎么可以这样信口雌黄啊，这么红的MV，哪里呆了？哪里傻了？

4) A：你说得头头是道啊。＿＿＿＿＿＿＿＿＿＿＿＿＿＿＿＿＿＿＿＿＿＿＿？

　　B：你也是一针见血啊！你看，把胳膊往前伸，双手搭在一起，然后按照节奏扭动屁股，就是"鸟叔"的骑马舞了。

6 다음 단문의 (　)에 들어갈 알맞은 어휘를 고르시오.

1)《江南style》之所以全球（　　），是因为抓住了全世界人们的心理需要。作为一个普通人的形象，演唱者的动作，是每个人都能模仿、每个人都能参与（　　）的。如果未来音乐要走进新媒体（　　）的话，这种真正意义的参与性是（　　）的。

A	流行	进出	时期	必须
B	吃香	下去	年代	必然
C	火爆	进来	时代	必须
D	人气	进来	时间	必备

2) 节目主要考验嘉宾的（　　）发挥和临场反应，每位嘉宾在不知情的情况下进入一个特定场景，扮演与本人完全无关的特定角色。每位嘉宾都被"折磨"得（　　），故事发展的随机性令观众（　　）。每期节目将对嘉宾的表演做出评判，颁出一个"终身成就奖"，当晚获奖的是佟悦，他感慨这个"奖"真是太难（　　）了。

A	临场	精疲力尽	哈哈大笑	取
B	即兴	大汗淋漓	捧腹大笑	拿
C	即兴	束手无策	左顾右盼	得
D	临时	望洋兴叹	喜笑颜开	受

PLUS 관용 표현

- **吃定心丸** chī dìngxīnwán 정서가 안정되다
  现在给大家吃个定心丸，今年的研究生分配方案已经基本落实。
  올해 대학원생 분배에 관한 계획이 거의 실행되었으니 모두들 안심하시오.

- **打交道** dǎ jiāodào 교제하다, 왕래하다, 사귀다
  我从来没有和这样的人打过交道。
  나는 여태껏 이런 사람과 교제한 적이 없다.

- **戴高帽(子)** dài gāomào(zi) 비행기 태우다, 부추기다, 아첨하다
  你再给他戴高帽(子)的话，我看他就要飞上天了。
  너 또 비행기 태우면, 내 보기엔 그 사람 하늘로 날아갈 거야(오만해질 거야).

- **倒胃口** dǎo wèikǒu 비위상하다, (비유적 표현) 구역질 나다
  瞧他一副苦丧的脸，真让人倒胃口。
  그의 우거지상을 보면 정말 구역질 난다.

- **喝西北风** hē xīběifēng 먹을 것이 없어 배를 주리다
  辛辛苦苦干了一年却拿不到一分钱的工资，难道让我们喝西北风去啊？
  1년을 죽도록 일하고 임금을 한 푼도 못 받다니, 도대체 우리는 굶어 죽으라는 겁니까？

第4课

"韩流"主力军—韩剧

为什么说韩剧是"韩流"的主力军也不为过?

会话 🎧029

赵健　　你这个夜猫子，肯定昨晚又开夜车看"韩剧"了吧？

张玲　　嗯，你怎么知道我又熬夜了？

赵健　　一看你的熊猫眼就知道啊！

张玲　　你真是我肚子里的蛔虫。

赵健　　你整天看韩剧，韩剧到底有什么好看啊？

张玲　　说实话，我虽然是"韩剧迷"，每天看韩剧，但是要让我回答这个为什么啊，还真不容易。但是只要开始看第一集了，我就放不下了。

赵健　　哼，这都不知道啊。第一，男女主角绝对是帅哥美女，虽然大多数应该是整过容的！甭管情节怎样，反正男女主角乃至他们的密友、情敌都很养眼，拍摄时还十分注意表现男女的美好的容貌和身材，当然吸引像你这样的纯情少女了。

张玲　　那是！谁愿意在大半夜熬夜看一些丑八怪演戏？那睡觉的时候不得做噩梦啊？

赵健　　而且大部分韩剧都是在描写男女间的小事，说一些天真浪漫的爱情故事，每一集都用很多情节吊人的胃口。

张玲　　还会有一些七大姑八大姨出来凑热闹呢。发生在他们身上的小事，让我看完后会马上往自己身上联想，会幻想自己就是女主角，在男主角的爱中渐渐失去自我，好几天都回不过神来。

赵健　　你们女人都是花痴，看韩剧就盯着那些高富帅的男主角。

张玲　　你们男人，难道不是把韩剧里那些集漂亮、贤惠、温柔、学历为一身的女主角看成香饽饽啊？

赵健　　这个嘛，你说得很有道理。但是韩剧一周就两集或者一集，像我这样急脾气的，等看下集，对我简直就是一种折磨。

张玲　　这你就"老外"了吧，来，我给你这个"门外汉"上上课。韩剧是"边写、边拍、边播"的，韩剧多为两天连播，因此你只能等，不能着急。

赵健　　那在播出期间，编剧完全有时间根据观众的收视反应来设计下一步情节的进展，以及设计故事结局了？你这个"韩剧迷"肚子里还真有料儿。

张玲　　那是！

> **对话1** 030
>
> 赵健　你这个夜猫子，肯定昨晚又开夜车看"韩剧"了吧？
> 张玲　嗯，你怎么知道我又熬夜了？
>
> □ 熬夜 áoyè 동 밤새다, 철야하다

1 夜猫子 yèmāozi 부엉이(猫头鹰)의 낮은말, 올빼미

指晚上不想睡觉、喜欢熬夜的人。
밤늦도록 자지 않고 밤샘하는 사람을 가리킨다.

例　他是个夜猫子，晚上十一二点钟都不想睡。
　　现在的小年轻都是夜猫子。
　　你这么晚还没有睡啊，真是个夜猫子。

2 开夜车 kāi yèchē 밤을 새워 공부하다(일하다), 밤을 꼬박 새우다

为了工作或学习的需要而熬夜，连夜加班。对话中晚上熬夜看韩剧不是"开夜车"，但是朋友之间开玩笑，故意这么说的。
원래 '일을 하거나 공부를 하면서 밤을 새다'는 뜻으로 사용되지만, 여기서는 친구 사이에 일하거나 공부하는 것처럼 밤새 텔레비전 드라마를 보는 것을 풍자하기 위해서 사용하고 있다.

例　快要考试了，同学们都在开夜车复习。
　　你别着急，我今晚即使开夜车也会把工作做完的。
　　你这么每天开夜车可不行，要注意身体啊！

第4课 "韩流"主力军—韩剧

对话2

赵健　一看你的熊猫眼就知道啊！
张玲　你真是我肚子里的蛔虫。

1　熊猫眼 xióngmāoyǎn 다크서클

就是黑眼圈。因熬夜、生活不规律等原因，导致眼睛周围的肤色变暗，形成黑眼圈。因为熊猫的眼睛周围是黑色的，所以就把黑眼圈形象地叫做"熊猫眼"。

밤을 새우거나 다른 이유로 피곤하면 눈 주위의 피부색이 어둡게 변하면서 다크서클이 생긴다. 팬더 곰의 눈 주위가 검은 것이 마치 다크서클 같아서 "熊猫眼"이라고 비유한 것이다.

例　瞧你这熊猫眼，昨晚又熬夜了吧？
　　你这是怎么了，这么大的熊猫眼？
　　一看你就没睡好，一双熊猫眼。

2　我肚子里的蛔虫 wǒ dùzi lǐ de huíchóng 나를 훤히 잘 알다

蛔虫是人的肠胃中的一种寄生虫，因寄生在人的肠胃中，故用以比喻对别人的心里活动知道得十分清楚。常见的说法有"肚子里的蛔虫""肚里蛔虫"。

회충은 소화기관 안에 살고 있는 기생충인데, 이 회충을 마음 속에서 변화되고 있는 내용을 모두 잘 알고 있는 사람으로 비유한 것이다. 너는 내 뱃속의 회충이로구나, 즉 '내 뱃속에 들어왔다 나간 듯 나를 훤히 잘 알고 있다'는 뜻이다.

例　你对我这么了解啊？ 你是我肚子里的蛔虫啊？
　　你敢肯定你知道他的想法啊？ 你是他肚子里的蛔虫啊？
　　你真是我肚子里的蛔虫，我还没说完你就都知道了啊。

> 对话3
>
> 赵健　你整天看韩剧，韩剧到底有什么好看啊?
>
> 张玲　说实话，我虽然是"韩剧迷"，每天看韩剧，但是要让我回答这个为什么啊，还真不容易。但是只要开始看第一集了，我就放不下了。

1 **说实话** shuō shíhuà 사실대로 말하자면

说出真理，说实话：断言某事为事实的意思。韩国人经常错说为"坦白说"。
'사실대로 말하다'의 뜻이다, "坦白说"라고 말하지 않도록 주의해야 한다.

例　说实话，这是我第一次坐飞机。
　　说实话，我对他并不了解。
　　说实话，我一点都不喜欢这个女孩儿。

2 **还真……** hái zhēn…… 정말 ~하다

"还真"表示说话者强调"实在、的确"的语气，有时兼有连接前后分句的作用。这里的"还"是用来加强语气。
"还真"은 화자의 "실제, 확실함"을 강조한 어감을 나타내거나 전후의 단문을 이어주는 역할을 하기도 한다. "还"는 "어기"를 강화시킨다.

例　你问我他叫什么，我还真不知道。
　　我就这么一说，你还真生气了啊?
　　你让我去，我今天还真不去了。

对话4

赵健　哼，这都不知道啊。第一，男女主角绝对是帅哥美女，虽然大多数应该是整过容的！甭管情节怎样，反正男女主角乃至他们的密友、情敌都很养眼，拍摄时还十分注意表现男女的美好的容貌和身材，当然吸引像你这样的纯情少女了。

张玲　那是！谁愿意在大半夜熬夜看一些丑八怪演戏？那睡觉的时候不得做噩梦啊？

- 甭 béng　부　~할 필요 없다, ~하지 마라
- 密友 mìyǒu　명　친한 친구, 가까운 친구
- 情敌 qíngdí　명　연적
- 拍摄 pāishè　동　촬영하다, 사진을 찍다
- 纯情 chúnqíng　형　순결하고 진지하다
- 大半夜 dàbànyè　명　깊은 밤, 한밤중
- 丑八怪 chǒubāguài　명　용모가 아주 못생긴 사람
- 噩梦 èmèng　명　불길한 꿈, 악몽

1　那是 nà shì 맞아, 그건 그래

肯定别人的话时的一种说法。
比"对"更口语化。还可以说"那还用说。"
타인의 말에 긍정할 때 쓰이며, "对"보다 구어적이다. "那还用说"라고 표현할 수도 있다.

例　A：你这个人懂的东西还真不少呢！
　　B：那是！

　　A：要说到整容，韩国可是世界一流。
　　B：那是！

2　不得……啊? bù děi …… a? ~이 아니니?(틀림없이 ~할 것이다)

表示反问的语气，是"肯定会……""肯定得……"的意思。一般多用于口语，非正式场合。
반어적 어기로 "틀림없이 ~ 할 것이다"의 의미다. 구어체로 비정식적인 상황에서 많이 쓰인다.

例　你不让他去，他不得大闹一场啊？
　　我如果不帮你，你不得花三四天的时间啊？
　　这件衣服看着这么好，不得上千啊？

> **对话5**
>
> 赵健　而且大部分韩剧都是在描写男女间的小事，说一些天真浪漫的爱情故事，每一集都用很多情节吊人的胃口。
>
> 张玲　还会有一些七大姑八大姨出来凑热闹呢。发生在他们身上的小事，让我看完后会马上往自己身上联想，会幻想自己就是女主角，在男主角的爱中渐渐失去自我，好几天都回不过神来。

1　吊胃口 diào wèikǒu (다른 사람으로 하여금) 입맛을 다시게 하다

用好吃的东西引起人的食欲，也比喻让人产生某种欲望或兴趣。
'(맛있는 음식으로) 식욕을 돋구다'는 뜻으로, 흥미나 욕망이 생겨나게 하다, 궁금증이 생기게 한다는 것을 비유한 것이다.

例　你就告诉我们吧，别吊我们胃口了！
　　她也很喜欢你，之所以没有马上答应你是在吊你胃口。
　　那些电视剧导演可会吊胃口了。

2　七大姑八大姨 qī dàgū bā dàyí 멀고 가까운 여자 친척, 많은 친척들

指各种各样的亲戚。
여러 친척을 뜻한다.

例　他们家，七大姑八大姨的，有很多亲戚！
　　七大姑八大姨的来了很多人。
　　我不去你家，你家七大姑八大姨的那么多亲戚，我都不喜欢。

对话6

赵健　你们女人都是花痴，看韩剧就盯着那些高富帅的男主角。

张玲　你们男人，难道不是把韩剧里那些集漂亮、贤惠、温柔、学历为一身的女主角看成香饽饽啊？

赵健　这个嘛，你说得很有道理。但是韩剧一周就两集或者一集，像我这样急脾气的，等看下集，对我简直就是一种折磨。

□ 花痴 huāchī 명 금새 사랑에 빠지는 사람
□ 贤惠 xiánhuì 형 (여자가) 어질고 총명하다, 현모양처이다

1 集……为一身 jí …… wéi yì shēn 한데 모여 있다

指"把……都集中在一个人的身上"的意思。也可以说"集……于一身"。
"集"는 '어떤 것을 한 사람에게 집중하다'의 의미이며, "集……于一身"이라고도 표현할 수 있다.

例　我公司是一家集开发和生产为一身的厂家。
　　日本的城市都有集传统和现代于一身的特点。
　　他是历史上最好的集进攻和防守为一身的球员之一。

2 香饽饽 xiāngbōbo 인기 있는 사람이나 사물

"饽饽"是中国北方平时和节日时的主要食品。饽饽是用粘米做成的。比喻受欢迎的人或事物。
"饽饽"는 떡과 간식의 총칭으로 북방사람들이 평소나 명절 때 즐겨 먹는 찹쌀로 만든 간식이다. "香饽饽"는 환영받는, 인기 있는 사람이나 사물로 비유된다.

例　他是公司的香饽饽，怎么会被辞掉呢！
　　人家可是个香饽饽，很多人都喜欢他。
　　那个款式的衣服一下子成了香饽饽。

对话7

张玲　这你就"老外"了吧，来，我给你这个"门外汉"上上课。韩剧是"边写、边拍、边播"的，韩剧多为两天连播，因此你只能等，不能着急。

赵健　那在播出期间，编剧完全有时间根据观众的收视反应来设计下一步情节的进展，以及设计故事结局了？你这个"韩剧迷"肚子里还真有料儿。

张玲　那是！

□ 收视 shōushì 동 시청하다, 보다

1　老外 lǎowài 외국인, 문외한

"老外"有两个意思，一个是指外国人，是中国人对其他国家人的一种俗称，类似于老张、老王、老李之类的称呼。另外一个指外行，不懂某行业务的人。在本课中是"外行"的意思。
"老外"는 '중국인에 대비되는 외국인'이라는 뜻과 '어떤 일에 전문적 지식이나 조예가 없는 사람'이라는 뜻이 있다.

例　做买卖，你比我内行。认粮食，你是"老外"！
　　你别"老外"了，人家说的是韩国语，不是英语。
　　你也太"老外"了吧，竟然分不清韭菜和小葱。

2　门外汉 ménwàihàn 문외한

没有专业知识的外行人。"汉"一般指男人，但是这样说的时候，男女都可以。
'어떤 일에 전문적 지식이나 조예가 없는 사람'을 가리킨다. "汉"은 일반적으로 남자를 가리키지만, "문외한"으로 쓰일 때는 남녀 모두에게 쓸 수 있다.

例　我是个"门外汉"，别问我。
　　你怎么会把这个"门外汉"请来当顾问呢？
　　学了这么多年了，我还是一个"门外汉"。

3　肚子里还真有料儿 dùzi lǐ hái zhēn yǒu liàor 어떤 분야에 상당한 지식이 있는 사람

"料"指材料，这里是有知识的意思。指某人在某些领域非常有实力。
"料"는 재료를 가리키는데, 여기서는 '지식'을 나타낸다. "肚子里还真有料儿"은 '어떤 사람이 어떤 분야에 매우 실력이 있는 것'을 가리킨다.

例　他一口气说了这么多，而且说得很有道理，没有想到他肚子里还真有料儿。
　　你以为就你一个人肚子里有料儿啊，我也知道很多呢。
　　把你肚子里的料儿都抖出来让我们听听吧。

阅读 生词

1. 振人耳目 zhènrén ěrmù 성 사람을 놀라게 하다
2. 恐怖片 kǒngbùpiàn 명 공포영화
3. 主力军 zhǔlìjūn 명 주력군
4. 诙谐 huīxié 형 유머러스하다, 해학적이다
5. 笔调 bǐdiào 명 글의 스타일(style), 풍격, 필치
6. 宿命 sùmìng 명 숙명
7. 悲情 bēiqíng 명 슬픈 감정
8. 释放 shìfàng 동 방출하다, 내보내다
9. 泾渭分明 jīngwèi fēnmíng 성 좋고 나쁨의 구분이 아주 분명하다, 선악(善惡)·시비(是非)의 구별이 확실하다
10. 无疑 wúyí 형 의심할 바 없다, 틀림없다, 두 말 할 것 없다
11. 琐事 suǒshì 명 자질구레한 일, 번거로운 일, 사소한 일
12. 深沉 shēnchén 형 (정도가) 깊다, 심하다
13. 一门心思 yìmén xīnsī 성 전심전력을 기울이다, 정력을 집중하다, 몰두하다
14. 喜怒哀乐 xǐ nù āi lè 성 희로애락, 기쁨과 노여움과 슬픔과 즐거움, 사람의 각종 감정
15. 伦理 lúnlǐ 명 윤리, 도덕
16. 孝道 xiàodào 명 효도
17. 边缘化 biānyuánhuà 동 비주류화하다, 주변화하다
18. 凭借 píngjiè 동 ~에 의지하다, ~에 기대다, ~을 믿다, ~을 기반으로 하다, ~를 통하다, 핑계 대다, 빙자하다, 구실로 삼다

阅 读

　　韩剧不振人耳目，也没有黑色阴暗的恐怖场面，但是为什么韩剧成了"韩流"的重要组成部分？为什么说韩剧是"韩流"的主力军[1]也不为过？

　　韩剧描述最多的是爱情，以及日常家庭生活中所表现出来的亲情与友情。韩剧对情感的描写多是建立在个人的基础之上，描写个人的感情、个人的奋斗与发展、个人的失意与成功。而且多以一种轻松的、诙谐的笔调，没有个人在大家族中遭遇悲苦命运时的那种宿命感与沉重感。

　　韩剧中的感情剧更多作喜剧化的处理，[2]即使像《蓝色生死恋》这样的悲情剧，给人的感觉也是悲而不苦，更注重浪漫而不过分沉重，更多的是一种由悲情带来的情绪释放，从而达到让心情轻松的目的。韩剧中出现的人物关系比较简单，善恶也泾渭分明，而这无疑正符合了当下生活、工作等各种压力越来越大的电视观众的心理需求。

　　韩剧把很多平常生活中发生的事情，甚至是家庭琐事带入了电视剧中，它不给你讲大道理，不教育你，不玩深沉，剧中人物也不是一门心思地发家致富，他们都是在过自己的生活，很真诚，有自己的喜怒哀乐，有自己做人的原则，非常重视家庭伦理，重视孝道，他们很重视在中国已被忽略的传统文化，并以此为荣。

　　韩剧里充满各种各样平凡而又可爱的小人物，直至包括"澡堂老板家的男人们"那样边缘化的角色。这让我们看到韩剧的"贴近群众"有着自己的特色：关注小人物。"流行"的实质就是覆盖"范围较广"，韩剧凭借着自己"贴近群众"，[3]赢得了得以"风靡"的社会基础。

第**4**课 "韩流"主力军—韩剧

语法重点 어법중점

1 也不为过： ~해도 지나치지 않다, ~해도 과하지 않다

为什么说韩剧是"韩流"的主力军也不为过？
吃个双份(儿)也不为过。
再怎么强调也不为过。

2 即使(就是)： 설령 ~할지라도

가정과 양보를 나타내는 접속사로 也[还]와 호응하여 쓰인다.
앞뒤 두 부분은 관계가 있는 두 가지 일이며, 앞부분은 가정의 상황, 뒷부분은 결과 혹은 결론이 이러한 상황에 영향을 받지 않음을 나타낸다.

即使像《蓝色生死恋》这样的悲情剧，给人的感觉也是悲而不苦，更注重浪漫而不过分沉重。
即使今天下雨，我也要坚持上学。
即使你成功了，也不能骄傲。

3 赢得： (추상적인 것을)얻다, 획득하다

동사로 이기다, 승리하다와 (갈채. 찬사 따위를) 얻다, 획득하다의 뜻이 있다. 여기서는 추상적인 것 "갈채, 찬사 따위를 얻다"로 쓰였다. 비슷한 뜻을 나타내는 동사로 "博得", "取得"등이 있으며, 구체적인 것을 얻을 때와 추상적인 것을 얻을 때를 구별하여 쓴다.

"流行"的实质就是覆盖"范围较广"，韩剧凭借着自己"贴近群众"，赢得了得以"风靡"的社会基础。
他这一手儿赢得了大众的喝彩。
这个电影博得了观众的好评。

练 习 연습문제

1 会话와 阅读 내용을 근거로 질문에 대답하시오.

1) 赵健是怎么知道张玲熬夜了?
_____
_____

2) 为什么那么多人对韩剧着迷?
_____
_____

3) 韩剧在播放和拍摄方面有什么特点?
_____
_____

4) 请谈一下一般韩剧的主要内容和角色。
_____
_____

5) 请说一下你对韩剧的看法。
_____
_____

2 会话와 阅读 내용을 근거로 옳고 그름을 판단하시오.

1) 张玲觉得赵健不太了解她。（　　）

2) 张玲很清楚自己为什么喜欢看韩剧。（　　）

3) 韩剧里男女主角的好朋友也长得好看。（　　）

4) 韩剧很注重对爱情的描写。（　　）

5) 韩剧里的人物都是小人物。（　　）

3 다음 보기에서 알맞은 단어를 골라 빈칸을 채우시오.

보기	开夜车	香饽饽	七大姑八大姨
	夜猫子	门外汉	肚子里的蛔虫

1) 没想到他这么快就写完论文了，肯定是最近常(　　　　)。

2) 你们家(　　　　)的亲戚这么多，我怎么能记住啊？

3) 你真是他(　　　　)，原来他想什么你都知道啊。

4) 昨天晚上又熬夜学习了吧？你真是个(　　　　)。

5) 我哪有你那么懂行啊，我是(　　　　)。

6) 他长得帅，又有钱，在女孩儿面前肯定是个(　　　　)！

4 다음 주어진 단어를 이용하여 작문하시오.

1) 放不下：
_____

2) 简直：
_____

3) 泾渭分明：
_____

4) 无疑：
_____

5) 大半夜：
_____

6) 丑八怪：
_____

5 다음 주어진 문장의 대화를 완성하시오.

1) A: 嗯, 你怎么知道我又熬夜了?

   B: _____!

2) A: 拍摄时还十分注意表现男女的美好的容貌和身材, 当然吸引像你这样的纯情少女了。

   B: 那是! _____? 那睡觉的时候不得做噩梦啊?

3) A: 你们女人都是花痴, 看韩剧就盯着那些高富帅的男主角。

   B: 你们男人, 难道 _____?

4) A: 那在播出期间, 编剧完全有时间根据观众的收视反应来设计下一步情节的进展, 以及设计故事结局了? 你这个"韩剧迷" _____。

   B: 那是!

6 다음 단문의 ( )에 들어갈 알맞은 어휘를 고르시오.

1) 韩剧不( ), 也没有( )阴暗的恐怖场面, 但是为什么韩剧成了"韩流"的重要组成( )? 为什么说韩剧是"韩流"的主力军( )?

A	场面宏大	幽默	成分	可以
B	眼花缭乱	轻松	部位	不过
C	名声大震	严肃	部件	难说
D	振人耳目	黑色	部分	也不为过

2)《舌尖上的中国》这部( )播出的美食纪录片, 以精巧细腻的高清画面, 将大江南北的中华美食浓香扑鼻、闪闪发亮地摆到你面前, 让正饿着的( )们垂涎欲滴, 自然是它成功的一大关键; 更多观众认为, 该片是一部让观众既流( )、又长知识, 还能在情感上引起共鸣的美食大片, 一夜( )荧屏也就不奇怪了。

A	大早晨	人	鼻涕	出现
B	大早上	朋友	眼泪	红遍
C	大半夜	夜猫子	口水	火爆
D	大中午	观众	汗水	成功

PLUS 관용 표현

- **砍大山** kǎndàshān　실없는 말을 하다, 쓸데없는 말을 지껄이다
  消磨时间最有效的办法当然还是聊天吹牛砍大山。
  시간 죽이는 데 가장 좋은 것 당연히 수다 떠는 것이다.

- **二把刀** èrbǎdāo　얼치기(어느 분야에서 기술·지식이 미숙한 사람)
  她的演技不怎么样，只能算个二把刀，却凭着漂亮的脸蛋在娱乐圈混得风生水起。
  그녀의 연기는 별로여서 겨우 얼치기 수준이지만, 예쁜 얼굴 덕에 연예계에서 꽤 잘 나간다.

- **开绿灯** kāi lǜdēng　협조하다, 길을 내어주다
  请给我们开一次绿灯吧，以后一定改。
  제발 우리에게 한번만 협조해 주세요. 다음에는 꼭 고칠게요.

- **开快车** kāi kuàichē　(공부나 일등에) 박차를 가하다
  最近的生产量比较高，每天不分昼夜都在开快车。
  매일 밤낮을 가리지 않고 일에 박차를 가하고 있어 최근 생산량이 비교적 높다.

- **露一手儿 / 露两手儿** lòu yì shǒu(r) / lòu liǎng shǒu(r)　솜씨를 보이다, 특기를 발휘하다
  在昨天的晚会上，他给我们露了一手，真绝！
  그 사람 어제 저녁 연회에서 장기를 보여주었는데 정말 뛰어났다.

第5课

韩剧背后的产业链

韩剧流行带动了音像、出版、漫画CD等各种文化产业产品的发展。

会话 039

张玲　累死我了。今天又血拼一场。

赵健　你吃错药了啊?刚买过衣服又买。我看看,你又买什么了?啊,清一色的韩版衣服啊?你原来的衣服呢?

张玲　那些衣服早过时了,早让我打入冷宫了。我还给你买了一件呢!

赵健　给我买了一件,这可是破天荒第一次啊。你可真是看韩剧看多了,这么喜欢韩剧里出现过的东西!

张玲　呵呵,我承认我承认。你看人家韩剧里女主人公的服装,那精细,那漂亮,还有那皮肤,个个细皮嫩肉的,一点儿瑕疵都没有。

赵健　可是人家那是一方水土养一方人,那些女演员都是天生的,和你这后天的不在一个水平线上。

张玲　你说这么难听干嘛?在我的不懈努力下,我相信……

赵健　相信什么啊?小心你的钱包给你念紧箍咒。韩剧的力量真是无穷啊!对你来说,真是韩剧祸水啊!

张玲　什么祸水啊?韩剧和祸水八竿子打不着。是人家拍得太好了,你说谁能在这样美轮美奂的韩剧面前无动于衷啊?我还喜欢看韩国小说呢,看,我今天就买了几本呢。

赵健　你干脆一不做二不休,去韩国得了。

张玲　哈,你真是我肚子里的蛔虫,我正有学习韩国语的打算呢。

赵健　那你可要认真学,不能半路打退堂鼓,拿自己的钱打水漂。

张玲　嗯,这次你可以吃定心丸了,我一定会好好学的,等我学会了,有机会我们一起去,去济州岛,去民俗村,去东大门逛通宵,去南怡岛……

赵健　唉,我不再骂你了,再骂也是无用功。你对韩剧是毫无免疫力的,韩剧让你越陷越深。你现在就去学"思密达"吧!

张玲　你发现没有?韩剧好像在滚雪球,一个韩剧拉动了一个巨大的产业链。什么韩国服装,韩餐,韩国旅游,韩国语甚至韩国生活方式,潜移默化了很多外国人啊。

赵健　你才知道啊?以后你中韩剧毒太深的话,别说我没有给你打过预防针啊?

对话1

张玲　累死我了。今天又血拼一场。

赵健　你吃错药了啊？刚买过衣服又买。我看看，你又买什么了？啊，清一色的韩版衣服啊？你原来的衣服呢？

□ 韩版 Hánbǎn 명 한국 스타일

1　血拼 xuèpīn 쇼핑하다

血拼，实际上就是英文shopping的中文谐音。由于社会的发展，人们生活水平的提高，人们经常会逛街买很多东西，而花费很多的金钱，故人们形象地将此行为称作"血拼"。

'血拼'은 영어 'shopping'을 중국어 해음(한자의 같거나 비슷한 음)으로 표기한 것이다. 사회가 발전하고 생활수준이 높아짐에 따라 물건을 구매하는데 더 많은 돈을 쓰게 되는 현상을 '피 같은 돈을 쓰다'라는 표현으로 실감나게 형상화한 것이다.

例　现在越来越多的人，尤其是那些小年轻儿，喜欢网上血拼。
　　观光客血拼了好几家百货公司。
　　跟其他假期一样，独立日也是血拼的好时候。

2　吃错药 chī cuò yào 약을 잘못 먹다

比喻说话办事有违常理。

말이나 일을 처리하는데 있어 이치에 어긋나다.

例　不知道他今天是不是吃错药了，老是说错话。
　　不是我们的错。你吃错药了？
　　你是为了他们才那么说的，还是你吃错药了？

3　清一色 qīngyísè 일색이다, 획일화하다, 일률적으로 하다

原指打麻将时由一种花色组成的一副牌。后比喻全部由同一成分构成。

원래는 마작 용어로 한 종류의 '숫자'만으로 짝 지워진 패를 나타냈었다. 지금은 어떤 상황이 모두 같은 경우에 사용한다.

例　这个足球队的队员穿着清一色的橘黄色运动服。
　　参与者几乎都是清一色的在校研究生或年轻教工。
　　在过去，这个角色几乎清一色地由西方投资银行扮演。

> **对话2**
>
> 张玲　那些衣服早过时了，早让我打入冷宫了。我还给你买了一件呢！
>
> 赵健　给我买了一件，这可是破天荒第一次啊。你可真是看韩剧看多了，这么喜欢韩剧里出现过的东西！
>
> □ 过时 guòshí 형 유행이 지나다, 시대에 뒤떨어지다

1　打入冷宫 dǎrù lěnggōng 찬밥 신세가 되다, 방치되다

冷宫：古代皇帝把失宠的后妃软禁于冷僻宫内。比喻人不被重视或把事情搁置一边。
고대에는 황제가 총애를 잃은 후비를 외진 궁에 연금시켰다. 지금은 사람이 버림받거나 일이 방치되는 경우를 비유한다.

例　这种设计思想同一种曾被波音公司打入冷宫的设计如出一辙。
　　我上星期忘了她的生日，从那天开始我就被打入冷宫了。
　　很多人喜欢买衣服，可是很多衣服买了没穿几次就被打入冷宫。

2　破天荒 pòtiānhuāng 미증유, 전대미문

指从来没有出现过的事，旧时文人常用"破天荒"来表示突然得志扬名。
일어난 적이 없는 일을 가리킨다. 옛날 문인들은 뜻을 이뤄 이름을 날렸을 때 "파천황"이라는 표현을 썼다.

例　他破天荒地给妻子买了一束玫瑰。
　　那些最受关注的参展商中，破天荒地出现了一些中国企业的名字。
　　那一刻，白宫将破天荒地迎来首位黑人主子，一个崭新的纪元即将拉开。

对话3

张玲　呵呵，我承认我承认。你看人家韩剧里女主人公的服装，那精细，那漂亮，还有那皮肤，个个细皮嫩肉的，一点儿瑕疵都没有。

赵健　可是人家那是一方水土养一方人，那些女演员都是天生的，和你这后天的不在一个水平线上。

□ 细皮嫩肉 xìpí nènròu 성 피부가 곱고 부드럽다
□ 瑕疵 xiácī 명 하자, 흠, 결함

1 一方水土养一方人 yìfāng shuǐtǔ yǎng yìfāng rén
그 지방 풍토는 그 지방 사람을 기른다, 장소가 변하면 성질도 변한다

比喻一定的环境造就一定的人才。不同地域上的人，由于环境、生存方式、地理气候，导致思想观念、价值观、为人处世方式不同，文化性格特征也不同。

'환경이 인재를 만들어 낸다'는 뜻으로 서로 다른 지역은 환경과 생존 방식, 기후 등이 달라 서로 다른 관념, 가치관, 문화적 성격을 지닌다는 것을 가리킨다.

例　中国人往往认为一方水土养一方人。
两个人来自不同的地方，因此各自的性格特点完全不同，真是一方水土养一方人。
一方水土养一方人，你永远不能像他那样能吃辣。

2 不在一个水平线 bú zài yí ge shuǐpíngxiàn 수준이 같지 않다

水平线，指某方面所达到的高度。"不在一个水平线"是指不是一个水平。
수평선은 어떤 면에서 수준을 말한다. "不在一个水平线"은 서로의 수준이 다름을 가리킨다.

例　别拿他们俩比了，他们根本不在一个水平线。
我的英文水平和人家的根本不在一个水平线上。
你和人家不在一个水平线上，怎么努力也达不到人家的水准的。

对话4

张玲　你说这么难听干嘛？在我的不懈努力下，我相信……

赵健　相信什么啊？小心你的钱包给你念紧箍咒。韩剧的力量真是无穷啊！对你来说，真是韩剧祸水啊！

> 不懈 búxiè 형 게으르지 않다, 꾸준하다

1　紧箍咒 jǐngūzhòu
사람을 구속하는 수단, 골칫거리가 되는 말

源于神话小说《西游记》，唐僧用来制服孙悟空的咒语。现用来比喻对人们的限制和约束。
《서유기(西遊記)》중 삼장 법사(三藏法師)가 손오공(孫悟空)을 제어하기 위해 머리에 씌운 금테를 조일 때 사용하는 주문으로, 지금은 사람을 구속함을 비유한다.

例　干部问责制给中国官员念"紧箍咒"。
　　网络实名制之下，相信会给更多的人戴上道德的紧箍咒。
　　这份合约是个紧箍咒，孙大圣也逃不出去！

2　祸水 huòshuǐ 화의 원인이 되는 사람, 화근

比喻引起祸患的人或势力，旧指得宠而使国家丧乱的女人，因此有"红颜祸水"的说法，这里是套用这一说法，指受到了韩剧的负面影响。
옛날 총애를 받아 국가를 어지럽히는 여자를 가리켜 "미인이 화근이다(红颜祸水)"라는 표현을 썼다. 지금은 재앙이나 화를 만드는 사람이나 세력을 비유할 때 사용한다. 여기서는 한국 드라마의 나쁜 영향을 받는 것을 가리킨다.

例　历史学家们总把国家倾覆的原因归结为红颜祸水，这太不公平了。
　　红颜祸水，所有的女人都不是好人。
　　她是他的红颜祸水。

对话5

张玲 什么祸水啊？韩剧和祸水八竿子打不着。是人家拍得太好了，你说谁能在这样美轮美奂的韩剧面前无动于衷啊？我还喜欢看韩国小说呢，看，我今天就买了几本呢。

赵健 你干脆一不做二不休，去韩国得了。

> □ 美轮美奂 měilún měihuàn 성
> 아름답고 절묘하다
> □ 无动于衷 wúdòng yúzhōng 성
> 전혀 무관심하다

1 **八竿子打不着** bā gānzi dǎbuzháo
사실과 전혀 다르다, 동떨어져 상관이 없다

比喻关系疏远或没有关系。
관계가 소원하거나 관계가 없음을 나타낸다.

例 这两件事情八竿子打不着。
一些八竿子打不着的亲戚都不太往来。
为了去美国，他给那个八竿子打不着的亲戚写了信。

2 **一不做二不休** yī bú zuò èr bù xiū 일단 시작한 일은 철저하게 하다, 손을 댄 바에는 끝까지 하다

要么不做，做了就索性做到底。指事情既然做了开头，就索性做到底。
일을 아예 하지 말던지, 시작했으면 철저하게 끝까지 함을 말한다.

例 我索性一不做二不休把头发染了。
既然已经开始了，就一不做二不休，把事情做到底。
既然已是骑虎难下，我就一不做二不休。

对话6

张玲　　哈,你真是我肚子里的蛔虫,我正有学习韩国语的打算呢。

赵健　　那你可要认真学,不能半路打退堂鼓,拿自己的钱打水漂。

张玲　　嗯,这次你可以吃定心丸了,我一定会好好学的,等我学会了,有机会我们一起去,去济州岛,去民俗村,去东大门逛通宵,去南怡岛……

1　打退堂鼓 dǎ tuìtánggǔ 퇴청(退廳)의 북을 울리다, 중도에 물러나다

原指封建官吏退堂时打鼓。现在比喻做事中途退缩。
봉건시대에 관리가 퇴청할 때 북을 울린 것을 가리켰는데, 지금은 하던 일을 그만두고 중도에서 물러남을 비유한다.

例　这是你的大好机会,而不是打退堂鼓的理由。
　　假设垄断仍然存在,我相信其他投资者一定会打退堂鼓。
　　现在要打退堂鼓为时已晚。

2　打水漂 dǎ shuǐpiāo 낭비하다, 물거품이 되다

比喻白白投入而没有收获。
헛되이 투자하고 수확이 없음을 비유한다.

例　他让我们的钱打水漂了。
　　他没有坚持下去,所以原来投入的钱打了水漂。
　　如果不顺利,很多钱就会打水漂,最终由纳税人埋单。

3　定心丸 dìngxīnwán 생각이나 정서를 안정시킬 수 있는 말이나 행동, 안정제

比喻能使人心绪安宁,不再忧虑的言语或行动。
사람을 안정시키는 말이나 행동을 비유할 때 쓰인다.

例　这种承诺使全世界青少年的父母服下了定心丸。
　　他在那段时间的表现给广大紧张的投资者吃了一颗大大的定心丸。
　　对奥巴马总统来说,这次的就业民意调查确实给他吃了个定心丸。

对话7

赵健　唉，我不再骂你了，再骂也是无用功。你对韩剧是毫无免疫力的，韩剧让你越陷越深。你现在就去学"思密达"吧！

张玲　你发现没有？韩剧好像在滚雪球，一个韩剧拉动了一个巨大的产业链。什么韩国服装、韩餐、韩国旅游、韩国语甚至韩国生活方式，潜移默化了很多外国人啊。

赵健　你才知道啊？以后你中韩剧毒太深的话，别说我没有给你打过预防针啊？

□ 民俗村 mínsúcūn 명 민속촌
□ 通宵 tōngxiāo 명 밤새도록, 밤새껏
□ 免疫力 miǎnyìlì 명 면역력
□ 拉动 lādòng 동 촉진하다, 적극적으로 이끌다
□ 产业链 chǎnyèliàn 명 산업 사슬

1　无用功 wúyònggōng 쓸데없는 노력

指没有任何作用的努力。
어떠한 영향도 미치지 않는 헛된 노력을 가리킨다.

例　你这种方法不会有任何效果的，只是无用功而已。
　　一直以来的努力成了无用功，他全都给否定了。
　　不再劝你了，劝也是无用功。

2　滚雪球 gǔn xuěqiú 갈수록 커지다(많아지다), 눈덩이처럼 불어나다

比喻事物在原来的基础上数量越来越多，规模越来越大。
사물이 원래 수량 보다 점점 많아지거나 규모가 점점 커질 때를 비유한다.

例　每部新书都像滚雪球似的吸引着越来越多的新读者，使得之前出版的书的销量也随之大增。
　　以后他们用滚雪球的办法，所养狐狸数量逐年增加。
　　这个新计划将为公司创造滚雪球般的新机会。

3　打预防针 dǎ yùfángzhēn 사전에 교육하여 잘못된 사상에 저항할 수 있는 능력이 생기게 하다

提前把有可能出现的情况（一般指坏的情况）向某人说清楚，让他作好准备，不至于发生时被吓倒或手足无措。
발생할 수 있는 나쁜 상황을 어떤 사람에게 미리 알려 주어 미리 준비하게 하는 것을 말한다.

例　这件事成功的可能性可不是百分之百，我可提前给你打好预防针。
　　做任何投资都会有风险，所以要在心里打好预防针。
　　你去找他谈吧，我已经给他打好预防针了。

阅读 生词

1. 勇往直前 yǒngwǎng zhíqián 〔성〕 용감하게 앞으로 나아가다
2. 诱惑 yòuhuò 〔동〕 끌어들이다, 매료(매혹)시키다
3. 腰包 yāobāo 〔명〕 돈주머니, 지갑
4. 影碟 yǐngdié 〔명〕 VCD, 비디오 CD
5. 改编 gǎibiān 〔동〕 (원작을) 각색하다, 개작하다
6. 专辑 zhuānjí 〔명〕 앨범
7. 知名 zhīmíng 〔형〕 잘 알려진, 저명한
8. 原声 yuánshēng 〔명〕 오리지널 사운드
9. 大碟 dàdié 〔명〕 CD, DVD, VCD, 레이저 디스크(LD, laser disc)
10. 衍生 yǎnshēng 〔동〕 파생하다
11. 挂饰 guàshì 〔명〕 고리형 장식품
12. 美味佳肴 měiwèi jiāyáo 〔명〕 맛있는 요리
13. 鲜为人知 xiǎnwéi rénzhī 〔성〕 사람들에게 잘 알려지지 않다
14. 激起 jīqǐ 〔동〕 일어나게 하다, 야기하다
15. 赴 fù 〔동〕 (~로) 가다, 향하다
16. 渲染 xuànrǎn 〔동〕 선염하다, 바림하다
17. 烘托 hōngtuō 〔동〕 부각시키다, 돋보이게 하다, 받쳐 주다
18. 憧憬 chōngjǐng 〔동〕 동경하다, 지향하다
19. 身临其境 shēnlín qíjìng 〔성〕 어떤 장소에 (직접 가서) 체험하다, 어떤 입장에 서다
20. 模式 móshì 〔명〕 패턴, 모델

阅读 🎧048

韩剧作为"韩流"的主力军，不但勇往直前地征服着其他国家的文化市场，而且背后还带来了一个无形的产业链，这个无形的产业链无声地诱惑着世界各地的人们，尤其是年轻人，非常情愿地掏出自己的腰包。

韩剧流行带动了音像、出版、漫画CD等各种文化产业产品的发展。韩剧不仅本身可以直接创造经济利益，而且它还可以被[1]制作成图书、影碟，改编成漫画，其中的主题曲可以被制作成专辑。知名韩剧《冬季恋歌》的漫画、小说和原声大碟等衍生文化产品光在日本一处就已创汇达19亿美元之多。

韩剧开创了韩国时尚服装、首饰以及各种产品的大块市场。举例来说，《宫》、《My Girl》、《我的名字叫金三顺》、《浪漫满屋》等几部流行韩剧的主人公都会主打三星、LG等品牌手机和手机链挂饰。而《大长今》更是把[2]众多种类的美味佳肴端到了饭店的餐桌上，也把过去对韩餐中鲜为人知的保养食谱推销到了市场上。

韩剧激起了人们对于赴韩旅游的热情。韩剧中交代男女主人公感情生活的时候，经常会挑选韩国国内的海滩、村落、都市会场和其他一些旅游景点，对剧情进行渲染和烘托，这就使得观众无形中对这些景点产生了联想和憧憬，希望自己也能够身临其境。如《蓝色生死恋》中的济州岛，《我叫金三顺》中的汉拿山等等，《冬季恋歌》为韩国带来一万亿韩元的收入，美国《纽约时报》评价裴勇俊是"创汇23亿美元的男人"。《大长今》播出后，韩国的旅游收入增加了15%，2005年，韩国旅游收入为10.7亿美元。

所以有著名人士说，韩剧的成功首先是文化政策和文化经营模式上的成功，其次才是艺术上的成功。

语法重点 어법중점

1 被：

개사 '被'는 피동문에 쓰여 동작이나 변화를 일으키는 주체를 끌어내며, 앞에 오는 주어는 동작을 받는 대상이다. 이때 '被' 뒤에 오는 동작 주체는 생략이 가능한 경우도 있다.

韩剧还可以被制作成图书、影碟，改编成漫画，其中的主题曲可以被制作成专辑。
那棵树被(大风)刮倒了。
这种音乐风格被现代的年轻人所推崇。

2 把：

개사 '把'의 목적어는 뒷 동사의 대상이 되고, 전체 형식은 처치의 의미를 나타낸다.

把众多种类的美味佳肴端到了饭店的餐桌上，也把过去韩餐中鲜为人知的保养食谱推销到了市场上。
你把这件衣服洗洗。
老师把他骂哭了。

练习 연습문제

1 会话와 阅读 内容을 근거로 질문에 대답하시오.

1) 张玲为什么不再穿原来的衣服了?

2) 张玲原来给赵健买过衣服吗?

3) 赵健让张玲在学习韩语时要做到什么?

4) 请说一下你对韩剧背后的产业链的理解。

5) 外国人为什么喜欢去韩剧的拍摄地旅游呢?

2 会话와 阅读 内容을 근거로 옳고 그름을 판단하시오.

1) 张玲打架流血了。(　　)

2) 天气变凉了,张玲原来的衣服都太薄了。(　　)

3) 赵健觉得张玲不能抵抗韩剧的诱惑。(　　)

4) 韩剧把中餐推向了世界。(　　)

5) 韩剧在文化经营上的成功大于艺术上的成功。(　　)

3 다음 보기에서 알맞은 단어를 골라 빈칸을 채우시오.

| 보기 | 打退堂鼓 | 打水漂 | 定心丸 |
| | 一不做二不休 | 打入冷宫 | 八竿子打不着 |

1) 今天家里来了一个(　　　　)的亲戚。

2) 刚学了几天，就（　　　　）。

3) 新政策好像给农民吃了（　　　　）一样。

4) 新制度施行没几天就被（　　　　）

5) 由于没有坚持下来，以前的学费都（　　　　）了。

6) 我（　　　　），把事情的来龙去脉都告诉他了。

4 다음 주어진 단어를 이용하여 작문하시오.

1) 细皮嫩肉:

2) 不懈:

3) 无动于衷:

4) 通宵:

5) 拉动:

6) 产业链:

5 다음 주어진 문장의 대화를 완성하시오.

1) A: 啊，清一色的韩版衣服啊？你原来的衣服呢？

   B: _____。

2) A: _____！

   B: 给我买了一件，这可是破天荒第一次啊。

3) A: 你看人家韩剧里女主人公的服装，那精细，那漂亮，_____。

   B: 可是_____，那些女演员都是天生的，和你这_____。

4) A: _____。

   B: 那你可要认真学，不能半路打退堂鼓，拿自己的钱打水漂。

6 다음 단문의 ( )에 들어갈 알맞은 어휘를 고르시오.

1) 韩剧（   ）"韩流"的主力军，不但（   ）地征服着其他国家的文化市场，而且背后还带来了一个无形的产业链，这个无形的产业链无声地诱惑着世界各地的人们，（   ）是年轻人，非常情愿地掏自己的（   ）。

A	变为	所向披靡	特别	资产
B	成为	智勇双全	大都	腰带
C	当作	义无反顾	主要	钱包
D	作为	勇往直前	尤其	腰包

2) 周六是米兰七月份打折的第一天，我（   ）地在双休日起了个大早，兜里揣着长长的购物清单，踏上去米兰的火车，做好了在米兰（   ）的一切准备。在火车上看到很多带着大行李箱的女性乘客，目的地（   ）是米兰，每个人脸上都（   ）着憧憬，眼睛闪闪发亮。

A	破天荒	血拼	清一色	带
B	第一次	购物	全部	写
C	破天地	血拼	无一例外	显
D	破天荒	逛街	大都	露

PLUS 관용 표현

- **马大哈** mǎdàhā 세심하지 못하고 대강하는 사람
  他的外号叫"马大哈",做起事来总是让人不放心。
  그의 별명은 "덜렁이"다. 일 하는 것이 항상 다른 사람을 불안하게 한다.

- **拿手戏** ná shǒuxì 재주, 특기
  唱卡拉OK是我的拿手戏。
  내 특기는 가라오케에서 노래 부르는 것이다.

- **闹着玩儿** nàozhe wánr 장난하다, 희롱하다, 농담하다
  这是工作,影响到整个公司的命运,不是闹着玩儿。
  이건 간단하게 생각할 것이 아니다, 회사 전체의 운명이 달린 일이다.

- **闹笑话** nào xiàohuà 웃음거리가 되다, 웃음을 자아내다
  他刚来的时候,因为听不懂韩国语,闹了很多笑话。
  그가 처음 왔을 때는 한국어를 못 알아들어 웃음거리가 됐었다.

- **留后手 / 留后路** liú hòushǒu / liú hòulù
  앞으로 닥칠 어려움을 피하기 위해) 빠져나갈 길을 남겨두다
  你要三思而后行,做事必须得给自己留条后路。
  너 신중히 생각하고 행동해라, 일할 때는 반드시 스스로 빠져나갈 길을 남겨두어야 하는 거야.

第6课

2012年韩国迎来第1000万名游客

旅游业成了韩国的另一棵摇钱树。

会话 🎧049

赵健 1000万名时代。1000万名啊，1000万是个什么概念啊？

张玲 有人给你1000万人民币啊？你在做白日梦吧？

赵健 什么啊？刚才看新闻，韩国2012年迎来了第1000万名外国游客，韩国旅游业进入1000万名游客时代。旅游业成了韩国的另一棵摇钱树。

张玲 哇！那么一个弹丸之地，有那么多人去旅游啊？

赵健 虽然国家小，地方小，没什么自然资源，但是东方不亮西方亮，韩国人在旅游上做出了好文章。

张玲 真是海水不可斗量啊。

赵健 听说中国和日本游客是去韩国旅游的外国游客中的主力军。

张玲 所以韩国的卖场和商店的商品标签上都有汉语，而且现在会汉语的导购在韩国炙手可热。

赵健 我也想去韩国玩一趟，说不定我的桃花运就在韩国的某个地方呢！

张玲 又在做白日梦了。别耍贫嘴了，我们研究一下韩国旅游业飞速发展的原因，给我们那些执牛耳的旅游官员提点意见。

赵健 别说执牛耳的旅游官员了，我连和旅游有关的芝麻官都不认识。

张玲 那你就去网站上发帖，我相信凭借你的三寸舌肯定会有官员被你打动的。

赵健 我可不想碰钉子。

张玲 那算了。唉，我也曾经为韩国的旅游业添过砖加过瓦啊。

赵健 这话怎讲啊？啊，对了，你去年也去韩国旅游过的啊！

张玲 是啊，我也是禁不住韩剧的诱惑去的。大家都一窝蜂地去韩剧的拍摄地旅游，我也就来了一个韩剧专题游。

赵健 听说那些拍摄地一直在韩国旅游业中唱主角。

张玲 是啊，每个拍摄地都给旅游业创收不少。不像咱们的很多影视剧拍摄地，捧着金饭碗要饭，一点儿都不会利用资源。

赵健 我们的旅游业总体上还是摸着石头过河阶段。唉，在那些韩剧里出现过的地方旅游，是不是有一种新鲜感，同时又有一种故地重游的感觉？

张玲 是啊是啊，我好像成了韩剧里的主角。哈哈，我甚至在同样的地方做了做和那些主角一样的动作，那种感觉怎一个"爽"字了得。

对话1

赵健　1000万名时代。1000万名啊，1000万是个什么概念啊？

张玲　有人给你1000万人民币啊？你在做白日梦吧？

赵健　什么啊？刚才看新闻，韩国2012年迎来了第1000万名外国游客，韩国旅游业进入1000万名游客时代。旅游业成了韩国的另一棵摇钱树。

- 概念 gàiniàn 명 개념
- 旅游业 lǚyóuyè 명 관광업, 여행업

1　白日梦 báirìmèng 백일몽, 헛된 꿈
　　做白日梦 zuò báirìmèng 공상에 잠기다

白日做梦。比喻不切实际的、不可能实现的幻想。
낮에 꿈을 꾸는 것. 실제로 실현될 수 없는 환상을 비유한다.

例　移居国外？目前看来是白日梦。
　　这种想法现在看起来似乎是个白日梦。
　　她成为一名歌剧演唱家的打算永远只能是个白日梦—她的嗓子不够好。

2　摇钱树 yáoqiánshù 돈 줄, 돈이 되는 사람(봉), 물건, 딸

原指神话中的一种宝树，一摇晃就有许多钱掉下来，现指借以获得钱财的人或事物。
흔들면 돈이 떨어진다는 신화 속의 나무다. 지금은 '돈 줄, 돈이 되는 사람이나 물건'을 가리킨다.

例　我不再做你家的摇钱树了。
　　顾客是上帝还是摇钱树？
　　过去这里是我们最小的部门，现在却成了摇钱树。

对话2

张玲　哇！那么一个弹丸之地，有那么多人去旅游啊？
赵健　虽然国家小，地方小，没什么自然资源，但是东方不亮西方亮，韩国人在旅游上做出了好文章。
张玲　真是海水不可斗量啊。

□ 弹丸之地 dànwán zhī dì 몡 비 좁은 땅(곳)

1 东方不亮西方亮 dōngfāng bú liàng xīfāng liàng 어떤 일을 하는데 한 곳에서 통하지 않더라도 다른 곳에서는 통한다, 방법을 바꾸면 다른 곳에서는 통할 수도 있다, 이곳에서는 안 통하지만 다른 곳에서는 아직은 선회할 수 있는 여지가 있다

比喻这里行不通，别的地方尚有回旋余地。出处：毛泽东《中国革命战争的战略问题》。
'여기서 안 통하면 다른 곳에서 통할 수 있다'는 의미로, 모택동 ≪中国 혁명 전쟁의 전략 문제≫에 "이것이 안 되면 다른 방법을 모색하면 된다. 남쪽이 어두워졌지만, 북쪽이 있다. 선회할 수 있는 여지가 없으니 걱정하지 마라."는 표현이 있다.

例　东方不亮西方亮，美日围堵中国不要紧，中国声东击西就是了。
　　中国是一个大国—'东方不亮西方亮，黑了南方有北方'，不愁没有回旋的余地。
　　别那么愁眉苦脸的了，东方不亮西方亮，我们再想其他的办法就是了。

2 海水不可斗量 hǎishuǐ bù kě dǒuliáng 사람을 겉모습만 보고 판단해서는 안 된다

海水是不可以用斗去量的。比喻不可根据某人的现状就低估他的未来。出自：《淮南子　泰族训》。
좁은 식견으로 사람을 보고 판단하지 말아야 함을 이르는 말로《회남자·태족훈》에 "人不可貌相，海水不可斗量。" '사람은 겉모습만 보고 판단해서는 안 되고, 바닷물은 말로 될 수 없다'는 표현이 있다.

例　没有想到这个公司有这么多北大毕业生，真是海水不可斗量啊。
　　你别看现在公司规模小，海水不可斗量，以后肯定会有很大发展的。
　　他个子那么小，看起来那么不起眼，可是却领导着那么大一个公司，真是人不可貌相，海水不可斗量。

对话3

赵健　听说中国和日本游客是去韩国旅游的外国游客的主力军。

张玲　所以韩国的卖场和商店的商品标签上都有汉语，而且现在会汉语的导购在韩国炙手可热。

□ 标签 biāoqiān 명 상표, 라벨(label)

1 主力军 zhǔlìjūn 주력군

担任作战主力的部队。比喻起主要作用的力量。
전쟁에서 주력이 되는 부대를 의미하는 것으로. 중심이 되는 힘, 세력을 비유한다.

例　学生是文化和精神建设的主力军。
　　工商界是经济发展的主力军。
　　海运永远是国际贸易运输中的主力军。

2 炙手可热 zhìshǒu kěrè 손을 델만큼 뜨겁다, 따끈따끈하다, 권세가 대단하다, 인기가 있다

炙：烤；本语意指手摸上去感到热得烫人。比喻权势大，气焰盛，（多指权贵气势盛）使人不敢接近。含贬义。现在，"炙手可热"多用来形容某些人或事物非常"吃香"，抢手，受欢迎。
"炙"의 본래 뜻은 '손을 데일만큼 열기를 느끼다'의 뜻으로 권세나 위세가 대단하여 접근하기 힘든 경우를 비유한다.

例　它可能是全世界最炙手可热的大宗商品。
　　从深圳到圣保罗，这些地方的经济早就炙手可热。
　　纽约仍然是炙手可热的旅游胜地，旅馆都是人满为患，餐馆也经常满员。

> **对话4**
>
> 赵健　我也想去韩国玩一趟，说不定我的桃花运就在韩国的某个地方呢！
>
> 张玲　又在做白日梦了。别耍贫嘴了，我们研究一下韩国旅游业飞速发展的原因，给我们那些执牛耳的旅游官员提点意见。

1　桃花运 táohuāyùn 남자의 애정 방면의 운, 여복, 염복, 행운, 좋은 운수

指男子得到女子的特别爱恋。泛指好运气。
'남자가 여복이 많은 것'을 가리킨다. 일반적으로 행운을 가리키기도 한다. 동사 "走"를 앞에 넣어 "走桃花运"은 '여복이 많다'는 뜻으로 사용하기도 한다.

例　今天你的桃花运很旺。
　　眼下他走了桃花运，几个姑娘同时爱上了他。
　　爱情是自己争取的而不是走桃花运！

2　耍贫嘴 shuǎ pínzuǐ 입만 살아서 저속한 농담을 늘어놓다, 잔소리하다, 수다 떨다

指说废话和乱开玩笑。
'쓸데없는 얘기를 끝없이 지껄이다, 되지도 않는 농담이나 쓸데없는 말을 잘 지껄이다'는 의미로, '너절한(당치 않은) 말을 잘하다, 수다쟁이, 잔소리꾼'을 가리킨다.

例　少跟我耍贫嘴。
　　别只是耍贫嘴，你也干点实事。
　　别相信他，他只会耍贫嘴，什么也不会干。

3　执牛耳 zhí niú'ěr 맹주의 지위에 오르다, 주도권을 잡다

古代诸侯订立盟约，要割牛耳歃血，由主盟国的代表拿着盛牛耳朵的盘子。故称主盟国为执牛耳。后泛指在某一方面居最有权威的地位。
고대 제후들이 맹약을 맺을 때 소의 귀를 잘라 주판 위에 올려놓고 회맹을 주재하는 사람(맹주)이 회맹에 참여하는 사람들에게 피를 입에 칠하도록 하였다. 후에 '어떤 면에서 주도권을 잡은 것'을 가리키게 되었다.

例　现在，中国是否能手执牛耳？
　　哈佛大学是世界执牛耳的大学之一。
　　可口可乐第一季度利润增长19%，继续在国际零售业执牛耳。

对话5

赵健　别说执牛耳的旅游官员了，我连和旅游有关的芝麻官都不认识。
张玲　那你就去网站上发帖，我相信凭借你的三寸舌肯定会有官员被你打动的。
赵健　我可不想碰钉子。
张玲　那算了。唉，我也曾经为韩国的旅游业添过砖加过瓦啊。

- 发帖 fātiě 동 (인터넷에)글을 올리다, 포스팅하다
- 打动 dǎdòng 동 마음을 움직이다(울리다), 감동시키다
- 砖 zhuān 명 벽돌
- 瓦 wǎ 명 기와

1　芝麻官 zhīmaguān 직위가 낮은 관직

比喻级别低、权力小的官(含讥讽意)。
옛날 품계가 매우 낮은 말단 관리를 풍자적으로 "芝麻" 즉, 크기가 작은 '깨'로 비유해 그 관직이 낮음을 나타냈다.

例　他只是一个芝麻官，别去求他。
　　一个芝麻官，竟然有这么大的架子。
　　我只是一个芝麻官，根本没有资格去参加那样的会议。

2　三寸舌 sāncùnshé 뛰어난 말재주

指非常善谈，非常会说话。
'굉장히 말을 잘하는 것'을 가리킨다.

例　好的销售人员，一定要有三寸舌。
　　凭他那三寸不烂之舌，死人也能被他说活。
　　做人不能只靠三寸舌，要做老实人，办老实事。

3　碰钉子 pèng dīngzi 난관에 부닥치다, 장애를 만나다, 일이 안 풀리다, 지장이 생기다, 질책을 받다

指遭到拒绝。
'거절당하거나 퇴짜 맞는 것'을 가리킨다.

例　他没想到在那个公司会碰钉子。
　　不老实的人非碰钉子不可。
　　你要是碰了钉子回来可别怪我。

对话6

赵健 这话怎讲啊？啊，对了，你去年也去韩国旅游过的啊！

张玲 是啊，我也是禁不住韩剧的诱惑去的。大家都一窝蜂地去韩剧的拍摄地旅游，我也就来了一个韩剧专题游。

赵健 听说那些拍摄地一直在韩国旅游业中唱主角。

张玲 是啊，每个拍摄地都给旅游业创收不少。不像咱们的很多影视剧拍摄地，捧着金饭碗要饭，一点儿都不会利用资源。

> □ 禁不住 jīnbuzhù 동 참지 못하다, ~하지 않을 수 없다
> □ 拍摄地 pāishèdì 명 촬영지
> □ 专题游 zhuāntíyóu 명 테마 여행

1 **一窝蜂** yìwōfēng 벌집을 쑤신 것 같다, 몹시 소란하다

一个蜂巢里的蜂一下子都飞出来了。形容许多人乱哄哄地同时说话或行动。
벌집에서 벌이 갑자기 날아오르다. 즉 벌집을 쑤신 것 같은 소란함을 형용한다.

例 学生们一窝蜂似地奔向操场。
孩子们一窝蜂地拥过来。
他们一窝蜂地涌出戏院。

2 **唱主角** chàng zhǔjué 주도적인 역할을 하다, 주역을 맡다

戏剧术语，指在一台戏里担任主角的职位。比喻担负主要任务、在某方面起主导作用或具有重要的地位。唱主角的可以指人，也可以指单位团体。
연극 용어로 무대에서의 주연을 가리킨다. 주요 임무나 어떤 방면에서 주도적인 역할이나 지위가 있음을 비유할 때 쓴다.

例 中国经济已有较长一段时间是由消费唱主角。
在中国的中秋节期间，唱主角的就变成了传统的月饼。
同样是从零起步，如今民营经济在东部已经唱了主角，而在西部却仍是一个难以长大的孩子。

3 **捧着金饭碗要饭** pěngzhe jīnfànwǎn yàofàn
금 밥그릇을 가지고 있음에도 불구하고 밥을 구걸하다

比喻拥有良好的客观条件却不能解决生产、生活问题。
양호한 객관적 조건임에도 불구하고, 원래의 재질이나 자료를 잘 활용하지 못한다.

例 原来很多农村都是捧着金饭碗要饭，现在都开起了农家乐。
要转变思路，不能捧着金饭碗要饭。
没有致富的思路，就只能捧着金饭碗要饭了。

对话7

赵健 我们的旅游业总体上还是摸着石头过河阶段。唉，在那些韩剧里出现过的地方旅游，是不是有一种新鲜感，同时又有一种故地重游的感觉？

张玲 是啊是啊，我好像成了韩剧里的主角。哈哈，我甚至在同样的地方做了做和那些主角一样的动作，那种感觉怎一个"爽"字了得。

---

1 摸着石头过河 mōzhe shítou guò hé 돌을 더듬어 가며 강을 건너다, 돌다리도 두들겨 보고 건너다, 세심한 주의를 기울여 일을 처리하다, 실천 중에 방법을 모색하고 경험을 쌓다

比喻办事谨慎，边干边摸索经验。
일을 처리하는데 있어 신중하게 방법, 경험 등을 모색하는 것을 비유한다.

例 中国人说，人应该"摸着石头过河"。
与所有初试海外并购的企业一样，中国资源企业一直在摸着石头过河。
他形容自己的这段经历为摸着石头过河。

2 故地重游 gùdì chóngyóu 전에 살던 곳을 다시 찾아가 돌아보다

故地：曾经居住过的地方。重新回到过去生活过的地方游览。
예전에 살았던 곳으로 여행을 가다

例 我想我们明年应该故地重游。
在这样的日子故地重游，它将会展现出完全不同的一面。
一个初到某地的旅行者和故地重游的旅行者之间是有着巨大的差别的。

3 怎一个"爽"字了得 zěn yí ge "shuǎng" zì liǎode
어찌 "爽"이라는 글자만으로 표현될 수 있는가, 매우 기분이 좋다

宋代著名词人李清照，在她的词《声声慢》中写过"这次第，怎一个愁字了得"，意思是用一个愁字怎能说的尽呢，形容愁事很多。这里是套用这句词，形容非常爽。
송나라 시인 이청조(李清照)가 그녀의 시《声声慢》중 "어찌 "愁" 한 글자로 표현할 수 있겠는가"라고 쓴 후부터 이러한 표현을 쓰게 되었다. 여기서는 '매우 기분이 좋다'는 뜻이다.

例 和自己心爱的人一起去看海，怎一个"爽"字了得。
喝着红酒，听着音乐，那种感觉怎一个"爽"字了得。
不上班还有工资拿，这种状态怎一个"爽"字了得。

阅读 生词

1. 公社 gōngshè 명 공사 (국가적 사업을 수행하기 위하여 설립된 공공 기업체의 하나)
2. 统计 tǒngjì 동 통계하다
3. 突破 tūpò 동 돌파하다
4. 预定 yùdìng 동 예정하다, 미리 약속하다
5. 增长率 zēngzhǎnglǜ 명 증가율
6. 排行 páiháng 동 순서대로 줄을 서다
7. 两位数 liǎngwèishù 두 자리 수
8. 同比 tóngbǐ 동 전년도 동기와 대비하다
9. 来源国 láiyuánguó 명 유래국, 근원 국가
10. 一臂之力 yíbìzhīlì 성 조그마한 힘, 보잘것없는 힘
11. 来临 láilín 동 이르다, 도래하다
12. 仪式 yíshì 명 의식
13. 台阶 táijiē 명 더 큰 성적, 더 높은 목표
14. 挑战 tiǎozhàn 명 도전
15. 筹备 chóubèi 동 사전에 기획하고 준비하다
16. 金额 jīn'é 명 금액
17. 凸显 tūxiǎn 동 분명하게 드러나다, 부각되다

阅读

韩国文化体育观光部与韩国观光公社(韩国旅游发展局)表示，对近来入境游客数进行统计的结果显示，韩国2012年迎来了第"千万"名外国游客，韩国旅游业进入1000万名游客时代。

韩国年均外国游客人数自1991年突破300万人次后，2000年又突破了500万大关。2010年则达700万人。2012年游客人数，超过预定目标的1100万人，[1]达到了1130万人次。自首次突破100万人次的1978年以来，游客数在33年期间以每年15%的速度迅速增加。近三年的增长率高达12.4%，超过了美国、中国和意大利等主要旅游大国。

韩国观光公社有关人士表示，外国游客人数排名前50位的国家中，连续三年实现两位数增长的国家只有韩国。得益于此，吸引游客数量的排名也从2009年的28位升至2011年的25位。

韩国观光公社方面表示，以K-POP和电视剧为主的韩流拉动了游客的来访。国内旅游产业的发展带来了各种旅游商品的开发，也同样为吸引游客助上了一臂之力。

韩国文化体育观光部与韩国观光公社为了迎接第1000万名游客的到来，首先在仁川机场为第1000万名入境游客[2]举行了欢迎仪式。同时，举办了"游客1000万时代来临的宣布仪式"，邀请韩流明星和歌手等举行各种演出。

韩国文化体育观光部的一位有关人士表示，外国游客突破1000万人次，是国内旅游产业又上一个台阶的重要标志。为了接受新的挑战，文化观光部将尽全力筹备此次活动。

韩国观光公社的一位有关人士表示，每10名外国游客在国内消费的金额平均为1.25万美元，[3]与出口一辆2000cc级的汽车带来的经济效果相似。作为拉动国家经济的产业，旅游业的重要性将不断凸显。

语法重点 어법중점

1 达到 / 到达: 도달하다, 이르다

'达到'는 '추상적인 사물이나 정도에 이르는 것'을 나타내며, '到达'는 '어떤 지점이나 단계에 도달하다'의 의미를 나타낸다.

2012年游客人数，超过预定目标的1100万人，达到了1130万人次。
目的没有达到。
火车于下午3时到达北京。
你什么时候到达学校?

2 举行 / 举办: 거행하다, 진행하다, 캐치하다

'举行'은 '집회나 시합을 진행하다'의 의미를 나타내며, '举办'은 '활동을 거행하거나, 비영리적인 사회활동을 개최하다'의 의미를 나타낸다.

首先在仁川机场为第1000万名入境游客举行了欢迎仪式。
展览会在文化宫举行。
举办科技讲座。
大家都期待着2008年北京奥运会的举办。

3 与 ~ 相似: ~와 비슷하다, 같다

每10名外国游客在国内消费的金额与出口一辆2000CC级的汽车带来的经济效果相似。
我的心与这冷凄凄的夜色相似。
贵阳的一名记者与李敏镐相似度高达95%。

练习 연습문제

1 会话와 阅读 내용을 근거로 질문에 대답하시오.

1) 为什么说旅游业是韩国的另一棵摇钱树?
   _____
   _____

2) 你会汉语的话，找售货员的工作会很容易吗?
   _____
   _____

3) 赵健去韩国旅游除了旅游还有什么目的?
   _____
   _____

4) 外国游客人数排名前50位的国家中，连续三年实现两位数增长的国家有哪些?
   _____
   _____

5) 韩国文化体育观光部为了迎接第1000万名游客做了什么?
   _____
   _____

2 会话와 阅读 내용을 근거로 옳고 그름을 판단하시오.

1) 赵健去韩国旅游只是为了旅游。（   ）

2) 韩国人写了很多关于旅游的文章。（   ）

3) 张玲去韩国旅游的时候去了很多韩剧的拍摄地。（   ）

4) 旅游业是拉动韩国经济的产业之一。（   ）

5) 目前中国是韩国最大的外国游客来源国。（   ）

3 다음 보기에서 알맞은 단어를 골라 빈칸을 채우시오.

> **보기**　白日梦　　海水不可斗量　　桃花运
> 　　　　摇钱树　　芝麻官　　　　耍贫嘴

1) 他那么不起眼，却干出了这么大的事业，真是(　　　　)。

2) 你别去找他办事了，他只是一个(　　　　)而已。

3) 别在这(　　　　)了，赶快去准备你的论文吧。

4) 他一下子成了家里的(　　　　)。

5) 你不好好努力就想上北大，别做(　　　　)了。

6) 他真是交了(　　　　)，这么多女孩喜欢他。

4 다음 주어진 단어를 이용하여 작문하시오.

1) 弹丸之地：
　_____

2) 主力军：
　_____

3) 发帖：
　_____

4) 禁不住：
　_____

5) 碰钉子：
　_____

6) 故地重游：
　_____

5 다음 주어진 문장의 대화를 완성하시오.

1) A: 那么一个弹丸之地，有那么多人去旅游啊？

   B: 虽然国家小，地方小，没什么自然资源，＿＿＿＿＿＿＿＿＿＿＿＿＿＿＿＿＿＿＿＿。

2) A: ＿＿＿＿＿＿＿＿＿＿＿＿＿＿＿＿＿＿＿＿＿＿＿＿＿＿＿＿＿＿＿＿＿＿＿＿＿＿。

   B: 所以韩国的卖场和商店的商品标签上都有汉语，而且现在会汉语的导购在韩国炙手可热。

3) A: 唉，我也＿＿＿＿＿＿＿＿＿＿＿＿＿＿啊。

   B: 这话怎讲啊？啊，对了，你去年也去韩国旅游过的啊！

4) A: 在那些韩剧里出现过的地方旅游，是不是有一种新鲜感，同时又有一种故地重游的感觉？

   B: ＿＿＿＿＿＿＿＿＿＿＿＿＿＿＿＿＿＿＿＿＿＿＿＿＿＿＿＿＿＿＿＿＿＿＿＿＿＿。

6 다음 단문의 ( )에 들어갈 알맞은 어휘를 고르시오.

1) 韩国观光公社方面表示，以K-POP和电视剧为主的韩流（ ）了游客的来访。国内旅游产业的发展带来了各种旅游商品的开发，也同样为吸引游客（ ）上了一臂之力。韩国文化体育观光部与韩国观光公社（ ）迎接第1000万名游客的到来，首先在仁川机场为第1000万名入境游客（ ）了欢迎仪式。

A	带动	帮	因为	举办
B	带来	加	作为	进行
C	拉动	助	为了	举行
D	拉起	增	因为	行动

2) 利津农商行坚持"服务三农"的市场定位，发挥农村金融（ ）作用，围绕农村产业结构调整思路，着力支持苹果种植业发展，努力把苹果树变成农民的"（ ）"。该行在支持果业发展的过程中，（ ）贷款手续，提升服务水平，适时（ ）贷款，满足果农的信贷资金需求。

A	主力军	摇钱树	简化	发放
B	主要军	摇钱树	复杂	发动
C	主站军	摇钱树	简要	发给
D	主动军	摇钱树	精简	提供

PLUS 관용 표현

- 拍马屁 pāi mǎpì 아첨하다
  人有的时候也要学会拍马屁，这也是被社会所逼的。
  사람은 때로 아첨하는 것도 배워야 한다, 이것 역시 사회에서 필요로 하는 것이다.

- 跑龙套 pǎo lóngtáo 단역 배우
  跑龙套没有登上舞台的机会。
  단역은 무대에 오르는 기회마저 없다.

- 碰钉子 pèng dīngzi 퇴짜 맞다, 난관에 부딪히다, 거절당하다
  你别去找他借钱了，你去借肯定会碰钉子。
  너 틀림없이 거절 당할 테니 그 사람에게 돈 빌리러 가지마.

- 泼冷水 pō lěngshuǐ 찬물을 끼얹다
  你再给他泼冷水的话，他就更加没自信心了。
  다시 그에게 찬물 끼얹는 소릴 하면 그는 더욱 더 자신감이 없어질 거야.

- 气管炎 qìguǎnyán 공처가
  在中国，气管炎为数不少。
  중국에는 공처가가 적지 않다.

第7课

东方夏威夷——济州岛

济州岛还享有"蜜月之岛"、"浪漫之岛"的美称。

会话 🎧 059

导游 欢迎大家来到有"韩国夏威夷"之称的济州岛旅游。我是大家这次"浪漫济州之旅"的导游，我姓朴，大家就喊我小朴吧。

赵健 导游小姐，我有一个问题，一下飞机就看到济州岛上的石头都是黑色的，这对我们来说是菜园里长人参——稀罕事，麻烦您给解释一下吧？

导游 那些就是火山岩，济州岛是由火山喷发而形成，所以地貌十分奇特。

赵健 您真是厨师熬粥——难不住啊！我听说济州岛有"三多岛"的说法。这"三多"是什么呢？

导游 哈哈，您来韩国之前做了不少功课啊？看来今天要打破砂锅——问到底了。

赵健 是啊，我这人不喜欢初二三的月亮——不明不白的。

导游 呵呵，所谓的"三多"就是……

朋友 就是石多、风多、女人多，对不？导游，我说得对不？

赵健 你这个人真是城门楼上乘凉——好出风头，我问导游呢，又没有问你。

导游 俩人是好朋友吧？

赵健 是啊，我们俩是炒面捏的妹妹——熟人。

导游 怪不得说话这么不见外呢。这位朋友说得对，石头多，我们刚才看过了，风多嘛，和尚头上的虱子——明摆着的，是海岛肯定常刮风。女人多嘛？让你朋友告诉你吧。

朋友 这个……这个……

赵健 你不是刚才还是茶壶掉了把儿——只有一张嘴吗？现在怎么茶壶有嘴——说不出话了？

导游 你们都第一次来济州岛，不知道也是炒菜放油盐——理所当然嘛，"女人多"呢，原来济州男人出海捕鱼，遇难身亡的很多，所以从人数上来看女人多于男人。但更主要原因是生活艰难，女人也要随男人一起劳动，因此使得女人看起来较多。

赵健 完了完了，原来是这样一个"女人多"啊？我还指望有什么艳遇呢，这下竹篮打水——一场空了。这些女人不是个个都五大三粗的啊？

导游 哈哈，你以为是"美女"多啊？和你设想的是城隍与玉皇——有天地之别。

对话1

导游 欢迎大家来到有"韩国夏威夷"之称的济州岛旅游。我是大家这次"浪漫济州之旅"的导游,我姓朴,大家就喊我小朴吧。

赵健 导游小姐,我有一个问题,一下飞机就看到济州岛上的石头都是黑色的,这对我们来说是菜园里长人参——稀罕事,麻烦您给解释一下吧?

□ 夏威夷 Xiàwēiyí 고유 하와이
□ 稀罕 xīhan 형 희한하다, 보기 드물다

1 菜园里长人参 — 稀罕事 càiyuán lǐ zhǎng rénshēn — xīhan shì 희한한 일, 드문 일

菜园是用来种植各种蔬菜的,但是却长出了人参,这样的事情是很少见的,所以是稀罕事,比喻很少见到的事情。
채소밭에서 인삼이 나는 일처럼 드문 일, 희한한 일이 발생했음을 의미한다.

例 人类卵子捐赠在不久以前还是菜园里长人参——稀罕事。
作为一名政客,发表演说并非什么菜园里长人参——稀罕事。
几年前人们还认为观众在家里打电话收看电视节目是菜园里长人参——稀罕事。

对话2

导游　那些就是火山岩，济州岛是由火山喷发而形成，所以地貌十分奇特。

赵健　您真是厨师熬粥——难不住啊！我听说济州岛有"三多岛"的说法。这"三多"是什么呢？

- 火山岩 huǒshānyán 명 화산암(현무암)
- 喷发 pēnfā 동 용암을 분출하다, 화산이 분화하다
- 地貌 dìmào 명 지세, 땅 거죽의 생김새
- 奇特 qítè 형 이상하고도 특별하다, 독특하다
- 熬 áo 동 오래 끓이다, 푹 삶다

1　厨师熬粥 —— 难不住
chúshī áo zhōu — nánbuzhù
곤란하게 할 수 없다, 난처하게 할 수 없다

厨师可以做各种各样的菜肴，粥对一个厨师来说是很简单的，所以说熬粥对厨师来说是难不住的。比喻一个人很有能力，知识很渊博。

다양한 요리를 할 줄 아는 요리사에게 '죽'은 매우 손쉽게 만들 수 있는 음식이다. 능력이 뛰어나고 지식이 풍부하여 무슨 일을 하는데 전혀 문제가 되지 않는 것을 비유한다.

例　这个问题是厨师熬粥——难不住我们。
　　羊就是再多也是厨师熬粥——难不住狼。
　　我正在写这方面的论文，搜集了一堆资料，当然是厨师熬粥——难不住我了。

对话3

导游　哈哈，您来韩国之前做了不少功课啊？看来今天要打破砂锅——问到底了。

赵健　是啊，我这人不喜欢初二三的月亮——不明不白的。

□ 砂锅 shāguō 명 (뚝배기·약탕관 따위의) 질그릇

1 打破砂锅 —— 问到底 dǎpò shāguō — wèn dàodǐ 일의 내막까지 알아내다

砂锅被打破的话，会产生一道纹，这道纹会延伸到砂锅的底部。所以是"纹"到底，本歇后语利用谐音，成了问到底。比喻追究事情的根底。

뚝배기는 무언가에 부딪히면 금이 생기게 되고, 금은 바닥까지 이어진다. 여기서는 "纹[wén]"을 해음(谐音)을 이용하여 발음이 같은 "问[wèn]"으로 바꾸어 '묻다, 일의 내막까지 알아내다'라는 의미를 나타낸다.

例　你为什么总是打破砂锅——问到底？
　　你也善于深思熟虑，喜欢提问题而且打破砂锅——问到底。
　　那位采访者打破砂锅——问到底，不过该政府发言人丝毫没有放松警惕。

2 初二三的月亮 —— 不明不白 chū èrsān de yuèliang — bùmíng bùbái
불분명하다, 애매하다

农历初二初三的月亮很小，有时候甚至看不到，因此晚上不会很明亮，所以说是不明不白的。比喻说话含含糊糊，不清不楚。

음력 초이틀, 초삼일의 달은 작아서 거의 눈에 보이지 않아 밤이 밝지 않고 어슴프레하다. 말하는 것이 모호하고, 분명하지 않음을 비유한다.

例　他刚才解释得像初二三的月亮——不明不白的。
　　他搞得我是初二三的月亮——不明不白的。
　　他喜欢一清二白，不喜欢初二三的月亮——不明不白。

对话4

导游　呵呵，所谓的"三多"就是……
朋友　就是石多、风多、女人多，对不？导游，我说得对不？
赵健　你这个人真是城门楼上乘凉——好出风头，我问导游呢，又没有问你。
导游　俩人是好朋友吧？
赵健　是啊，我们俩是炒面捏的妹妹——熟人。

- 城门楼 chéngménlóu 명 성루(城樓)
- 乘凉 chéngliáng 동 더위를 피하여 서늘한 바람을 쐬다
- 出风头 chūfēngtou 앞에 나서다, 자기를 내세우다
- 炒面 chǎomiàn 명 볶음면
- 捏 niē 동 (손가락으로) 집다, 잡다

1　城门楼上乘凉 —— 好出风头
chéngmén lóushàng chéngliáng — hào chū fēngtóu
주제넘게 나서다, 나서기를 좋아하다

古代的城市都有东南西北四个城门，每个城门都做成两层或者三层，成为该城市最高的建筑。因此如果在那里乘凉的话，会有很多凉风吹来。比喻特别爱显摆自己。

고대의 도시는 동서남북에 각각 2, 3층으로 지어진 성문이 있었는데 도시에서 가장 높은 건축물이었다. 그곳은 바람이 막힘없이 불어와 시원한 바람을 쐴 수 있는 최고의 장소였다. 후에 '주제넘게 나서다, 나서기를 좋아하다'라는 의미로 확대되었다.

例　这个人就是城门楼上乘凉——好出风头。
　　快走吧，别在这里城门楼上乘凉——好出风头了。
　　小孩之间应该比学习，而不是互相攀比，城门楼上乘凉——好出风头，这样是不对的。

2　炒面捏的妹妹 —— 熟人 chǎomiàn niē de mèimei — shúrén 잘 알고 있는 사람

炒面，是炒熟的面粉。用炒熟的面粉做成的女孩的人形玩具，就是一个熟的人形玩具。"熟人"是指彼此比较熟悉，曾经打过交道，有一定关系却又不是十分密切的人。

익힌 밀가루 반죽으로 여자 아이 인형을 만든다는 것은 "익은 사람 모양 인형"을 말한다. "熟"은 '음식이 익다'와 '익숙하다, 잘 알다'의 뜻이 있는데, "熟的人形玩具"를 "熟人"으로 줄여서 사귐을 통해 친밀한 사이의 사람이라는 의미를 나타내고 있다.

例　我和他是炒面捏的妹妹——熟人。
　　他们说话的口气好像是炒面捏的妹妹——熟人。
　　他在这里有很多炒面捏的妹妹——熟人。

对话5 064

导游　怪不得说话这么不见外呢。这位朋友说得对，石头多，我们刚才看过了，风多嘛，和尚头上的虱子——明摆着的，是海岛肯定常刮风。女人多嘛？让你朋友告诉你吧。

朋友　这个……这个……

赵健　你不是刚才还是茶壶掉了把儿——只有一张嘴吗？现在怎么茶壶有嘴——说不出话了？

- 怪不得 guàibude 부 과연, 그러기에, 어쩐지
- 见外 jiànwài 동 타인 취급하다, 남처럼 대하다
- 茶壶 cháhú 명 찻주전자

1　和尚头上的虱子 —— 明摆着
héshang tóushàng de shīzi — míngbǎizhe 분명하다, 뚜렷하다, 명백하다

和尚是没有头发的，如果上面有了虱子，一下子就可以看出来。 比喻事情很明显。
머리카락이 없는 스님 머리에 '이'가 기어 다니면 눈에 잘 뜨게 된다. 즉 일이 명확하게 드러남을 비유한다.

例　和尚头上的虱子——明摆着，他不喜欢我。
　　那件事是和尚头上的虱子——明摆着，你还问来问去干什么？
　　和尚头上的虱子——明摆着，你就不要再遮掩了。

2　茶壶掉了把儿 —— 只有一张嘴 cháhú diào le bàr — zhǐyǒu yì zhāng zuǐ 입만 살아있다

茶壶如果掉了把儿的话，就只剩下茶壶嘴的。比喻某些人能说会道，却没有真本领。
찻주전자의 손잡이가 떨어지면 찻주전자의 주둥아리만 남게 된다. 즉 입만 살아있는 사람을 비유할 때 사용한다.

例　他说做这个做那个，别相信他，他茶壶掉了把儿——只有一张嘴。
　　他没有其他的本事，茶壶掉了把儿——只有一张嘴。
　　那些茶壶掉了把儿——只有一张嘴的人，是不会做出太多成绩的。

3　茶壶有嘴 —— 说不出话 cháhú yǒu zuǐ — shuō buchū huà 말을 할 수가 없다

茶壶出水的部分是茶壶嘴，但是不是人，不会说话。比喻张口结舌，说不出话来。
찻주전자에 입이 있다는 것은 찻주전자 주둥이는 사람이 아니기 때문에 말을 할 수가 없음을 비유한다.

例　他被爸爸这么一问，突然成了茶壶有嘴——说不出话。
　　她被冤枉了，但是又没有办法辩解，真是茶壶有嘴——说不出话。
　　她知道这样的事情越解释越不清楚，真是茶壶有嘴——说不出话来。

对话6 065

导游　你们都第一次来济州岛，不知道也是炒菜放油盐——理所当然嘛，"女人多"呢，原来济州男人出海捕鱼，遇难身亡的很多，所以从人数上来看女人多于男人。但更主要原因是生活艰难，女人也要随男人一起劳动，因此使得女人看起来较多。

赵健　完了完了，原来是这样一个"女人多"啊？我还指望有什么艳遇呢，这下竹篮打水——一场空了。这些女人不是个个都五大三粗的啊？

导游　哈哈，你以为是"美女"多啊？和你设想的是城隍与玉皇——有天地之别。

- 遇难 yùnàn 동 조난을 당하다, 재난을 당하다
- 身亡 shēnwáng 동 사망하다, 죽다
- 艳遇 yànyù 명 연애의 기회, 연애의 만남
- 城隍 chénghuáng 명 성황신, 서낭신
- 玉皇 yùhuáng 명 옥황상제

1　炒菜放油盐 —— 理所当然
chǎocài fàng yóu yán — lǐsuǒ dāngrán 당연하다

按道理应当这样。含有完全合理、不容怀疑的意思。理：道理，情理；当：应当；然：这样。
도리상 마땅히 이렇게 하다의 뜻이고 '합리적이고 의심할 여지가 없다'는 의미를 내포하고 있다.

例　学生学习是炒菜放油盐——理所当然。
　　儿女孝顺父母是炒菜放油盐——理所当然。
　　她被取消学籍是炒菜放油盐——理所当然，因为她从来不来学校上课！

2　竹篮打水——一场空 zhúlán dǎ shuǐ — yì chǎng kōng 물거품이 되다, 헛수고하다

篮子是有很多空隙的，水会从空隙里流出，因此如果用竹篮子打水的话，是不会打到水的。比喻费了力却没有效果。
구멍이 많은 대나무 광주리로 물을 푸다, 즉 헛된 노력을 하다의 비유적 표현이다.

例　你想让我们竹篮打水——一场空吗?
　　基于各种原因，这项计划可能面临竹篮打水——一场空的结果。
　　中小企业网站的推广可以说是五花八门，有的效果比较明显，有的根本就是竹篮打水——一场空。

3 五大三粗 wǔdà sāncū 신체가 크고 건장하다, 기골이 장대하다

形容人高大粗壮，身材魁梧。(* 魁梧kuíwú 체구가 크고 훤칠하다)
사람이 체구가 크고 건장함을 형용한다.

> 例　他长得五大三粗的。
> 　　他五大三粗，但头脑简单。
> 　　我看见一个胡子拉碴、长得五大三粗的男人。

4 城隍与玉皇 —— 有天地之别 chénghuáng yǔ yùhuáng — yǒu tiāndì zhībié
　　　　　　　　　　　　　　　　하늘과 땅 차이가 나다

城隍是守护城池的神。玉皇是住在天上，总管天上、人间一切祸福的尊神。两者在地位上有很大的差距。比喻相差很远。
성황은 도시를 관장하는 신이고, 옥황은 하늘에 거주하며 하늘의 일, 인간세상의 화와 복을 관장하는 신이다. 두 신은 하는 일이나 지위 면에서 서로 많이 다르다. 즉 서로 차이가 많이 남을 비유한다.

> 例　他俩人韩语水平是城隍与玉皇——有天地之别。
> 　　这里的宫殿和紫禁城是城隍与玉皇——有天地之别。
> 　　我的家境和人家的是城隍与玉皇——有天地之别。

阅读 生词

1. 岛屿 dǎoyǔ 명 섬, 도서
2. 奇岩 qíyán 명 기이하게 생긴 바위
3. 白沙场 báishāchǎng 명 백사장
4. 洞窟 dòngkū 명 동굴
5. 白手起家 báishǒu qǐjiā 성 자수성가하다
6. 散布 sànbù 동 퍼져 있다, 곳곳에 분산되다
7. 城邑 chéngyì 명 성읍
8. 诉说 sùshuō 명 하소연하다, 간곡히 말하다, 감동적으로 말하다
9. 地处 dìchǔ 동 ~에 위치하다(자리하다)
10. 台风带 táifēngdài 명 태풍 발생 지역
11. 潜入 qiánrù 동 물속으로 들어가다
12. 波涛汹涌 bōtāo xiōngyǒng 파도가 거세다, 물결이 거세다
13. 冒险 màoxiǎn 동 위험을 무릅쓰다
14. 采摘 cǎizhāi 동 따다, 뜯다, 채취하다
15. 海女 hǎinǚ 명 해녀
16. 贫瘠 pínjí 형 척박하다, 메마르다, 비옥하지 않다
17. 顾名思义 gùmíng sīyì 성 이름을 보고 그 뜻을 생각하다
18. 塑造 sùzào 동 빚어서 만들다, 조소하다
19. 绮丽多彩 qǐlì duōcǎi 아름답고 다채롭다
20. 美誉 měiyù 명 명성, 명예
21. 成千上万 chéngqiān shàngwàn 성 수천만, 대단히 많다
22. 湛蓝 zhànlán 형 짙푸르다, 짙은 남색의
23. 傍 bàng 동 인접하다, 근접하다, 기대다
24. 不可多得 bùkě duōdé 성 진귀하다, 드물다
25. 休养 xiūyǎng 동 휴양하다, 요양하다
26. 蜜月 mìyuè 명 밀월, 허니문
27. 美称 měichēng 명 아름다운 이름

阅读

济州岛是韩国最大的岛屿，¹由火山喷发而形成，地貌十分奇特，加上四面环海，沿海的奇岩和瀑布、白沙场以及小岛等，都显示着海滨的天然美景。自古以来，这个岛一直以"三多三无"而闻名。

三多

"三多"指石多、风多、女人多，因此济州也²被称为"三多岛"。因为整个济州就是由于火山爆发造成的，所以济州石头、洞窟特别多。古济州人就是在这一片石头地上白手起家的。现如今，散布在岛上、或是城邑里民俗村里的石屋草房，都在向来此旅行的人们诉说着济州先民最初的艰难生活。"风多"与济州地处台风带有关，就像石多一样，也说明了济州生存环境的艰苦。"女多"则是由于以前济州男人出海捕鱼，遇难身亡比例很高，所以从人数上来看女人多于男人。

三无

"三无"是指无小偷、无大门、无乞丐。济州人自古就生活在这片贫瘠的土地上，艰苦的生存条件使他们养成了邻里互助的美德，因此没有人需要靠偷窃、乞讨为生，自然也就没有必要设置大门提防自己的邻居。所以，主人外出干活时，只是在家门口处搭上一根横木，以示家中无人，除此之外，再没有其他不必要的设施。而在济州话里，这根横木被叫作"正栏"，顾名思义，不过就是一根栏杆罢了。

温和湿润的气候和由火山活动塑造出的绮丽多彩的自然风景，使它赢得了"韩国的夏威夷"的美誉，吸引着成千上万的海内外游客前往观光。济州岛位于韩国的西南部，与湛蓝的波涛为邻，和白色的沙滩为伴，背傍景色优美的天地渊瀑布，是一处不可多得的旅游和休养胜地。它还享有"蜜月之岛"、"浪漫之岛"的美称，韩国许多新婚夫妇都在这里度过他们浪漫的蜜月。

语法重点 어법중점

1 由 ~ 而：~으로, ~으로부터, ~에서, ~에 의해(근거나 구성요소를 나타냄)

济州岛是由火山喷发而形成的。
水由氢与氧化合而成。
成功是由勤勉而来的。

2 A+被(人)称为+B：A가 B라고 불리어지다

"三多"指石多、风多、女人多，因此济州也被称为"三多岛"。
杜甫被后世尊称为"诗圣"，他的诗也被称为"诗史"。
从这个意义上讲，并不是所有从事科学研究活动的人员都可以被称为"科学家"。

练 习 연습문제

1 会话와 阅读 内容을 근거로 질문에 대답하시오.

1) 济州岛的石头为什么是黑色的?
   _____
   _____

2) "三多"是什么意思?
   _____
   _____

3) "三无"是什么意思?
   _____
   _____

4) 为什么很多人选择去济州岛度假?
   _____
   _____

5) 请介绍一下你所知道的济州岛著名的旅游景点。
   _____
   _____

2 会话와 阅读 内容을 근거로 옳고 그름을 판단하시오.

1) 赵健在来济州岛之前了解了很多关于济州岛的知识。(   )

2) 济州岛的女人都很漂亮。(   )

3) 以前济州岛的很多男人都出去捕鱼。(   )

4) 火山喷发使得济州岛有很多洞窟。(   )

5) 济州岛人把门叫做"正栏"。(   )

3 다음 보기에서 알맞은 단어를 골라 빈칸을 채우시오.

> 보기 打破砂锅——问到底   和尚头上的虱子——明摆着
> 初二三的月亮——不明不白   竹篮打水——一场空
> 城隍与玉皇——有天地之别   炒面捏的妹妹——熟人

1) 他的解释如(　　　　)的，我也被弄糊涂了。

2) 你这个还不明白啊，(　　　　)的事儿。

3) 这个孩子对什么都感兴趣，都会(　　　　)。

4) 我的旅行计划最后(　　　　)。

5) 这里的环境和我想象的如(　　　　)。

6) 我们俩是(　　　　)，认识好多年了。

4 다음 주어진 단어를 이용하여 작문하시오.

1) 稀罕:

2) 怪不得:

3) 见外:

4) 遇难:

5) 艳遇:

6) 五大三粗:

5 다음 주어진 문장의 대화를 완성하시오.

1) A：一下飞机就看到济州岛上的石头都是黑色的，_____，
   麻烦您给解释一下吧。

   B：那些就是火山岩，济州岛是由火山喷发而形成，所以地貌十分奇特。

2) A：看来今天要打破砂锅——问到底了。

   B：是啊，_____。

3) A：俩人是好朋友吧?

   B：是啊，_____。

4) A：我还指望有什么艳遇呢，这下竹篮打水——一场空了。这些女人不是个个都五大三
   粗的啊?

   B：哈哈，你以为是"美女"多啊? _____。

6 다음 단문의 ( )에 들어갈 알맞은 어휘를 고르시오.

1) 温和湿润的气候和由火山活动塑造出的（　　）的自然风景，使它赢得了"韩国的夏威夷"的（　　），吸引着成千上万的海内外游客（　　）观光。济州岛位于韩国的西南部，与湛蓝的波涛为邻，和白色的沙滩为伴，背傍景色优美的天地渊瀑布，是一处（　　）的旅游和休养胜地。

A	绮丽多彩	美誉	前往	不可多得
B	丰富多彩	美丽	前去	难得一见
C	美轮美奂	美称	前来	稀少珍贵
D	美不胜收	称呼	进来	不可忽略

2) 他继承师父李显的身手，成为超越李显的燕子门轻功第一（　　）。艺高人胆大，从不按常理出牌，是一个超级随性，有自信的人。爱（　　）爱摆排场的张扬个性使他很难摆脱世俗享受的诱惑，他外向张狂的个性经常（　　）门规，于是（　　）受师傅的惩罚。

A	高足	出人头	侵犯	受不了
B	人物	出洋相	违犯	得不到
C	弟子	出主意	犯规	是不是
D	高手	出风头	触犯	免不了

PLUS 관용 표현

- **敲边鼓** qiāo biāngǔ 부추기다, 협조하다, 맞장구치다
  妈，怎么爸爸一批评我，你就敲边鼓？
  엄마, 어떻게 아빠가 저를 야단치시는데 더 부추기세요?

- **伤脑筋** shāng nǎojīn 골머리를 앓다, 어찌할 바를 모르다
  女儿大了还没有对象，真让父母伤脑筋。
  다 큰 딸이 아직도 애인이 없어 부모 골머리를 앓게 한다.

- **随大流** suí dàliú 대세를 따르다, 친구 따라 강남 간다
  事情不怎么简单，你要用脑子好好想想，不能盲目地随大流。
  그렇게 간단한 일이 아니니 남하는 대로 하지 말고 머리를 좀 써봐.

- **说风凉话** shuōfēngliánghuà 비꼬다, 빈정대다
  他这个人总喜欢说风凉话，论本事啥也不会。
  그는 항상 빈정대는 게 몸에 베었지만, 본론으로 들어가면 아무 말도 못한다.

- **铁饭碗** tiěfànwǎn 평생직업
  我怎么比得上你呢，你有个铁饭碗，饿不着！
  내가 어떻게 평생 직업이 있어 굶지 않을 너하고 비교할 수 있겠니!

第8课

韩食世界化

不论是烤肉、泡菜还是糕点,五颜六色的视觉享受,是韩国料理的最大特点。

会话 068

赵健　听说你今天买了几本介绍韩国料理的书？你不是前几天还在研究泰国料理吗？怎么这么快就陈世美不认秦香莲——喜新厌旧了？

张玲　我下周要去韩国留学了啊。

赵健　唉，我最好的朋友也要唱戏的拿马鞭子——走人了。走之前有什么打算吗？

张玲　我想从明天开始每天去吃一家韩国料理，每天学做一道韩国菜。

赵健　那在去韩国之前就会成为韩国料理美食家了。

张玲　美食家？如果我现在想做韩国料理美食家，那真是吃了三天斋就想上西天——功底还浅啊！

赵健　依我看啊，你真是朝廷老爷拾大粪——有福不会享。韩国当地的韩国料理店肯定比这里的地道啊，去了韩国再吃吧。

张玲　你说得真是斑马的脑袋——头头是道啊！

赵健　韩国料理种类多吗？

张玲　我以为韩国料理种类不多呢，后来看了书上的介绍，我发现擦火柴点电灯——其实不然（燃），韩国料理不但种类多，而且味道不错。

赵健　真的吗？那你成为韩国料理美食家还真是超载的火车——任重道远了。

张玲　韩国料理别有风味，富于特色，不论是烤肉、泡菜还是糕点，都是一种五颜六色的视觉享受。

赵健　呵呵，你是要去留学吗？怎么馋人打赌——净是吃的啊？小心去了韩国吃得太多，吃出什么病来。

张玲　这个你就一百个放心吧，不会出你说的那种事情的。

赵健　听说吃韩国料理还有很多礼仪上的讲究，你别和人吃饭的时候丢人啊！

张玲　你别看三国掉泪——替古人担忧了，我早预习好了。

赵健　看来你已经闭着眼睛哼曲子——心里有谱了。

张玲　也不是特别有谱，不过我是张飞绣花——粗中有细的人，不会给你哥们儿丢人的。

赵健　那我可炒咸菜不放盐——有言（盐）在先啊，回来后给我做几道韩国料理让我尝尝。

张玲　没问题。

> **对话1**
>
> 赵健　听说你今天买了几本介绍韩国料理的书？你不是前几天还在研究泰国料理吗？怎么这么快就陈世美不认秦香莲——喜新厌旧了？
>
> 张玲　我下周要去韩国留学了啊。

- 陈世美 Chén Shìměi　고유　중국 전통극《진향련(秦香莲)》중 과거에 장원 급제한 후 조강지처를 버리고 부마가 되었다가 포청천에 의해서 죽임을 당한 인물
- 秦香莲 Qín Xiānglián　명　중국 전통극, 陈世美의 부인
- 喜新厌旧 xǐxīn yànjiù　성　새로운 것을 좋아하고 옛 것을 싫어하다, 애정이 한결같지 않다

1　陈世美不认秦香莲 —— 喜新厌旧

Chén Shìměi bú rèn Qín Xiānglián — xǐxīn yànjiù 애정이 한결같지 않고 자꾸 변하는 것

陈世美，是传统戏曲《秦香莲》中的人物。在剧中他本来家境贫寒，与妻子秦香莲恩爱和谐。后来进京赶考，中状元后被招为驸马。秦香莲久无陈世美音讯，携子上京寻夫，但陈世美不肯与其相认。比喻喜欢新的，厌弃旧的。多指爱情不专一。

"陈世美"는 중국 전통극《진향련(秦香莲)》중 과거에 장원 급제한 후 조강지처를 버리고 부마가 되었다가 포청천에 의해서 죽임을 당한 인물이다. 지위가 높아진 후 변심한 남편, 여자를 배신한 남자를 가리키거나 애정이 한결같지 않음을 나타낸다.

> **例**　现代社会很多男人都是陈世美不认秦香莲——喜新厌旧。
> 有了新衣服，旧衣服就扔了，你真是陈世美不认秦香莲——喜新厌旧。
> 他不是那种陈世美不认秦香莲——喜新厌旧的人。

对话2

赵健　唉，我最好的朋友也要唱戏的拿马鞭子——走人了。走之前有什么打算吗？

张玲　我想从明天开始每天去吃一家韩国料理，每天学做一道韩国菜。

赵健　那在去韩国之前就会成为韩国料理美食家了。

- 鞭子 biānzi 명 채찍
- 走人 zǒurén 동 떠나다, 가다
- 美食家 měishíjiā 명 미식가

1　唱戏的拿马鞭子 —— 走人 chàngxì de ná mǎbiānzi — zǒurén 떠나다

在中国的传统舞台戏剧中，用马鞭来代表骑马，如果唱戏的人，拿起马鞭，就说明要去某个地方。走人，表示某人离开的意思。

중국 전통 무대극에서 말고삐는 말을 타는 것을 표현한다. 공연 중에 배우가 말고삐를 잡으면 어떤 곳으로 떠나감을 의미한다.

例　时间不早了，我唱戏的拿马鞭子——走人了。
　　我来晚了，我到的时候，他早就唱戏的拿马鞭子——走人了。
　　不想干的话，你就唱戏的拿马鞭子——走人。

对话3

张玲　美食家？如果我现在想做韩国料理美食家，那真是吃了三天斋就想上西天——功底还浅啊！

赵健　依我看啊，你真是朝廷老爷拾大粪——有福不会享。韩国当地的韩国料理店肯定比这里的地道啊，去了韩国再吃吧。

- 斋 zhāi 명 불교, 도교 등 종교인이 먹는 소식(素食)
- 功底 gōngdǐ 명 기초, 기본
- 浅 qiǎn 형 정도가 낮다, 수준이 낮다
- 大粪 dàfèn 명 인분, 대변
- 享 xiǎng 동 누리다, 향유하다, 즐기다
- 地道 dìdao 형 명산지의, 본고장의, 진짜의

1 吃了三天斋就想上西天 —— 功底还浅

chī le sān tiān zhāi jiù xiǎng shàng xītiān — gōngdǐ hái qiǎn 삼일 동안의 절밥을 먹고 극락세계에 가고 싶어 하다, 아직 기초가 모자라다

斋是佛教、道教等教徒、道徒吃的素食。西天，佛教的极乐世界。只吃了三天的素食，就想升入极乐世界，说明努力还不到位。

"斋"는 불교, 도교 등의 신도들이 먹는 산채음식, "西天"은 불교의 극락세계를 가리킨다. '겨우 3일 동안 산채음식을 먹고 극락세계에 오르고자 한다'는 뜻은 '아직 때가 되지 않았으니 더 노력해야 함'을 가리킨다.

例　你还需要努力，因为你吃了三天斋就想上西天——功底还浅。
别把这么重要的任务交给我，因为我吃了三天斋就想上西天——功底还浅。
很多人吃了三天斋就想上西天——功底还浅，但是却认为自己很了不起。

2 朝廷老爷拾大粪 —— 有福不会享

cháotíng lǎoye shí dàfèn — yǒu fú bú huì xiǎng 누릴 수 있는데도 누릴 줄을 모른다

朝廷老爷，指官员。拾大粪，是捡人或者牲畜的大便的意思。比喻可以享福，但是不会享。

조정에 관리가 대변을 줍고 다니다. 즉 높은 지위에 있으면서도 하지 않아도 될 일을 하고 다닌다, 복을 누릴 줄 모름을 비유한다.

例　他都有那么多钱了，还出去打工，真是朝廷老爷拾大粪——有福不会享。
放着那么舒服的床不睡，非要睡地板，真是朝廷老爷拾大粪——有福不会享。
很多人觉得他是朝廷老爷拾大粪——有福不会享，但是其实他是过惯了农村的生活。

> 对话4
>
> 张玲　你说得真是斑马的脑袋——头头是道啊！
>
> 赵健　韩国料理种类多吗？
>
> 张玲　我以为韩国料理种类不多呢，后来看了书上的介绍，我发现擦火柴点电灯——其实不然（燃），韩国料理不但种类多，而且味道不错。

- 斑马 bānmǎ 명 얼룩말
- 其实不然 qíshí bùrán 실제는 그렇지 않다

1　斑马的脑袋 —— 头头是道
bānmǎ de nǎodai — tóutóu shìdào
하는 말이나 쓰는 글이 정돈되어 있고 조리가 있다

斑马的脑袋上也有一道一道的斑马纹。本为佛家语，指道无所不在。后多形容说话做事很有条理。
얼룩 말 머리에도 얼룩무늬가 있다. 원래 불교어로 '도는 없는 곳이 없다'의 뜻이었으나, 후에 일을 하는데 조리가 있음을 뜻하는 말로 의미가 확대되었다.

> 例　默多克先生说起话来如同斑马的脑袋——头头是道。
> 他在许多问题上讲得犹如斑马的脑袋——头头是道。
> 他说得真是斑马的脑袋——头头是道。

2　擦火柴点电灯 —— 其实不然（燃）
cā huǒchái diǎn diàndēng — qíshí bùrán(rán) 사실은 그렇지 않다

用火柴点电灯，电灯是不会亮的。比喻实际情况并不是这样。
성냥개비로 전등불을 붙이면 켜지지 않는다, 사실과 다름을 비유할 때 쓴다.

> 例　故事看起来似乎很简单，擦火柴点电灯——其实不然（燃）。
> 他自以为很聪明，擦火柴点电灯——其实不然（燃）。
> 听起来很难，擦火柴点电灯——其实不然（燃），你所需要做的就是看一些电视剧。

对话5

赵健 真的吗？那你成为韩国料理美食家还真是超载的火车——任重道远了。

张玲 韩国料理别有风味，富于特色，不论是烤肉、泡菜还是糕点，都是一种五颜六色的视觉享受。

赵健 呵呵，你是要去留学吗？怎么馋人打赌——净是吃的啊？小心去了韩国吃得太多，吃出什么病来。

□ 超载 chāozài 동 과다 적재하다, 과적하다
□ 任重道远 rènzhòng dàoyuǎn 성 맡은 바 책임은 무겁고 갈 길은 멀기만 하다
□ 富于 fùyú 동 ~이 풍부하다
□ 糕点 gāodiǎn 명 케이크·과자·빵 등의 총칭
□ 享受 xiǎngshòu 동 누리다, 향유하다, 즐기다
□ 馋人 chánrén 명 식탐 있는 사람

1 超载的火车 —— 任重道远
chāozài de huǒchē — rènzhòng dàoyuǎn
짐이나 무게가 초과되다, 책임이 막중하고 길이 멀다

火车的行程一般都很远。超载是超过本来能够承担的重量的意思。任：负担；道：路途。担子很重，路很远。比喻责任重大，要经历长期的奋斗。

기나긴 기차 여정, 초과한 짐을 싣고 가는 기차의 의미는 '무겁고 갈 길이 멀다'는 뜻이다. 이는 '책임이 막중하고 각고의 노력이 필요함'을 나타낼 때 사용된다.

例 如果想成为一名熟练的咖啡师，真是超载的火车——任重道远。
看来你要学好韩国语，还真是超载的火车——任重道远。
我们俩的任务是超载的火车——任重道远！

2 馋人打赌 —— 净是吃的 chánrén dǎdǔ — jìng shì chīde 먹는 것만 생각하다

馋人是喜欢吃东西的人。如果喜欢吃东西的人之间打赌的话，一般都是用吃的来做赌注，因此意思是：只关心吃的。

음식을 탐내는 먹보는 도박을 할 때조차도 먹을 것을 걸고 도박한다. 즉 '온통 먹는 것 생각 뿐이다'의 뜻이다.

例 他这人说起话来完全是馋人打赌——净是吃的。
怪不得他那么胖呢，原来他一心想的如馋人打赌——净是吃的。
他是厨师，所以三句话不离本行，说来说出馋人打赌——净是吃的。

对话6

张玲　这个你就一百个放心吧，不会出你说的那种事情的。
赵健　听说吃韩国料理还有很多礼仪上的讲究，你别和人吃饭的时候丢人啊！
张玲　你别看三国掉泪——替古人担忧了，我早预习好了。
赵健　看来你已经闭着眼睛哼曲子——心里有谱了。

- 三国 Sān Guó 명 삼국지, 삼국연의
- 担忧 dānyōu 동 걱정하다, 근심하다, 우려하다
- 哼 hēng 동 콧노래 부르다, 흥얼거리다, 읊조리다
- 有谱 yǒupǔ 동 마음속에 속셈(요량)이 있다

1　看三国掉泪 —— 替古人担忧
kàn Sān Guó diàolèi — tì gǔrén dānyōu
옛날 사람들을 생각해서 걱정하다, 쓸데없는 생각을 하다

三国是指《三国志》或者《三国演义》，讲的是发生在三国时代的故事。如果看这些书流泪的话，就是替古代的已经死去的人担心了。为古人所遇到的困难、危险担忧、发愁，比喻不必要的担心和忧愁。
'삼국지를 보고 눈물을 흘린다'라는 말은 '이미 죽은 사람을 대신하여 걱정하다'라는 뜻으로 쓸데없는 걱정하고 근심함을 비유할 때 사용한다.

例　他这个人就爱看三国掉泪——替古人担忧。
　　不会出什么事儿的，你别看三国掉泪——替古人担忧了。
　　我们还是亲自去看看吧，别在这里看三国掉泪——替古人担忧了。

2　闭着眼睛哼曲子 —— 心里有谱
bìzhe yǎnjing hēng qǔzi — xīnli yǒupǔ 마음속에 자신감이 있다

闭着眼睛就可以把曲子哼唱出来，说明已经知道谱子了。指有底，有把握。
눈을 감고 노래를 부를 수 있다는 것은 악보를 이미 알고 있다는 것을 의미한다. 즉 '자신 있음'을 나타낸다.

例　看来他已经闭着眼睛哼曲子——心里有谱了。
　　你别替他们操心了，他们早闭着眼睛哼曲子——心里有谱了。
　　只有闭着眼睛哼曲子——心里有谱的人才敢那样做。

对话7

张玲　也不是特别有谱，不过我是张飞绣花——粗中有细的人，不会给你哥们儿丢人的。

赵健　那我可炒咸菜不放盐——有言（盐）在先啊，回来后给我做几道韩国料理让我尝尝。

张玲　没问题。

- 绣花 xiùhuā 동 그림이나 도안을 수놓다
- 粗中有细 cūzhōng yǒuxì 성 거칠면서도 세심한 데가 있다
- 有言在先 yǒuyán zàixiān 성 미리 말을 명확하게 하여 두다, 사전에 주의 시키다, 미리 말로 다짐하여 두다

1 张飞绣花 —— 粗中有细
Zhāng Fēi xiù huā — cūzhōng yǒuxì
거칠지만 그 안에도 세심한 면이 있다

张飞是《三国演义》中的一个人物，是一个粗豪的汉子，而绣花是一种细致的手工活，把张飞这个人和绣花这种细活放在一起，是一种比喻，以形容人说话做事表面好像粗鲁、随便，实际上却是审慎、细心。

'장비처럼 호방한 사나이가 앉아서 수를 놓고 있다'라는 말은 사람이 말을 하거나 일을 하는데 있어 겉으로는 마치 거칠고 대충대충하는 것 같지만 실제로는 신중하고 섬세함을 형용할 때 사용한다.

例　别看他平时大大咧咧，其实他是张飞绣花——粗中有细。
　　我丈夫是张飞绣花——粗中有细，有时候很让人惊讶。
　　交朋友有时候需要张飞绣花——粗中有细。

2 炒咸菜不放盐——有言（盐）在先
chǎo xiáncài bú fàng yán — yǒuyán(yán) zàixiān 미리 말하다

咸菜是用盐腌成的，因此如果炒咸菜的话，里面已经有盐就不用再放盐了，所以说是有盐在先。这里利用谐音为有言在先，有话说在头里，指事先打了招呼。

"咸菜"는 소금으로 염장된 식품으로 요리를 할 때 더 이상의 소금을 가미할 필요가 없다. 즉 "有盐在先 소금이 먼저 있다"라는 말을 해음 현상을 이용하여 "有言在先"이라고 표현하고 있다. 즉 '일에 앞서 미리 말하다'의 뜻이다.

例　我已经炒咸菜不放盐——有言（盐）在先了，所以我要先来。
　　我可炒咸菜不放盐——有言（盐）在先，好吃的要给我留着。
　　我也想先给你，可是人家已经炒咸菜不放盐——有言（盐）在先了。

阅读 生词

1. 面食 miànshí 명 밀가루 음식, 분식
2. 荞麦 qiáomài 명 메밀
3. 配菜 pèicài 명 (주된 요리 외의) 보조 요리, 곁들이는 요리
4. 发酵 fājiào 동 발효하다, 발효시키다
5. 饭馔 fànzhuàn 명 반찬
6. 佐料 zuǒliào 명 양념, 조미료
7. 麻油 máyóu 명 참기름
8. 不兴 bùxīng 동 흥성하지 못하다, 번성하지 못하다
9. 仰赖 yǎnglài 동 의지하다, 기대다
10. 酱瓜 jiàngguā 명 오이 장아찌
11. 腌制菜 yānzhìcài 명 소금에 절인 음식
12. 佐以 zuǒyǐ 동 ~을 보조적으로 사용하다
13. 瓮 wèng 명 독, 항아리
14. 呈 chéng 동 (어떤 형식을·형태를) 갖추다
15. 扁平 biǎnpíng 형 편평하다, 납작하고 평평하다
16. 火辣 huǒlà 형 매우 맵다, 얼얼하다, 혀끝이 아리다
17. 直冲冲 zhíchōngchōng 형 곧바로
18. 掩饰 yǎnshì 동 덮어 숨기다, 감추다
19. 醇香 chúnxiāng 형 (맛·냄새 등이) 순수하고 향기롭다
20. 后劲 hòujìn 명 후에 나타나는 기운이나 작용, 뒤끝
21. 炖 dùn 동 (약한 불에 장시간) 고다, 푹 삶다
22. 荤素 hūnsù 명 고기 요리와 야채 요리
23. 暴饮暴食 bàoyǐn bàoshí 성 마구 먹고 마시다, 폭음 폭식하다
24. 周岁 zhōusuì 양 만 한 살, 한 돌
25. 聘礼 pìnlǐ 명 신랑 집에서 신부 집에 보내는 예물
26. 巫俗 wūsú 명 무속
27. 祭礼 jìlǐ 명 제례, 제물

阅 读

韩国料理中多以米食为主食，另有面食、荞麦、菜、肉等，除了饭之外，另外常伴随热汤。韩国泡菜是饭桌上常见的配菜，[1]以白菜、萝卜、黄瓜等食材发酵而成，种类齐全而成为饭馔（반찬）。

韩国料理的佐料多用麻油、酱油、盐、蒜、姜等，尤其大蒜的食用普遍。由于受气候影响，必须依季节而有所调整。冬天时农作物不兴，必须仰赖泡菜、酱瓜等传统腌制菜，这些腌制菜通常在入冬前被佐以盐巴再放在大瓮中存放。

韩国传统食具包含筷子和匙。筷子以金属制成，多呈扁平而长；匙亦多为金属制。特别的是，韩国人一般吃饭、喝汤皆以匙来进行，筷子多用以夹菜作为辅助工具。

韩国料理别有风味，富于特色，保持食品原有的新鲜色彩。不论是烤肉、泡菜还是糕点，五颜六色的视觉享受，是韩国料理的最大特点。"辣"是韩国料理的主要口味之一，但这种辣却[2]与别的辣有所不同，有人曾经这样描述过，川菜的辣是麻辣，透着鲜美；湘菜的辣是火辣，直冲冲的，不加任何掩饰；而韩国菜的辣却入口醇香，后劲十足，会让你着着实实地把汗出透。

高丽参、鸡、新鲜牛肉、海产品、青菜、炖、蒸、烤……[3]单是听到这些词汇已经觉得是很健康营养的原料和做法了。韩国料理一般选材天然，烹调方式不破坏营养成分，荤素搭配合理并且制作时追求少而精，既保证足够的营养，又不会叫人暴饮暴食。

韩国自古以来礼仪食品种类繁多，如生产、三七日、百日、周岁、婚礼、聘礼等的贺礼食品、巫俗食品、祭礼食品、寺庙礼仪食品等。此外，韩国人在吃饭时，接待客人时，以及祭礼饮酒时，还常备鱼虾酱、咸菜、肉干、鱼干等下酒菜，由此开发的各类食品加工技术也丰富了其饮食文化。

语法重点 어법중점

1 以: ~ 때문에, ~으로 인해서

뒤에 "而" 과 호응하여 쓰인다.

韩国泡菜是饭桌上常见的配菜，以白菜、萝卜、黄瓜等食材发酵而成。
我们以这样的英雄而自豪。
我们不能只以自己为中心。

2 与 ~ 不同: ~와(과) 다르다

전치사 "与"는 서면어로 쓰이며 "跟"과 같은 의미다.

"辣"是韩国料理的主要口味之一，但这种辣却与别的辣有所不同。
目前的情况与去年不同。
这里的风俗真是与其他地方大为不同。

3 单(只 / 光): 단지, 오직

单+동사, 单+명사의 형식으로 쓰인다.

单是听到这些词汇已经觉得是很健康营养的原料和做法了。
干什么事不能单靠别人，自己先要多努力。(单+동사)
在书目里，单文学方面的书，就有好几十种。(单+명사)

练习 연습문제

1 会话와 阅读 内容을 근거로 질문에 대답하시오.

1) 张玲为什么买了韩国料理书?

2) 赵健觉得张玲应该去哪里吃韩国料理? 为什么?

3) 你觉得韩国料理和中国菜有什么不同?

4) 为什么韩国人都喜欢泡菜?

5) 韩国料理在取材上有什么特点?

2 会话와 阅读 内容을 근거로 옳고 그름을 판단하시오.

1) 韩国料理的种类不太多。（　　）

2) 张玲很担心吃太多韩国料理会吃出病来。（　　）

3) 吃韩国料理还有很多礼仪上的讲究。（　　）

4) 韩国传统食具由刀叉组成。（　　）

5) 洋葱使用普遍是韩国料理佐料上的特点。（　　）

3 다음 보기에서 알맞은 단어를 골라 빈칸을 채우시오.

> 보기
> 斑马的脑袋——头头是道　　闭着眼睛哼曲子——心里有谱
> 擦火柴点电灯——其实不然　　张飞绣花——粗中有细
> 看三国掉泪——替古人担忧　　炒咸菜不放盐——有言在先

1) 看上去他很不在意，但是(　　　　)。

2) 你别看他人小，说起话来却是(　　　　)。

3) 你别再替他着急了，他这个人做什么事情都是(　　　　)。

4) 你这样做真是(　　　　)。

5) 我可是(　　　　)啊，到时候出了问题我不负责。

6) 你别以为我看不出来，他可是一个(　　　　)的人。

4 다음 주어진 단어를 이용하여 작문하시오.

1) 富于：

2) 地道：

3) 美食家：

4) 功底：

5) 担忧：

6) 享受：

5 다음 주어진 문장의 대화를 완성하시오.

1) A：我今天买了几本介绍韩国料理的书。

   B：韩国料理？你不是前几天还在研究泰国料理吗？＿＿＿＿＿＿＿＿＿＿＿＿＿＿＿。

2) A：韩国当地的韩国料理店肯定比这里的地道啊，去了韩国再吃吧。

   B：你说得真是＿＿＿＿＿＿＿＿＿＿＿＿＿＿＿＿＿＿＿＿＿＿＿！

3) A：那在去韩国之前就会成为韩国料理美食家了。

   B：美食家？如果我现在想做韩国料理美食家，＿＿＿＿＿＿＿＿＿＿＿＿＿＿＿！

4) A：听说吃韩国料理还有很多礼仪上的讲究，你别和人吃饭的时候丢人啊！

   B：＿＿＿＿＿＿＿＿＿＿＿＿＿＿＿，我早预习好了。

6 다음 단문의 (　)에 들어갈 알맞은 어휘를 고르시오.

1) 韩国料理别有（　　），富于特色。不论是烤肉、泡菜还是糕点，（　　）的视觉享受，是韩国料理的最大特点。"辣"是韩国料理的主要（　　）之一，但这种辣却与别的辣有所不同，韩国菜的辣入口醇香，后劲十足，会让你着着实实地把汗出（　　）。

A	特色	丰富多彩	味道	完
B	味道	五香十色	风味	去
C	风味	五颜六色	口味	透
D	风格	五花八门	味觉	来

2) 如果你看完上一页肯定会有这样的疑问，上面虽然说得（　　），但仿佛和本文没有什么关联，（　　），这里笔者只是做了一个小小的铺垫（　　）。笔者想说的是为什么NFC，SIM卡一经销售便这么的火爆，并出现一卡难求的（　　）。看了前面的说明你应该不难想象得到，其原因就在于便携。

A	生龙活虎	其实不然	罢了	场面
B	井井有条	迥然不同	不过	情景
C	头头是道	其实不然	而已	局面
D	有条不紊	完全不对	来着	情况

PLUS 관용 표현

- **一风吹** yìfēngchuī 과거의 모든 것을 청산하다, 다 없애 버리다
  你应该让过去的事一风吹，一切往前看。
  너는 마땅히 과거의 일은 청산하고, 오로지 앞만 향해 봐야 한다.

- **一锅粥** yìguōzhōu 뒤죽박죽
  会场内，掌声、喊声、笑声，乱成了一锅粥。
  회의장 안이 박수소리, 고함소리, 웃음소리로 한 바탕 난리가 났다.

- **纸老虎** zhǐ lǎohǔ 종이호랑이, 겉보기에 강한 듯하지만 실제로 힘이 없는 사람 또는 집단
  你瞧他，个儿长得像武松，事实上是一只纸老虎。
  그를 봐! 체구는 무송(수호전에 나오는 영웅)같이 생겼지만, 사실상 종이호랑이에 불과해.

- **走过场** zǒu guòchǎng 대강대강 해치우다
  他只是来这走走过场的。
  그는 대충 해치우려고 온 것이다.

- **半瓶(子)醋** bànpíng(zi)cù 반 병만 차있는 식초병, 돌팔이
  我学了这么多年英语，可还是半瓶(子)醋。
  나는 이렇게 몇 년 동안 영어를 공부했는데 아직도 실력이 변변치 못하다.

第9课

"韩版",东方时尚的代名词

  韩国产的,或者韩国设计,甚至在韩国销售的服装都被叫韩版服装。标新立异的不对称设计,是"韩版"中最典型的款式设计。

会话 078

张玲　刘晨，你说在去韩国之前要不要买几件韩版衣服啊？

刘晨　我说你这人，怎么聪明一世糊涂一时啊？韩版衣服为什么在国内买呢？去了韩国再买不是更好吗？

张玲　韩国的物价不是很高吗？我哪像你那么有钱，你拔根汗毛比我腰粗。

刘晨　谁说我有钱啊？很多人都去韩国买韩版衣服，你反其道而行之，在国内买韩版衣服，你可真有创意。

张玲　呵呵，我这叫肥水不流外人田，钱要让同胞挣不是？

刘晨　就你爱国啊？听说到了韩国会有很多打工机会，你打工挣钱了，再买吧。

张玲　那些留学中介的话，不可不信不可全信。我听说韩国打工的机会并不是特别多，而且打工很累，还影响学习。

刘晨　累就累吧，大丈夫能屈能伸。

张玲　嗯，你说得在理，我去了韩国再买吧。

刘晨　你去了韩国，说不定我会常托你给我买一些韩版衣服寄回来呢。韩版的衣服就是好，我在国内买的韩版衣服，没穿几次就走形了。

张玲　你是这山望着那山高，国内的韩版衣服也有质量和款式都不错的。

刘晨　我说你别不信，不怕不识货，就怕货比货，你去了韩国一比就知道了。

张玲　那也得等我学好韩国语才可以帮你买，刚去人生地不熟的。不过如果你给我很多劳务费的话，我一到就去帮你买，重赏之下必有勇夫嘛。

刘晨　咱一家人不说两家话，你肯定不会赚我的钱，对不？

张玲　哈哈，谁说的？我可是无利不起早的人啊。

刘晨　好好，算你狠。真羡慕你，可以到东方时尚的前沿去留学，可以感受最地道的韩版时尚。

张玲　是啊，近水楼台先得月，在不耽误学习的前提下，我会尽情感受时尚之都的魅力的。

刘晨　你要在韩国待好几年呢，慢慢来，欲速则不达。

张玲　嗯，刚去肯定要做一个大门不出二门不迈的模范学生。等有了一定的韩语基础，再说吧。

刘晨　对！功到自然成，努力学习就可以了。

对话1

张玲　刘晨，你说在去韩国之前要不要买几件韩版衣服啊？

刘晨　我说你这人，怎么聪明一世糊涂一时啊？韩版衣服为什么在国内买呢？去了韩国再买不是更好吗？

张玲　韩国的物价不是很高吗？我哪像你那么有钱，你拔根汗毛比我腰粗。

　　　　　　　　　　　　　　　　　　　□ 汗毛 hànmáo 명 솜털

1　聪明一世糊涂一时 cōngmíng yíshì hútú yì shí 총명한 사람이 어리석은 일을 하다

聪明一辈子，临时却糊涂起来。指一向聪明的人，偶尔在某件事上犯糊涂。常用来责怪人办了不该办的事。

늘 총명한 사람이 어쩌다가 어리석은 일을 했을 경우를 가리킨다. 어떤 사람이 해서는 안 될 일을 했을 때 이 표현으로 나무란다.

例　六十九岁的人了，反倒聪明一世糊涂一时，叫小孩子给骗了。
　　你真是聪明一世糊涂一时，怎么会做那么傻的事情呢？
　　任何人都有聪明一世糊涂一时的时候，别太责备他了。

2　拔根汗毛比……腰粗 bá gēn hànmáo bǐ …… yāo cū 두 사람의 빈부나 실력이 차이가 있다

本来汗毛很细，拔下一根汗毛，却比另一个人的腰还要粗。比喻两者的贫富差距很大或者双方实力的差距很大。类似的话还有：伸出个小指头就能把你碾死，吐口唾沫就能砸死你。

솜털 하나 뽑은 것이 내 허리보다 두껍다. 솜털은 아주 가늘지만 그 솜털이 다른 사람의 허리보다 두껍다, 즉 두 사람의 빈부차이가 상당히 크거나 실력의 차이가 클 경우에 사용한다.

例　你买贵的吧，我买便宜的，你拔根汗毛比我腰粗，我不能和你比。
　　现在社会贫富差距越来越大，富人拔根汗毛就比穷人的腰粗。
　　他们俩人，女的拔根汗毛就比男的腰粗，但是总是男的买东西给女的。

对话2

刘晨　谁说我有钱啊？很多人都去韩国买韩版衣服，你反其道而行之，在国内买韩版衣服，你可真有创意。

张玲　呵呵，我这叫肥水不流外人田，钱要让同胞挣不是？

- 创意 chuàngyì 명 독창적인 견해, 창조적인 구상
- 肥水 féishuǐ 명 양분을 함유한 물
- 同胞 tóngbāo 명 동포

1　反其道而行之 fǎn qí dào ér xíng zhī
그 길을 거꾸로 행한다, 상대방과 다른 방법으로 일을 행한다

其: 他的；道: 方法，办法。采取同对方相反的办法行事。出自:《史记　淮阴侯列传》。
《사기·회음후열전》에 나오는 말로 상대방과 다른 방법으로 일을 행하는 것을 가리킨다.

例　2007年，美联储开始反其道而行之，停止以加息追逐油价走高。
　　苹果是从iPhone开始延伸到iPad的，而微软反其道而行之。
　　在大的全球问题上，本有责任表示同意的民主国家，如今却经常反其道而行之。

2　肥水不流外人田 féishuǐ bù liú wàirén tián
아주 좋은 물은 남의 밭에 흘러 보내지 않는다, 좋은 일은 남에게 양보할 수 없다

意思是"好处不能让给外人"。表示这个意思的还有"肥水不落外人田""肥水不流别人田""肥水不浇别人田""肥水不流外人家"等说法。
'좋은 일은 남에게 양보할 수 없다'는 뜻이며, "肥水不落外人田""肥水不流别人田""肥水不浇别人田""肥水不流外人家" 등으로 쓰기도 한다.

例　一家人两桌麻将，自娱自乐，肥水还不流外人田。
　　这种表面看起来公平的竞标，其实是肥水不流外人田。
　　为了肥水不流外人田，他想尽了各种办法来掩人耳目。

> **对话3**
>
> 刘晨　就你爱国啊？听说到了韩国会有很多打工机会，你打工挣钱了，再买吧。
>
> 张玲　那些留学中介的话，不可不信不可全信。我听说韩国打工的机会并不是特别多，而且打工很累，还影响学习。
>
> 刘晨　累就累吧，大丈夫能屈能伸。

- 中介 zhōngjiè 동 중개하다, 매개하다
- 大丈夫 dàzhàngfu 명 대장부
- 屈 qū 동 구부리다, 굽히다
- 伸 shēn 동 펴다, 펼치다, 내밀다

1　不可不信不可全信
bù kě bú xìn bù kě quán xìn 전부 믿을 수도, 그렇다고 믿지 않을 수도 없다

指某件事情或者某句话，不能全部信任也不能全部不信任。
'어떤 일이나 말을 전부 믿을 수도, 믿지 않을 수도 없음'을 뜻한다.

例　他说的话，不可不信不可全信。
　　报纸上的报道，不可不信不可全信。
　　上司的承诺，不可不信不可全信，自己要有自己的判断。

2　大丈夫能屈能伸
dàzhàngfu néng qū néng shēn 환경에 잘 적응하다

能弯曲也能伸直。指人在失意时能忍耐，在得志时能大干一番。
굽힐 수도 있고 곧게 나갈 수도 있다는 말은 '사람이 실의에 빠졌을 때는 잘 인내하고, 뜻을 얻었을 때는 자신의 포부를 잘 펼친다'는 뜻이다.

例　大丈夫要能屈能伸，才能在竞争激烈的现代社会里有一番作为。
　　韩信受胯下之辱，日后做成将军，更是说明了大丈夫只有能屈能伸，才能做成大事。
　　越王勾践为了重振国业，20年卧薪尝胆，亦是大丈夫能屈能伸。

对话4

张玲　嗯，你说得在理，我去了韩国再买吧。

刘晨　你去了韩国，说不定我会常托你给我买一些韩版衣服寄回来呢。韩版的衣服就是好，我在国内买的韩版衣服，没穿几次就走形了。

张玲　你是这山望着那山高，国内的韩版衣服也有质量和款式都不错的。

刘晨　我说你别不信，不怕不识货，就怕货比货，你去了韩国一比就知道了。

- 托 tuō 동 맡기다, 부탁하다
- 走形 zǒuxíng 동 변형되다, 모양이 변하다

1 **这山望着那山高** zhè shān wàngzhe nà shān gāo
이쪽 산에서 보면 저쪽 산이 높다, 남의 떡이 커 보인다

爬上这一座山，觉得那一座山更高。比喻对自己目前的工作或环境不满意，老认为别的工作、别的环境更好。

이쪽 산에 오르니 저쪽 산이 훨씬 높다고 여겨진다. 즉, 현재 자신의 일이나 환경에 만족하지 못해 다른 사람의 상황이 훨씬 낫다고 생각하는 심리 상태를 말한다.

例　她现在是"这山望着那山高"。
　　约翰老是换工作，他是这山望着那山高。
　　这座城市不赖；我的工作挺不错的，只是这幢房子小了点；不过我总是说不要这山望着那山高。

2 **不怕不识货，就怕货比货**
bú pà bù shí huò, jiù pà huò bǐ huò 비교해 봐야 양질의 상품인지 안다

不怕顾客不认识商品的质量好坏，只要和其他商品比较一下就知道其中的质量好坏了。

고객이 상품의 품질이 좋고 나쁨에 대해 모르는 것을 걱정하지 않고, 다른 상품과 비교할 때 품질의 좋고 나쁨을 알게 되는 것을 걱정한다. '다른 곳에 가서 비교해 보세요'하고 자신의 상품에 대한 자신감을 드러낼 때 사용한다.

例　别说我卖得贵，不怕不识货，就怕货比货，你去和其他产品比比嘛。
　　不怕不识货，就怕货比货，来减肥药超市，找出最适合你的！
　　不同的品牌具体效果不一样，你可以多到专场上去比比看看，不怕不识货，就怕货比货嘛。

对话5

张玲　那也得等我学好韩国语才可以帮你买，刚去人生地不熟的。不过如果你给我很多劳务费的话，我一到就去帮你买，重赏之下必有勇夫嘛。

刘晨　咱一家人不说两家话，你肯定不会赚我的钱，对不？

□ 劳务费 láowùfèi 명 노임, 노동 임금, 보수
□ 重赏 zhòngshǎng 명 중상, 큰 포상
□ 勇夫 yǒngfū 명 용감한 사람, 용사

1 **人生地不熟** rénshēng dì bùshú 사람과 지역(모든 것)이 낯설다

"生"是陌生、不熟悉的意思。"人生地不熟"指对所到之地的人和各方面的情况都不熟悉，都很生疏。
'자신이 도착한 곳의 사람이나 상황이 익숙하지 않고 생소한 것'을 의미한다.

例　她在那人生地不熟，感到很不安。
　　我才到这里，人生地不熟。
　　没有什么比在人生地不熟的地方生病更糟糕的了！

2 **重赏之下必有勇夫** zhòngshǎng zhī xià bì yǒu yǒngfū 큰 상을 준다하면 최선을 다한다

在丰厚赏赐的刺激之下，一定会有勇敢的人接受任务(挑战)。旧指用大量金钱、财物作鼓励手段，可诱导人为之效力。
큰 상을 준다는 자극이 있어야 반드시 도전하는 용감한 사람이 있게 된다. 옛날 많은 돈이나 재물을 격려의 수단으로 삼아 사람을 유인해서 일을 하도록 시켰던 것을 말한다.

例　如果没有人愿意干的话，就加工资，重赏之下必有勇夫。
　　我相信，重赏之下必有勇夫，多给钱，再危险的活都有人愿意干。
　　重赏之下必有勇夫，像现在这样勇夫懦夫、有功无功一律乱赏，肯定不行。

3 **一家人不说两家话** yìjiārén bù shuō liǎng jiā huà
한 집안 사람들은 서로 예의를 차리지 않는다

意思是自家人不说客气话。
'자기 집안 사람들끼리는 예의를 차려 말하지 않는다'는 뜻이다.

例　我们俩一家人不说两家话，你就别客气了。
　　我们一家人不说两家话，谁都别太见外。
　　咱们一家不说两家话，你需要什么尽管说。

对话6

张玲　哈哈，谁说的？我可是无利不起早的人啊。

刘晨　好好，算你狠。真羡慕你，可以到东方时尚的前沿去留学，可以感受最地道的韩版时尚。

张玲　是啊，近水楼台先得月，在不耽误学习的前提下，我会尽情感受时尚之都的魅力的。

- 前沿 qiányán 〔명〕 최전방
- 楼台 lóutái 〔명〕 누대
- 尽情 jìnqíng 〔부〕 하고 싶은 바를 다하여, 한껏, 실컷, 마음껏
- 魅力 mèilì 〔명〕 매력

1　无利不起早
wú lì bù qǐ zǎo 생기는 게 없으면 하지 않는다

"利"指"利益"、"好处"，"起早"泛指"多办事"——无利可图就不会加班加点。反过来说，谁特别忙，谁就在起劲地追逐利益。寓指某些人追名逐利，只要有好处可拿，就会肯出力，泛指对自己没有利益的事不会去做。

이익 될 것이 없으면 일을 더 하지 않는다. 거꾸로 말하면 '누군가 굉장히 바쁘다면 그 사람은 열심히 이익을 쫓고 있다'는 뜻이 된다.

例　他是个无利不起早的人，不会白帮你的。
　　现在活雷锋少了，无利不起早的人多了。
　　你要我帮忙，我可不会白帮你啊，我是无利不起早的人。

2　近水楼台先得月 jìn shuǐ lóutái xiān dé yuè
어떤 방법이나 방편을 이용하여 자신을 돌보고 이익을 챙기다, 가까이 있기 때문에 유리하다

水边的楼台先得到月光。比喻由于接近某些人或事物而抢先得到某种利益或便利。经过压缩也形成了成语"近水楼台"，不过有了些贬义。它往往用来讽刺那种利用某种方便而获得照顾，率先牟利的情况。

물가의 누대는 먼저 달빛을 얻을 수 있다. '어떤 사람이나 사물에 접근해서 가까이 있기 때문에 어떤 이익이나 편리함을 얻을 수 있다'는 뜻으로, 어떤 방법이나 방편을 이용하여 자신을 돌보고 이익을 챙기는 상황을 비유한다.

例　我的父亲是作家兼记者：要不是我近水楼台先得月，现在哪能写出这篇文章？
　　处于上海经济圈的常州，如何充分利用这一发展机遇，"近水楼台先得月"，主动与上海经济接轨，成了一个关键问题。
　　你旁边就是一个英语很棒的人，近水楼台先得月，还不赶快请他教教你。

对话7

刘晨　你要在韩国待好几年呢，慢慢来，欲速则不达。

张玲　嗯，刚去肯定要做一个大门不出二门不迈的模范学生。等有了一定的韩语基础，再说吧。

刘晨　对！功到自然成，努力学习就可以了。

□ 欲 yù 동 ~을(를) 하고자 하다, 원하다
□ 速 sù 형 빠르다, 신속하다
□ 达 dá 동 도달하다, 도착하다
□ 迈 mài 동 내디디다, 내딛다, 나아가다

1　欲速则不达 yù sù zé bù dá
일을 너무 서두르면 도리어 목적을 달성하지 못한다, 일을 빨리 하려고 하면 도리어 이루지 못한다

速：快；达：达到。指过于性急图快，反而不能达到目的。语出《论语　子路》。
《논어·자로》에 나오는 말로, 성질이 급해 너무 서두르면 도리어 목적을 달성하지 못한다는 뜻이다.

例　欲速则不达，踏踏实实走每一步。
　　中国高速列车行业应避免"欲速则不达"。
　　日本政府正竭力防止日元进一步升值，然而欲速则不达。

2　大门不出二门不迈 dàmén bù chū èrmén bú mài 집을 나가지 않아 다른 사람과의 접촉이 없다

大门：指总的门，外门（不是大大的门）；二门：大门以内的门；迈：举步走出。指从来不出家门与外人接触。
"大门"은 대문, "二门"은 대문 안쪽의 문을 가리킨다. 즉, '집을 나가지 않아 다른 사람과의 접촉이 없는 것'을 말한다.

例　现在每天大门不出二门不迈的学生已经不是好学生了。
　　第二个休息日，我们就大门不出二门不迈了，在家干活儿、看电视、看书、看报纸。
　　宅男宅女是自由思想和网络的衍生品，他们高举"自由"与"新人类"大旗，却终日大门不出二门不迈、深居简出。

3　功到自然成 gōng dào zìrán chéng 공을 들이면 자연히 성공한다

下了足够功夫，事情自然就会取得成效。出处明　吴承恩《西游记》。
출처는 명대 오승은의 《서유기》이며, '최선을 다해 충분히 노력하면 일은 당연히 성과를 얻게 된다'는 뜻이다.

例　功到自然成，他在经过了两个月的努力后终于通过了资格证考试。
　　别担心，功到自然成，你现在要做的只能是努力学习。
　　功到自然成，一个障碍、挫败或延迟只意味着一件事：现在还不是你实现目标的时刻。

阅读 生词

1. 标新立异 biāoxīn lìyì 성 새롭고 기발한 주장을 내놓아 남들과 다름을 나타내다
2. 裸露 luǒlù 동 드러내다, 노출하다
3. 下摆 xiàbǎi 명 (외투·상의·치마 등의) 하단, 아랫단
4. 动感 dònggǎn 명 생동감
5. 忙碌 mánglù 형 (정신 없이) 바쁘다, 눈코 뜰 새 없다
6. 宣泄 xuānxiè 동 (불만 등을) 털어놓다, 쏟아 내다, 발산하다
7. 张扬 zhāngyáng 동 떠벌리다, 퍼뜨리다
8. 源泉 yuánquán 명 사물 발생의 본원 (근원·근본)
9. 极致 jízhì 명 극치, 최고의 경지
10. 阔腿裤 kuòtuǐkù 명 통바지
11. 紧身衣 jǐnshēnyī 명 몸에 꼭 끼는 옷, 스킨타이츠
12. 妩媚 wǔmèi 형 (여자·꽃 등의 자태가) 사랑스럽다, 곱고 아름답다
13. 凝眸 níngmóu 동 응시(주시)하다, 눈여겨보다, 뚫어지게 보다
14. 追寻 zhuīxún 동 추적하다
15. 女郎 nǚláng 명 젊은 여성(여인)
16. 莫过于 mòguòyú 동 ~보다 더한 것은 없다
17. 雕塑 diāosù 동 조소(彫塑)하다
18. 玲珑 línglóng 형 정교(精巧)하고 아름답다
19. 璀璨 cuǐcàn 형 (옥 등의 광채가) 반짝반짝 빛나는 모양
20. 无可厚非 wúkě hòufēi 성 크게 비난할 것이 없다
21. 紧随 jǐnsuí 동 바싹 뒤따르다
22. 照搬 zhàobān 동 답습하다, 모방하다
23. 糅合 róuhé 동 혼합하다, 절충하다
24. 欧版 Ōubǎn 명 유럽식
25. 若隐若现 ruòyǐn ruòxiàn 성 보일 듯 말 듯하다
26. 考究 kǎojiu 동 깊이 생각하다, 신경 쓰다, 정성들이다
27. 青睐 qīnglài 명 총애, 호감, 인기
28. 追捧 zhuīpěng 동 열렬하게 추종하다, 사람을 받다

阅读 087

韩国产的，或者韩国设计，甚至在韩国销售的服装都被叫韩版服装。

标新立异的不对称设计，是"韩版"中最典型的款式设计。比如流行多年的裸露一侧肩部的单肩设计，给追求时尚的女孩们带来意外的惊喜。而这种不对称设计越来越多地出现在韩式女装上：裙长变得不规则不对称，裙子下摆被设计成斜线的不对称或完全的不规则，使穿着更有动感。领部的独特设计，前襟的不对称设计，都给夏日女装注入新鲜的感受。

最吸引人的地方还[1]在于它所运用的夸张手法，它满足了都市里忙忙碌碌的人们渴望宣泄的心情。个性的张扬就是快乐的源泉：宽就宽到极至的阔腿裤，瘦便瘦到极致的紧身衣。你可以妩媚到极致：纯白色紧身背心，嫩粉色的绣花长裤，一举手，一凝眸，都散发无尽的女性魅力；你也可以神秘到极致：黑色无带背心配黑色的阔腿长裤，本色的鱼网长裙，变身一个令人目光追寻的神秘女郎。

韩版女装最大的特点[2]莫过于对亚洲女性曲线的深刻了解和把握，完美地雕塑女性玲珑身材，更加地适合东方女性的穿衣需求。因此，百变的韩版女装在女性时装的大家庭里如此璀璨也就[3]无可厚非了。韩版女装的成功之处就在于它步步紧随欧美时尚，但是却不完全照搬欧美元素，它可以成功地把欧美版完美地糅合到东方的流行之中。东方人的审美，有东方的特点，而韩版女装，巧妙地借助欧美时尚，把东方人的审美体现出来。

在韩化欧版的时候，韩版女装更加重视细节。小花边的装饰，或者是金属纽扣的若隐若现，每个细节都能让你感觉到设计师的努力。再加上韩版女装的面料选用考究，而且版型也相当合体，因此受到许多女性的青睐和追捧。

语法重点 어법중점

1 在于：~에 달려있다, ~에 결정된다

반드시 뒤에 명사나 (짧은)구가 와서 목적어가 된다.

最吸引人的地方还在于它所运用的夸张手法。
这件事成功与否就在于他了。
这件事成败的关键在于资金来源是否可靠。

2 莫过于：~ 보다 더한 것은 없다, ~ 이상의 것은 없다

韩版女装最大的特点莫过于对亚洲女性曲线的深刻了解和把握，完美地雕塑女性玲珑身材，更加地适合东方女性的穿衣需求。
最大的幸福莫过于奉献。
人类最大的悲哀莫过于心死。

3 无可厚非：크게 비난할 것이 없다, 크게 비난할 수 없다

百变的韩版女装在女性时装的大家庭里如此璀璨也就无可厚非了。
从理论上看，这样做都是无可厚非的。
他这样说说你，也是无可厚非的。

练 习 연습문제

1 会话와 阅读 내용을 근거로 질문에 대답하시오.

1) 刘晨建议张玲去哪里买韩版衣服?

2) 张玲觉得留学中介的话怎么样?

3) 韩版服装最经典的款式是什么?

4) 韩版服装是怎么运用夸张手法的?

5) 韩版服装和欧美时尚的关系如何?

2 会话와 阅读 내용을 근거로 옳고 그름을 판단하시오.

1) 张玲没有刘晨的腰粗。（　　）

2) 刘晨觉得张玲可以考虑打工，因为张玲是男的。（　　）

3) 韩版服装满足了人们渴望宣泄的心情。（　　）

4) 韩版服装在面料的选择上很讲究。（　　）

5) 韩版服装没有欧美版那么更适合东方女性的穿衣需求。（　　）

3 다음 보기에서 알맞은 단어를 골라 빈칸을 채우시오.

> **보기**　反其道而行之　　肥水不流外人田　　聪明一世糊涂一时
> 　　　　大丈夫能屈能伸　　人生地不熟　　　　欲速则不达

1) 太热了，别人都穿着短袖，他却(　　　　　)，穿了大衣出来。

2) 这个挣钱的机会我想给姐姐，(　　　　　)嘛。

3) 你真是(　　　　　)，连这么明显的骗局都没有看出来。

4) 受点委屈算什么，(　　　　　)。

5) 我刚来这里，(　　　　　)。

6) 中国人喜欢说慢慢来，因为中国人相信(　　　　　)。

4 다음 주어진 단어를 이용하여 작문하시오.

1) 创意:

2) 中介:

3) 走形:

4) 前沿:

5) 尽情:

6) 魅力:

5 다음 주어진 문장의 대화를 완성하시오.

1) A：你说在去韩国之前要不要买几件韩版衣服啊？

   B：我说你这人，_____？韩版衣服为什么在国内买呢？去了韩国再买不是更好吗？

2) A：国内的韩版衣服也有质量和款式都不错的 。

   B：我说你别不信，_____，你去了韩国一比就知道了。

3) A：咱一家人不说两家话，你肯定不会赚我的钱，对不？

   B：哈哈，谁说的？_____。

4) A：真羡慕你，可以到东方时尚的前沿去留学，可以感受最地道的韩版时尚。

   B：是啊，_____，在不耽误学习的前提下，我会尽情感受时尚之都的魅力的。

6 다음 단문의 ( )에 들어갈 알맞은 어휘를 고르시오.

1) 韩版女装最大的特点（　　）对亚洲女性曲线的深刻了解和把握，完美地雕塑女性玲珑身材，更加地适合东方女性的穿衣需求。因此，百变的韩版女装在女性时装的大家庭里如此璀璨也就（　　）了。韩版女装的成功之处就（　　）它步步紧随欧美时尚，但是却不完全照搬欧美元素，它可以成功地把欧美版完美地糅合到东方的流行（　　）。

A	莫过于	不知所措	在于	之间
B	超过与	理所当然	关于	之内
C	不过于	无论如何	对于	之外
D	莫过于	无可厚非	在于	之中

2) 目前，我国相当一部分企业将薪酬当做对员工（　　）激励的唯一手段或者最重要的手段，相信（　　），只要工资高，一切都好办；只要支付了足够的薪水，企业在人力资源管理方面就可以减少很多的麻烦，比如更容易招聘到一流的员工，员工更不容易离职，以及更便于向员工（　　）努力工作的压力等等。

A	加以	众人拾柴火焰高	增加
B	进行	重赏之下必有勇夫	施加
C	来	一个好汉三个帮	施以
D	经过	一人得道鸡犬升天	加以

 관용 표현

- 走后门 zǒu hòumén　뒷거래를 하다, 뒷문으로 거래하다
  新来的领导很廉洁，谁也别想走后门。
  새로 부임한 사장은 청렴하니 뒷거래 할 생각은 하지 마라.

- 走弯路 zǒu wānlù　돌아가다, 헛수고하다
  他因为不知道该怎么办，走了很多弯路。
  그는 어떻게 할 줄 몰라 헛수고를 많이 했다.

- 走老路 zǒu lǎolù　옛 방법대로 일을 처리하다
  由于没有父母的严加管教，这回他又走老路，再一次被送进了管教所。
  부모의 엄격한 훈육이 없어 이번에도 그는 예전처럼 해서 또 다시 소년원에 보내졌다.

- 走下坡路 zǒu xiàpōlù　내리막길을 걷다, 점점 더 악화되다
  我弟弟最近迷上了玩电脑游戏，学习一直在走下坡路。
  내 남동생 최근에 컴퓨터 오락게임에 빠져, 성적이 계속 내리막길을 치닫고 있다.

- 走着瞧 zǒuzheqiáo　(되어가는 형편을 보며) 두고 보자
  走着瞧！不听老人言吃亏在眼前。
  두고 봐라! 어른 말 안 들으면 손해 본다.

第10课

时尚不夜城——东大门

　　东大门市场以深夜购物者众多而闻名。每天晚上从各地涌来的批发零售商的车辆成为这里的一大景观。

会话 088

张玲　田光，我都来韩国两个星期了，还没有去过东大门呢，今天你陪我去吧。

田光　东大门？那里对我来说是八抬大轿请不去的地方。

张玲　为什么啊？你如果不带我去，我又不会韩语，我一个人去了肯定被人卖了还帮人数钱呢。

田光　说实话，我不是不想带你去，是那里太大，太复杂，我保证你转半圈下来就只比死人多口气了。

张玲　可是那么有名的地方，我真的想去啊。求你了，我昨天请你吃的饭不能白请了啊。

田光　真是吃人家的嘴软，拿人家的手短。好吧，我陪你去，我陪你去。

张玲　哈哈，吃人家饭，受人家管嘛。每个周末我都会请你吃饭的，直到我转完我想去的所有地方。

田光　好好，我今天吃个哑巴亏。快走吧。不过啊……

张玲　不过什么啊？

田光　我们丑话说在前头，到时候别说累啊。

张玲　走走，我肯定不会说的。

（到了东大门）

张玲　哇，这就是有名的东大门啊？拿北京的秀水市场和这里比，真是不比不知道一比吓一跳啊！这么大啊！

田光　两个市场一个天上一个地下，你如果想把东大门都转完了，那真是比登天还难。

张玲　这里的衣服都好漂亮啊，不过对我这个穷学生来说，都不便宜，不过便宜没好货，好货不便宜，我打算买几件。

田光　这里可是韩国时尚界的晴雨表，风向标啊。都是最时髦的款式。

张玲　原来在家都是花爸妈的钱，见了喜欢的衣服，不管三七二十一就买。

田光　现在自己管自己了，开始明白不当家不知道柴米贵了吧？

张玲　是啊！哎，几点了？我都困了，怎么人反而越来越多呢？

田光　这里是有名的不夜城啊。晚上人才多呢。你现在知道秀水和这里是怎么地不可同日而语了吧？

对话1

张玲　田光，我都来韩国两个星期了，还没有去过东大门呢，今天你陪我去吧。

田光　东大门？那里对我来说是八抬大轿请不去的地方。

张玲　为什么啊？你如果不带我去，我又不会韩语，我一个人去了肯定被人卖了还帮人数钱呢？

　　　　　　　　　　　　　　　　　　　　□ 八抬大轿 bātái dàjiào　명 팔인교

1　八抬大轿请不去 bātái dàjiào qǐng bú qù 아무리 좋은 특혜를 주어도 가지 않는다

八抬大轿指的是隆重的接待或很高的待遇。"八抬大轿请不去"表示态度很坚决，给再多的好处也不会去。

"八抬大轿" 팔인교(8명이 메는 큰 가마)는 융숭한 대접과 좋은 대우를 가리킨다. "팔인교 가마를 가지고 와서 청해도 가지 않는다"는 말은 '그 아무리 좋은 특혜를 베풀어 준대도 가지 않는다'는 단호한 태도를 의미한다.

例　我去？那个地方，你拿八抬大轿请我都不去。
　　那个八抬大轿请不去的人，怎么今天亲自去了呢？
　　别再求他了，他是八抬大轿请不去的人。

2　被人卖了还帮人数钱 bèi rén mài le hái bāng rén shǔ qián
속아도 속은 줄 모르고 오히려 속인 사람을 돕다

表示被骗了还不知道，而且还在帮着骗子做事情或者感谢骗子。

'사기를 당하고 그 사실도 알지 못하고 그 사기꾼 일을 돕거나 오히려 감사해 하는 것'을 의미한다.

例　我看你太天真了，别被人卖了还帮人数钱。
　　你缺心眼啊？别被人卖了还帮人数钱。
　　原来我是被人卖了还帮人数钱的傻子。

对话2

田光　说实话，我不是不想带你去，是那里太大，太复杂，我保证你转半圈下来就只比死人多口气了。

张玲　可是那么有名的地方，我真的想去啊。求你了，我昨天请你吃的饭不能白请了啊。

1　**只比死人多口气** zhǐ bǐ sǐ rén duō kǒuqì 초죽음 상태가 되다

死人是没有呼吸的，没有气的。如果只比死人多口气的话，说明很累，或者身体很虚弱，基本上已经接近死人了。

죽은 사람은 호흡이 없고 숨을 쉬지 않는다. 죽은 사람의 입김과 비교할 정도라는 것은 '힘들거나 몸이 허약하거나 어떤 일을 하다가 죽은 사람과 거의 비슷하게 되거나 녹초가 되다'라는 뜻이다.

例　陪老婆逛了一天商场，我现在只比死人多口气了。
　　你身体这么弱啊，干了这么一点活儿就好像只比死人多口气似的。
　　我都被他气得只比死人多口气。

> **对话3**
>
> 田光　真是吃人家的嘴软，拿人家的手短。好吧，我陪你去，我陪你去。
> 张玲　哈哈，吃人家饭，受人家管嘛。每个周末我都会请你吃饭的，直到我转完我想去的所有地方。

1　吃人家的嘴软，拿人家的手短 chī rénjia de zuǐ ruǎn, ná rénjia de shǒu duǎn
다른 사람에게 선물이나 뇌물을 받으면 일을 공정하게 처리할 수 없다

比喻得了别人好处，就不能秉公办事，或者就得帮人家办事，听人家的话。
남의 것을 먹은 사람은 입이 부드럽게 된다는 말로, 남에게 얻어 먹으면 남이 잘못하더라도 싫은 소리 못한다. 즉 '다른 사람에게 선물이나 뇌물을 받으면 일을 공정하게 처리할 수 없다'는 뜻이다.

例　你收了人家的礼，就得替人家办事，吃人家的嘴软，拿人家的手短。
　　我现在都听你的，你请我吃了这么多，吃人家的嘴软，拿人家的手短。
　　你去给他送点礼，俗话说吃人家的嘴软，拿人家的手短。

2　吃人家饭，受人家管 chī rénjia fàn, shòu rénjia guǎn
남의 밥을 먹으면 그 사람을 위해서 일을 해야 한다

指受了别人的恩惠，拿了别人的好处，就要受到人家的管束，就要按照人家的要求去做，或者就要为人家工作。
남의 밥을 먹으면 남의 관리와 구속을 받게 된다. 즉 '다른 사람의 요구에 따라 일을 하고 그 사람을 위해서 일을 해야 한다'는 뜻이다.

例　不听老板的怎么可以，吃人家饭，受人家管。
　　老板想骂谁就骂谁，谁都不敢说话，真是吃人家饭，受人家管。
　　在公司里，都得听老板的，吃人家饭，受人家管。

对话4

田光　好好，我今天吃个哑巴亏。快走吧。不过啊……
张玲　不过什么啊？
田光　我们丑话说在前头，到时候别说累啊。
张玲　走走，我肯定不会说的。

▫ 哑巴亏 yǎbakuī 명 남에게 말 못 할 손해
▫ 丑话 chǒuhuà 명 단도직입적인 말, 꾸밈없이 솔직한 말

1　吃哑巴亏 chī yǎbakuī 벙어리 냉가슴 앓듯 하다

自己遭受暗算或受损吃亏，不敢声张或无法申诉，只好自认吃亏。

'손해를 보고도 호소할 곳이 없거나 감히 소리를 내지 못한다, 고충이 있지만 말하지 못한다'의 뜻으로 '벙어리 냉가슴 앓듯 하다'는 우리말과 유사하다.

例　他害怕自己的事情泄漏，只好吃了那个哑巴亏。
　　天不怕，地不怕，绝对不低着头吃哑巴亏。
　　人民币一定要成为国际货币，才能摆脱老吃哑巴亏的局面。

2　丑话说在前头 chǒuhuà shuō zài qiántou 툭 터놓고 말하다

不中听的话先说出来以免发生矛盾。

'귀에 거슬리는 소리를 먼저 이야기해 문제가 발생하는 것을 피한다'는 뜻이다.

例　把丑话说在前头，可以避免未来的摩擦。
　　咱们把丑话说在前头，别到时候闹得不高兴。
　　丑话说在前头好了，多少互相都有个准备。

对话5

张玲　哇，这就是有名的东大门啊？拿北京的秀水市场和这里比，真是不比不知道一比吓一跳啊！这么大啊！

田光　两个市场一个天上一个地下，你如果想把东大门都转完了，那真是比登天还难。

> 秀水市场 Xiùshuǐ Shìchǎng 명 슈수이 스창 (베이징의 유명한 쇼핑가. 주요 판매품은 보세의류, 중국기념품, 실크제품)

1　不比不知道一比吓一跳 bù bǐ bù zhīdào yì bǐ xià yí tiào 봐서는 그 차이를 몰라도 비교해 보면 그 차이에 놀란다

不经过比较，不知道差别，经过了比较才知道差别很大。
'비교하지 않으면 모르는데 일단 비교하면 그 차이에 깜짝 놀란다'는 뜻이다.

> 例　早听说他比我的汉语好很多，今天一见他，真是不比不知道一比吓一跳！
> 很多事情都是不比不知道一比吓一跳！
> 昨天去了大学路，原来听说和北京的五道口差不多，去了才知道差别有多大，真是不比不知道一比吓一跳！

2　一个天上一个地下 yí ge tiānshàng yí ge dìxià 차이가 매우 크다

比喻差别很大。
하나는 하늘이고 하나는 땅이라는 말은 차이가 아주 큰 것을 비유한다.

> 例　他大儿子勤奋刻苦事业有成，二儿子却游手好闲一事无成，真是一个天上一个地下。
> 我和他的汉语水平，一个天上一个地下。
> 他们俩对我的态度，真是一个天上一个地下。

3　比登天还难 bǐ dēngtiān hái nán 매우 어렵다, 불가능하다

比喻非常难，基本没有实现的可能。
하늘에 오르는 것보다 어렵다. 즉 매우 어려워 기본적으로 실현 불가능함을 비유한다.

> 例　这任务简直比登天还难。
> 让孩子学习简直比登天还难，他们更爱看电视。
> 艾滋病是一个难以逾越的问题，要解决它比登天还难。

对话6

张玲　这里的衣服都好漂亮啊，不过对我这个穷学生来说，都不便宜，不过便宜没好货，好货不便宜，我打算买几件。

田光　这里可是韩国时尚界的晴雨表，风向标啊。都是最时髦的款式。

张玲　原来在家都是花爸妈的钱，见了喜欢的衣服，不管三七二十一就买。

> □ 晴雨表 qíngyǔbiǎo 몡 청우계(대기의 압력을 측정하여 날씨의 변화를 예측하는 계기), 척도, 기준, 바로미터
> □ 风向标 fēngxiàngbiāo 몡 풍향계, 척도, 기준

1　便宜没好货，好货不便宜
piányi méi hǎohuò, hǎohuò bù piányi 싼 게 비지떡이다

指好的东西一般都贵，便宜的东西一般质量都不好。也可以说：一分钱一分货。

싸면 좋은 물건 없고, 좋은 물건은 결코 싸지 않다. 즉 좋은 물건은 일반적으로 비싸고, 싼 물건은 일반적으로 품질이 좋지 않다는 뜻으로 1원짜리 물건은 1원의 가치, 100원짜리 물건은 100원의 가치가 있다(一分钱一分货)'는 뜻과 유사하다.

例　你就只知道图便宜，但是便宜没好货，好货不便宜啊。
　　招聘员工也适用便宜没好货，好货不便宜原则。
　　我10块钱买的鞋，刚穿几天就坏了，真是便宜没好货，好货不便宜。

2　不管三七二十一 bùguǎn sān qī èrshíyī 무턱대고, 앞뒤 가리지 않고

不顾一切，不问是非情由。出自：明　冯梦龙《警世通言》。

전국시기, 소진은 제나라 임치에 도착하여 제현왕을 만나서 같이 진나라와 싸울 것을 권유하였다. 제현왕은 제나라에 군사가 부족하다는 이유로 거절하자 소진은 "제나라 수부 임치에만도 거주 인구가 7만호가 되는 것 같은데 한 가정에서 남자 세 명만 군사로 모집하여도 21만 대군이 되지 않소? 그렇게 많은 병력이 있는데 또 군사를 모집할 필요가 있겠습니까?" 하고 말하였다. 후에 사람들은 "不管三七二十一"의 의미를 더 넓혀서 사실의 원인을 따지지 않고 옳고 그름을 가리지 않고 우격다짐, 마구잡이로 일을 하는 것을 비유하는 말로 널리 사용하게 되었다.

例　他见到桌子上有吃的，不管三七二十一就吃了起来。
　　他不管三七二十一，骑上车就走了。
　　做事情要三思而后行，不能一有想法就不管三七二十一地去做。

对话7

田光　现在自己管自己了，开始明白不当家不知道柴米贵了吧？

张玲　是啊！哎，几点了？我都困了，怎么人反而越来越多呢？

田光　这里是有名的不夜城啊。晚上人才多呢。你现在知道秀水和这里是怎么地不可同日而语了吧？

□ 不夜城 búyèchéng　명　불야성
□ 同日而语 tóngrì'éryǔ　성　(성질이 다른 것을) 함께 취급하여 논하다, 한데 섞어 논하다

1 不当家不知道柴米贵
bù dāngjiā bù zhīdào chái mǐ guì
어떤 일을 경험해 보지 않으면 그 일이 얼마나 힘든지 알 수 없다

不掌管家里的日常事务，就不知道日常开销有多贵。也指凡事只有亲身经历之后才会明白其中的艰辛。
집안 살림을 하지 않으면 집안 살림에 필요한 땔감이나 쌀의 귀함을 모른다. 즉 '재무에 관한 일을 관리하지 않으면 많은 물건의 가격을 알 수 없다, 또한 어떤 일을 경험해 보지 않으면 그 일이 얼마나 힘든지 알 수 없다'는 뜻이다.

例　现在他自己管理自己了，才明白了"不当家不知道柴米贵"的道理。
　　孩子们长大后就会明白"不当家不知道柴米贵"的道理。
　　很多小年轻儿，不当家不知道柴米贵，随便花钱。

2 不可同日而语 bù kě tóngrì'éryǔ
함께 논할 수 없다, 함께 취급하여 이야기할 수 없다

不能放在同一时间谈论。形容不能相提并论，不能相比。来源于《战国策　赵策二》
함께 동일한 시간에 논할 수 없다, 즉 서로 비교가 되지 않는다, 대등하게 놓고 말할 수 없다, 같은 시간에 담론할 수 없다, 함께 제기해서 논할 수 없다, 함께 비교할 수 없다는 뜻이다. 출처는 《전국책·월책이》로 "남을 격파하는 것과 남에게 격파되는 것, 남을 신하로 부리는 것과 남에게 신하로 부림을 당하는 것을 어찌 같은 수준으로 말할 수 있는가?"라는 표현이 있다.

例　A和B不可同日而语，不能判断是A好还是B好，要根据语言环境来判断。
　　训练和教育不可同日而语。
　　伊战是一场复仇战争，与利比亚战争不可同日而语。

阅读 生词

1. 午夜 wǔyè 명 한밤중, 오밤중, 자정 전후의 시간
2. 塞车 sāichē 동 차가 막히다
3. 灯火通明 dēnghuǒ tōngmíng 등불이 매우 밝다
4. 熙熙攘攘 xīxī rǎngrǎng 성 왕래가 빈번하고 왁자지껄한 모양, 북적거리다
5. 诞生 dànshēng 동 탄생하다, 태어나다
6. 商街 shāngjiē 명 상가
7. 器皿 qìmǐn 명 (그릇 · 식기 등) 생활 용기(容器)의 총칭
8. 应有尽有 yīngyǒu jìnyǒu 성 온갖 것이 다 있다, 없는 것이 없다
9. 簇拥 cùyōng 동 (많은 사람들이) 빽빽하게 둘러싸다
10. 小摊点 xiǎotāndiǎn 명 작은 노점
11. 走红 zǒuhóng 동 잘나가다, 운수가 트이다
12. 赶制 gǎnzhì 동 시간에 맞춰 만들다, 서둘러 만들다
13. 兴旺发达 xīngwàng fādá 왕성하게 발전하다
14. 深夜 shēnyè 명 심야
15. 涌来 yǒnglái 몰려오다, 밀려오다
16. 景观 jǐngguān 명 구경거리가 되는 현상, 상황
17. 华灯初上 huádēng chūshàng 성 화려한 등불이 처음 밝혀질 때, 초저녁
18. 人头攒动 réntóu cuándòng 사람들이 떼를 지어 움직이다
19. 摩肩接踵 mójiān jiēzhǒng 성 어깨가 부딪치고 등이 스치다, 발 디딜 틈이 없을 정도로 붐비다

阅读

前不久，我的一位朋友来韩国出差，晚上办完事后他去了东大门购物。午夜1点多，我开车去接他，但市场附近道路塞车状况超出我的预想，平时5分钟的路，足足走了40分钟。只见市场上处处灯火通明，人流熙熙攘攘，车流更是将道路变成了移动停车场。从车窗向外看，午夜来此购物的多是年轻人，有韩国本地人，也有外国旅游者，英语、日本话、中国话……混在一起，[1]好不热闹。

东大门市场诞生[2]于1905年。自从这里被指定为服装批发商街之后，发展速度惊人。据称，约30个商场、3万多个商店以及5万多个制作厂商云集于此，使东大门成为首尔人人必到的繁华商业区，也是亚洲最大规模的批发市场之一。现在，东大门的物品[3]从各种小的流行装饰品到人参、器皿、服饰、玩具、首饰等等应有尽有，而且一般来说，价格比其他地方都要便宜，因此这里总是簇拥着地方城市的零售商和外国游人。

如今的东大门商业区不再只是小摊点的天下，而已经成为首尔时装界的"晴雨表"。走红影星的衣服一出现在电视屏幕上，东大门服饰设计师们就会熬夜赶制出一模一样的时装。第二天上午再去市场时，衣服已经高高挂在各商场最显眼的摊位上了。正因为这种追赶潮流的速度，东大门才得以兴旺发达。有人说东大门市场掌握着韩国服装界的潮流，此话不无道理。

东大门市场以深夜购物者众多而闻名。每天晚上从各地涌来的批发零售商的车辆成为这里的一大景观。从华灯初上的那一刻开始，购物者便越聚越多，逐渐形成人头攒动、摩肩接踵的阵势。

第10课 时尚不夜城——东大门

语法重点 어법중점

1 好不+형용사：매우, 아주, 몹시

쌍음절 형용사 앞에 쓰여 정도가 매우 심함을 긍정적으로 나타내며 감탄의 어기를 띈다. 단 '容易'가 오는 경우는 예외이다.

午夜来此购物的多是年轻人，有韩国本地人，也有外国旅游者，英语、日本话、中国话……混在一起，好不热闹。
好不高兴 = 好高兴
好不伤心 = 好伤心

2 于：~에서, ~에

"동사+ 于+시간/장소" 의 형식으로 쓰인다.

东大门市场诞生于1905年。
黄河发源于青海。
他毕业于北京大学。

3 从：~로부터

기점을 나타내며, "到，往，向"등과 함께 쓰인다.

东大门的物品从各种小的流行装饰品到人参、器皿、服饰、玩具、首饰等等应有尽有。
从开始上学到现在，她一直成绩很好。
这真是喜从天降。

练 习 연습문제

1 会话와 阅读 내용을 근거로 질문에 대답하시오.

1) 田光为什么不想去东大门？张玲为什么想去？
   _____
   _____

2) 田光为什么同意陪张玲去东大门了？
   _____
   _____

3) 与秀水市场相比，东大门怎么样？
   _____
   _____

4) 东大门的道路晚上变成了停车场，是什么意思？
   _____
   _____

5) 请说一下东大门的发展过程。
   _____
   _____

2 会话와 阅读 내용을 근거로 옳고 그름을 판단하시오.

1) 田光觉得应该告诉张玲韩国的米很贵。（　　）

2) 东大门是韩国发布天气预报的地方。（　　）

3) 东大门是一个著名的衣服批发市场。（　　）

4) 东大门附近的路晚上可以做停车场用。（　　）

5) 东大门有很多外国人。（　　）

3 다음 보기에서 알맞은 단어를 골라 빈칸을 채우시오.

> 보기　　便宜没好货，好货不便宜　　不比不知道一比吓一跳
> 　　　　一个天上一个地下　　　　不当家不知道柴米贵
> 　　　　丑话说在前头　　　　　　不管三七二十一

1) 和朋友做生意，最好(　　　　　)。

2) 他一听到有足球赛，就(　　　　　)打开了电视。

3) 你独立了就会明白(　　　　　)。

4) 他们俩的汉语水平，真是(　　　　　)。

5) 别嫌贵就不买，(　　　　　)。

6) 都说中国大，来了才知道有多大，真是(　　　　　)。

4 다음 주어진 단어를 이용하여 작문하시오.

1) 哑巴亏：
___

2) 丑话：
___

3) 晴雨表：
___

4) 风向标：
___

5) 不夜城：
___

6) 同日而语：
___

5 다음 주어진 문장의 대화를 완성하시오.

1) A：我都来韩国两个星期了，还没有去过东大门呢，今天你陪我去吧。

　　B：东大门？＿＿＿＿＿＿＿＿＿＿＿＿＿＿＿＿＿＿＿＿＿＿＿＿＿＿＿＿＿地方。

2) A：可是那么有名的地方，我真的想去啊。求你了，我昨天请你吃的饭不能白请了啊。

　　B：＿＿＿＿＿＿＿＿＿＿＿＿＿＿＿＿＿＿＿＿＿＿。好吧，我陪你去，我陪你去。

3) A：＿＿＿＿＿＿＿＿＿＿＿＿＿＿＿＿＿＿＿＿＿＿，到时候别说累啊。

　　B：走走，我肯定不会说的。

4) A：原来在家都是花爸妈的钱，见了喜欢的衣服，不管三七二十一就买。

　　B：现在自己管自己了，＿＿＿＿＿＿＿＿＿＿＿＿＿＿＿＿＿＿＿＿＿＿＿了吧？

6 다음 단문의 (　　)에 들어갈 알맞은 어휘를 고르시오.

1) 前不久，我的一位朋友来韩国出差，晚上办完事后他去了东大门购物。午夜1点多，我开车去接他，但市场附近道路塞车（　　）超出我的预想，平时5分钟的路，（　　）走了40分钟。只见市场上（　　）灯火通明，人流（　　），车流更是将道路变成了移动停车场。

A	情况	慢慢	各各	川流不息
B	状况	足足	处处	熙熙攘攘
C	境况	缓缓	路路	从不间断
D	路况	轻轻	大大	此起彼伏

2) 民众的幸福指数构成社会运行状况和民众生活状态的（　　），也成为社会发展和民心向背的（　　）。衡量一个社会的进步与发展，（　　）根本的标准是是否能够很好地满足民众的生存需求，是否能（　　）限度地满足人民群众的幸福要求。

A	原生态	原动力	最初	最后
B	说明书	风力记	最前	最强
C	风向标	晴雨表	最大	最为
D	晴雨表	风向标	最为	最大

PLUS 관용 표현

- 钻空子 zuān kòngzi 빈틈을 노리다
  小李真能钻空子！一有机会，就把他那套坏作风摆出来。
  샤오리는 틈만 생기만 못된 짓을 한다.

- 叶公好龙 yègōng hàolóng
  어떤 사물에 대해 겉으로는 좋아하는 듯 하나 실제로는 두려워하다
  他嘴里没有一句实话，说喜欢围棋，其实是叶公好龙。
  그가 하는 말은 모두 사실과 다르다. 바둑을 좋아한다고는 하는데 실제로는 잘 두지 못한다.

- 小年轻儿 xiǎo niánqīngr 젊은 사람, 젊은이
  小年轻儿们就是精力充沛。
  젊은이들이 정말로 씩씩하기 이를 데가 없어요.

- 四面八方 sìmiàn bāfāng 사면팔방, 사방팔방, 각 방면
  我们说话时，声波便开始向四面八方扩散。
  말을 하면 우리 말소리가 사방팔방으로 확산된다.

- 别老呆子呆子的 bié lǎo dāizi dāizi de 자꾸 바보라고 하지 마
  你别老呆子呆子的，你才是呆子呢。
  너 자꾸 나를 바보라고 하는 그러지 마. 그러는 너야말로 바보다.

第 11 课

走向世界的韩国电影

　　2004年，韩国电影同时扬威柏林、戛纳和威尼斯三大电影节，如此显赫的骄人成绩，使得韩国电影的振兴达到了一个黄金时代。

会话 🎧 098

田光　　张玲，听说你要去釜山电影节做志愿者？

张玲　　我刚递上去报名申请，八字还没一撇呢。

田光　　应该可以通过的，不过你的韩语水平……

张玲　　我笨鸟先飞，每天都在练着呢！

田光　　釜山电影节在国际上越来越有名，你能去做志愿者，一定要不蒸馒头，给中国人争口气啊。

张玲　　你放心吧，我是不打无准备之仗的人，除了练习韩国语外，我还对釜山的各个方面了解了一个底朝天。

田光　　对，多准备好，不怕慢，就怕站，每天都要努力准备。

张玲　　我还准备了很多应急的东西，不怕一万，就怕万一嘛。

田光　　对对。需要帮忙的话，我可以每天陪你练习一个小时韩国语和各种情景对话，不是说：常说口里顺，常做手不笨嘛。

张玲　　谢谢你！如果能被选上就好了。丑媳妇早晚也得见公婆，我的韩国语总算可以接受检验了。

田光　　我也喜欢看韩国电影，我觉得韩国电影情节细腻，丝丝入扣！

张玲　　哟，你不是原来很不喜欢韩国电影吗？

田光　　此一时，彼一时。我来了韩国后，看过很多部，慢慢开始喜欢上的。我还选了一门关于韩国电影的课呢。

张玲　　到时候写作业什么的，我可是打着灯笼都找不到的好帮手啊！

田光　　我早知道你是行家，所以我早就开始打如意算盘，到时候可以找你帮忙了。

张玲　　我觉得韩国电影虽然没什么大型特技效果，但是画面柔美。

田光　　还有呢？还有呢？你多说点，好记性不如烂笔头，我现在记下来。

张玲　　我也很喜欢法国、意大利电影，感觉它们像天鹅绒，高贵而有质感的 韩国电影则像丝绸，轻柔丝滑。

田光　　比喻得太好了，这个志愿者资格非你莫属了。

张玲　　你也多和其他同学聊聊，人多出韩信，智多出孔明嘛！

田光　　哈，你说得头头是道啊，真不敢想像你是怎么从韩国语斗大字不识一升，到现在能有勇气申请国际电影节志愿者的。

> **对话1**
>
> 田光　张玲，听说你要去釜山电影节做志愿者？
>
> 张玲　我刚递上去报名申请，八字还没一撇呢。
>
> 田光　应该可以通过的，不过你的韩语水平……
>
> 张玲　我笨鸟先飞，每天都在练着呢！

□ 电影节 diànyǐngjié 명 영화제
□ 志愿者 zhìyuànzhě 명 자원 봉사자
□ 撇 piě 명 한자의 필획(筆劃)인 'ㄐ'(삐침)

1 八字还没一撇 bāzì hái méi yì piě
일이 아직 윤곽 조차도 없는 상황이다

比喻事情毫无眉目。 "八"字第一笔是"ㄐ"，第一笔"ㄐ"都没写，怎么会有完整的"八"字。"八字还没一撇"最开始是用来形容男女婚姻的，"八字"是指男女的生辰八字。

일이 아직 윤곽조차도 없는 상황, 아직 시작 단계이기 때문에 일의 어떤 본래의 면모, 윤곽 조차도 없는 상황을 말한다. '"八"자의 첫 번 획인 삐침(ㄐ)을 아직 쓰지도 않았는데 어떻게 완전한 팔자(八字)가 있을 수 있겠는가'라는 뜻이다. 이 표현은 남녀의 혼사에서 처음으로 사용했는데 팔자가 사주팔자를 뜻하기 때문으로 중매 이야기가 시작 단계에서 이 용어(八字还没一撇)를 사용한데서 유래한다.

例　去韩国的事情，八字还没一撇呢。
　　他升职的事情，八字还没一撇呢，你就乱说啊？
　　八字还没一撇儿的事情，你也相信啊？

2 笨鸟先飞 bènniǎo xiānfēi 능력이 부족한 사람이 다른 사람보다 먼저 행동한다

行动笨拙的鸟要先飞。比喻能力差的人怕落后，做事比别人先动手。

둔한 새가 먼저 난다. 능력이 부족한 사람이 자신이 처질 것을 걱정하여 어떤 일을 할 때 다른 사람보다 먼저 행동에 옮기는 것을 비유한다.

例　他不是比别人聪明，而是笨鸟先飞而已。
　　我不如别人那么聪明，我会笨鸟先飞的。
　　在学习和工作中，笨鸟先飞很重要。

对话2

田光 釜山电影节在国际上越来越有名，你能去做志愿者，一定要不蒸馒头，给中国人争口气啊。

张玲 你放心吧，我是不打无准备之仗的人，除了练习韩国语外，我还对釜山的各个方面了解了一个底朝天。

---

1 **不蒸馒头，争口气** bù zhēng mántou, zhēng kǒuqì 사람됨이 씩씩하고 기상이 있다

形容做人有骨气，做人争气。就好像有人指责你事情办不好，对你说："不蒸馒头，争口气。"意思就是，别人越说你做不好，你就越要做好！和"不为五斗米折腰"意思相近。

원래는 "不蒸馒头，争口气"라는 표현으로 "蒸"과 "争"은 발음이 같기 때문에 대조적으로 쓴 것이다. '만두 찔 생각하지 말고 기(氣)를 쪄'라는 표현은 '헛발질 하지 말고 분발해라'의 의미이다. 사람 됨됨이가 씩씩하고 기상이 있다는 말로, 당신이 일 처리를 잘못하면 누군가 "不蒸馒头，争口气。"라고 하며 질책한다. 누군가가 당신이 잘못한다고 할수록 당신은 더 잘해야 하며, '약간의 봉록에 굽신거리지 않는다(不为五斗米折腰)'는 표현과 비슷하다.

例 我那样做，不为了其他的，只为不蒸馒头，争口气。
　　这次参加比赛，你一定要不蒸馒头争口气啊！
　　很多人很多时候很多事情上，其实都是不蒸馒头，争口气而已。

---

2 **不打无准备之仗** bù dǎ wú zhǔnbèi zhī zhàng 성심성의껏 준비해야 한다

指凡事都需要精心准备。

준비 없는 전쟁은 하지 않는다. 즉 '모든 일은 마음을 다해서 준비해야 한다, 성심성의껏 준비해야 한다'는 뜻이다.

例 我们决不打无准备之仗。
　　他是一个不打无准备之仗的人！
　　我们要在开始前认真研究，不打无准备之仗。

---

3 **底朝天** dǐcháotiān 아주 철저하게 하다

用来形容非常彻底、一干二净。

철저하고 완벽하게 하는 것을 형용한다.

例 他们会把这个地方翻个底朝天的。
　　就好像整个世界突然间被翻了个底朝天。
　　他会把这一片掀个底朝天的。我可给你说了，底朝天！

对话3

田光　对，多准备好，不怕慢，就怕站，每天都要努力准备。

张玲　我还准备了很多应急的东西，不怕一万，就怕万一嘛。

> 应急 yìngjí 동 긴급 상황에 대처하다, 임시변통하다

1　不怕慢，就怕站 bú pà màn, jiù pà zhàn
천천히 가는 것을 염려하지 말고 멈추어 서는 것을 걱정해라

不怕前进的速度慢，只怕站着不走。总的说来就是要上进，不能停滞不前。

앞으로 나아가는 속도가 느린 것을 걱정하지 말고, 멈추어 서서 나아가지 않는 것을 걱정해라. 전체적으로 '앞으로 나아가려는 마음을 가져야 멈추어 서서 나아가지 않아서는 안 된다'는 뜻이다.

例　无论做什么（事），不怕慢，就怕站。即使做得不快，也不能停下来。
　　我相信不怕慢，就怕站，所以任何时候我都在努力。
　　成功的人一般都相信不怕慢，就怕站。

2　不怕一万，就怕万一 bú pà yíwàn, jiù pà wànyī
발생할 확률이 크지 않더라도 발생할 가능성이 언제든지 있으니 항상 대비를 해야 하다

"一万"字面意思就是说一件事有一万倍发生的几率，"万一"字面意思是一件事有万分之一发生的几率。整句话的意思就是一件事情即使发生的几率不大，却仍有发生的可能，必须做好防范。

'일만(一万)'은 '어떤 일이 발생할 확률이 매우 크다'는 뜻이고, '만일(万一)'은 '어떤 일이 발생할 확률이 매우 희박하다'는 뜻이다. 너무 자주 발생하는 일은 늘 대비가 되어 있지만, 발생할 확률이 만분의 일이라면 무시하기 쉽다. 하지만 그 무시하는 만분의 일의 가능성을 가진 일이 발생해서 전체 일이 그르쳐질 가능성이 많다. 정말 걱정해야 할 것은 '만일(万一)'이다. 아주 가능성이 작은 일, '설마가 사람 잡는다'는 경우를 대비해서 주도면밀하게 준비해야 한다. '발생할 확률이 크지 않더라도 발생할 가능성이 언제든지 있으니 항상 대비를 해야 한다'는 뜻이다.

例　不怕一万，就怕万一，还是带着雨伞吧。
　　不怕一万，就怕万一，出门的时候要记得把煤气关了。
　　他每个月都存一部分钱，因为他觉得人生在世不怕一万，就怕万一。

对话4

田光 对对。需要帮忙的话，我可以每天陪你练习一个小时韩国语和各种情景对话，不是说：常说口里顺，常做手不笨嘛。

张玲 谢谢你！如果能被选上就好了。丑媳妇早晚也得见公婆，我的韩国语总算可以接受检验了。

□ 检验 jiǎnyàn 동 검증하다, 검사하다

---

1 常说口里顺，常做手不笨 cháng shuō kǒu lǐ shùn, cháng zuò shǒu bú bèn
자주 말해보고 자주 해본다, 부지런히 열심히 하다

就是说人要勤快才行。如果是需要说的东西，要经常说，如果是需要动手的东西要经常动手才可以，否则就会变得生疏，甚至忘记。

"말을 자주 하다보면 입이 자연스럽게 되고 자주 하다 보면 손도 둔하지 않게 된다."는 표현은 '부지런히 열심히 하다 보면 이루어진다'는 뜻이다. 해야 할 말은 자주 말해야 하고, 해야 할 일은 꾸준히 움직여서 해야 한다. 그렇지 않으면 서툴어지거나 심지어는 잊어버리게 된다.

例 学外语要常说，常说口里顺，常做手不笨嘛。
常说口里顺，常做手不笨，好久不做我都不知道怎么做了。
好多年不用英文，我都不会说了，看来真是常说口里顺，常做手不笨。

2 丑媳妇早晚也得见公婆 chǒu xífù zǎowǎn yě děi jiàn gōngpó 진면목을 보이다

比喻隐藏不住，总要露相。

"못생긴 며느리라도 조만간 시부모님을 봬야 한다"는 감추지 못하고 진면목을 드러냄을 비유한다.

例 学了这么多年英文了，丑媳妇总得见公婆，今天面试的时候要做一个英文自我介绍。
担心也没有用，丑媳妇总得见公婆。
丑媳妇总得见公婆，不知道国内的企业家们是否做好了准备迎接这次来自WTO的挑战。

对话5

田光　我也喜欢看韩国电影，我觉得韩国电影情节细腻，丝丝入扣！

张玲　哟，你不是原来很不喜欢韩国电影吗？

田光　此一时，彼一时。我来了韩国后，看过很多部，慢慢开始喜欢上的。我还选了一门关于韩国电影的课呢。

张玲　到时候写作业什么的，我可是打着灯笼都找不到的好帮手啊！

- 细腻 xìnì 형 (묘사나 연기 등이) 섬세하다, 세밀하다
- 丝丝入扣 sīsī rùkòu 성 (글·예술 등의 표현이) 매우 짜임새 있고 섬세하다
- 帮手 bāngshou 명 일을 거들어 주는 사람, 조수

1　**此一时，彼一时** cǐ yìshí, bǐ yìshí 그건 그때 얘기고 지금은 다르다

此：这；彼：那。那是一个时候，现在又是一个时候。表示时间不同，情况有了变化。 出自战国 孟轲《孟子　公孙丑下》。

그때는 그때고 지금은 지금이다. 즉 '시간이 다르고 상황에 변화가 생겼다'는 것을 의미한다.

例　他曾经那么挑剔，现在没有钱了不挑剔了，真是此一时，彼一时！
　　我早就不怕一个人走黑路了，此一时，彼一时嘛！
　　你就别那么讲究了，现在连喝的水都没有，还想洗澡，此一时，彼一时嘛！

2　**打着灯笼(都)找不到** dǎzhe dēnglong (dōu) zhǎobudào 쉽게 얻을 수 없다

指很难找到，不容易得到。也形容某人或物非常宝贵、难得，所以要懂得珍惜。

등불을 켜고도 찾을 수 없다. 즉 쉽게 얻을 수 없는 상태를 가리킬 때 사용한다.

例　我这样的人，打着灯笼都找不到。
　　他可是一位打着灯笼都找不到的好老师。
　　我不想失去像他那样的打着灯笼都找不到的朋友。

对话6

田光　　我早知道你是行家，所以我早就开始打如意算盘，到时候可以找你帮忙了。

张玲　　我觉得韩国电影虽然没什么大型特技效果，但是画面柔美。

田光　　还有呢？还有呢？你多说点，好记性不如烂笔头，我现在记下来。

张玲　　我也很喜欢法国、意大利电影，感觉它们像天鹅绒，高贵而有质感。韩国电影则像丝绸，轻柔丝滑。

- 行家 hángjia 명 전문가, 숙련가
- 算盘 suànpán 명 타산, 심산, 계획, 기대
- 特技 tèjì 명 특수 촬영, 특수 효과
- 柔美 róuměi 형 부드럽고 아름답다
- 笔头 bǐtóu 명 펜(붓) 끝
- 天鹅绒 tiān'éróng 명 우단, 벨벳, 비로드
- 质感 zhìgǎn 명 (예술품의) 실감, 박진감, 생동감
- 轻柔 qīngróu 형 가볍고 부드럽다
- 丝滑 sīhuá 명주처럼 매끄럽다

1　打如意算盘 dǎ rúyì suànpán
좋을 대로 해석하다

比喻一厢情愿地在心里想美事。
也形容沉溺于从好的方面打算的想法。
마음대로 주판알을 튕기며 계산한다.
즉, 어떤 문제를 고려할 때 '자신의 주관적인 바람에서 출발하고, 좋은 면에서 생각하다'라는 뜻이다.

例　你现在就不要打这如意算盘了。
　　他觉得这次选举将军们会一致通过，其实这只是他在打如意算盘。
　　这就是所谓蛋未孵出先数鸡（打如意算盘）吗？

2　好记性不如烂笔头 hǎo jìxing bùrú làn bǐtóu 좋은 기억력이 망가진 붓만 못하다

再好的记忆力，也有忘记的时候，但是如果用笔记下来了，忘记的时候翻来看看就会再记起来，指要经常用笔把学过的东西，或者自己认为重要的事情记下来。
둔필승총(鈍筆勝聰; 둔한 펜이 총명한 기억보다 낫다)이란 말로 아무리 좋은 기억력이라도 잊어버릴 때가 있다. 하지만 필기구로 써 두면 잊어버렸을 때 펼쳐보면 바로 기억할 수 있다. 그래서 '항상 필기구로 자신이 배운 것들이나 중요한 일들을 적으라는 것'을 강조하는 것이다.

例　好记性不如烂笔头，要常做笔记。
　　让你把要做的事情记下来，你不听，好记性不如烂笔头。
　　好记性不如烂笔头，所以要常动笔，不要只用脑记。

对话7

田光　比喻得太好了，这个志愿者资格非你莫属了。

张玲　你也多和其他同学聊聊，人多出韩信，智多出孔明嘛！

田光　哈，你说得头头是道啊，真不敢想像你是怎么从韩国语斗大字不识一升，到现在能有勇气申请国际电影节志愿者的。

- 非你莫属 fēinǐ mòshǔ 너여야만 한다
- 韩信 Hán Xìn 고유 중국 한(漢)나라 초의 무장
- 孔明 Kǒngmíng 고유 제갈량(諸葛亮)의 자(字)
- 升 shēng 명 되, 됫박 (곡식이나 액체·가루 따위의 분량을 재는 그릇)

1　人多出韩信，智多出孔明
rén duō chū Hán Xìn, zhì duō chū Kǒngmíng
사람이 많아지다 보면 한신보다도 낫고, 지혜가 많이 모이면 제갈공명보다도 낫다

韩信是古代的名将，孔明即诸葛亮，是古代有名的智者。人多了大家一起商量商量，完全可以超越韩信那样的绝世名将和诸葛亮那样的智者。表示要听取众多人的意见的意思。
한신은 고대의 명장, 공명은 제갈량을 말한다. 많은 사람이 함께 의논을 하게 되면 한신처럼 절세의 명장, 제갈량처럼 뛰어난 지혜로운 사람도 넘어설 수 있다. 즉 '많은 사람들의 의견을 들어보라'는 뜻이다.

例　你多问问其他人，人多出韩信，智多出孔明。

　　人多出韩信，智多出孔明，遇到事情要听取更多人的意见。

　　这个公司倒闭的原因是，老板不懂什么是人多出韩信，智多出孔明，太自以为是。

2　斗大字不识一升 dǒu dàzì bù shí yì shēng 낫 놓고 기역자도 모른다, 일자무식

升、斗，古时候用来计算谷、米等的容量单位，10升等于1斗，一斗大的字却不识一升，形容不认识字。常含贬义。
열 되(升)가 들어차야 한 말(斗)이 되는데, 전체 한 말(斗) 중에서 한 되도 모른다. 즉 '낫 놓고 기역자도 모른다'는 뜻이다.

例　父母都是斗大字不识一升的农民。

　　要是斗大字不识一升，你怎么在这个竞争如此激烈的社会上立足。

　　他从一个斗大字不识一升的小孩子，变成了一位博学多识的学者。

阅读 生词

1. 柏林 Bólín 고유 베를린
2. 戛纳 Gānà 고유 칸
3. 评委会 píngwěihuì 명 심사 위원회
4. 摘取 zhāiqǔ 동 (꽃·열매·잎 등을) 따다, 뜯다, 채취하다
5. 银狮奖 Yínshī jiǎng 명 (베니스영화제) 은사자상
6. 扬威 yángwēi 동 뽐내다, 위세를 부리다
7. 威尼斯 Wēinísī 고유 베네치아
8. 显赫 xiǎnhè 형 (권세·명성 등이) 찬란하다, 빛나다
9. 骄人 jiāorén 동 자랑스럽다, 긍지를 느끼다
10. 振兴 zhènxīng 동 진흥하다, 흥성하게 하다
11. 黄金时代 huángjīn shídài 명 황금 시대
12. 审查制度 shěnchá zhìdù 명 심의(심사, 검열) 제도
13. 挑剔 tiāoti 동 (결점·잘못 따위를) 들추다, 지나치게 트집 잡다
14. 暴力 bàolì 명 폭력
15. 恐怖 kǒngbù 형 공포를 느끼다, 무섭다, 두렵다
16. 灵异 língyì 명 신선과 요괴
17. 情色 qíngsè 감정적 색채
18. 配额 pèi'é 명 할당액, 배정액, 배당액
19. 本土 běntǔ 명 본토, 고향
20. 金融风暴 jīnróng fēngbào 명 금융 위기
21. 爆发 bàofā 동 돌발하다, 갑자기 터져 나오다, 발발하다
22. 避难所 bìnànsuǒ 명 피난처, 은신처
23. 财阀 cáifá 명 재벌
24. 推波助澜 tuībō zhùlán 성 (주로 나쁜 일이) 커지도록 조장하다, 불난 집에 부채질하다, 사태가 번지도록 선동하다
25. 数码 shùmǎ 명 디지털(digital)
26. 影像 yǐngxiàng 명 영상

阅读

2004年2月韩国导演金基德,以《撒玛利亚女孩》在柏林拿下了最佳导演奖。同年5月,朴赞旭的《老男孩》在法国戛纳获得评委会大奖。2004年9月份,导演金基德的《空房间》在威尼斯,摘取最佳导演银狮奖。2004年,韩国电影[1]同时扬威柏林、戛纳和威尼斯三大电影节,如此显赫的骄人成绩,[2]使得韩国电影的振兴达到了一个黄金时代。

韩国电影为什么能取得如此大的成就?是什么原因成就了韩国电影?

一,废除了电影审查制度以电影分级制度取而代之。韩国的电影审查制度叫"电影剪阅制度",当时的"剪阅"是非常挑剔和严格的。主要剪阅对象是:暴力的,恐怖的,灵异的都是剪阅和限制的范围。电影等级制度实行后,那些曾被电影审查制度禁止的政治、情色与暴力的电影受到了欢迎,并开始在国内和国际获奖。

二,电影配额制度,又叫义务上映制度。韩国政府强制规定韩国电影院,每年每个厅都必须上满146天的本土电影;韩国全国的电视台,也必须播放一定时数比例的韩国国产电影。因为电影配额制的存在,韩国本土的电影才得以振兴,并且有了一个新的高峰。这是韩国电影人的共识。

三,充足的资金来源。1997年的亚洲金融风暴间接帮助了韩国电影。金融风暴爆发后,手上仍有资金的韩国企业家苦于无出路。屏幕配额制度使韩国电影成了较有保障的资金避难所,大企业的财阀们开始更愿意投资电影。

四,三大电影节为韩国电影的振兴推波助澜。这就是[3]以推出综合电影为主的"釜山国际电影节"、以推出数码影像为中心的"全州国际电影节",还有以推出幻想电影为主的"富川Fantastic电影节"。

语法重点 어법중점

1 **〜同时**：동시에

동작 행위가 동시에 발생하다의 뜻을 나타내는 부사로 동사 앞에 쓰인다.

韩国电影同时扬威柏林、戛纳和威尼斯三大电影节，如此显赫的骄人成绩，使得韩国电影的振兴达到了一个黄金时代。
这两个技术员同时被录用了。

※ 在 〜 同时의 형식으로 쓰여 부사어가 된다. 이때 "在"는 생략이 가능하다.
　(在)吃药的同时也要注意休息。

2 **使得**：(의도·계획·사물 따위가) ~한 결과를 낳다, ~ 하게 하다

韩国电影同时扬威柏林、戛纳和威尼斯三大电影节，如此显赫的骄人成绩，使得韩国电影的振兴达到了一个黄金时代。
他的一席话使得我深为感动。
这次战争使得清王朝的经济水平急剧下滑。

3 **以 〜 为**：~을 ~(으)로 하다(보다, 여기다, 생각하다)

这就是以推出综合电影为主的"釜山国际电影节"、以推出数码影像为中心的"全州国际电影节"， 还有以推出幻想电影为主的"富川Fantastic电影节"。
这部短篇小说集里以描写农村的作品为多。
父母都以自己的孩子为骄傲。

练习   연습문제

1 会话와 阅读 内容을 근거로 질문에 대답하시오.

1) 张玲对去做志愿者有信心吗?

2) 张玲为了去当志愿者都做了哪些准备?

3) 田光会在哪方面帮助张玲?

4) 说说韩国电影都在国际上取得了哪些成就。

5) 韩国电影在国际上取得那些成就的原因是什么?

2 会话와 阅读 内容을 근거로 옳고 그름을 판단하시오.

1) 张玲去做志愿者的事情已经确定了。(   )

2) 张玲是一个干什么都认真准备的人。(   )

3) 田光早就打算做作业时让张玲帮忙了。(   )

4) 韩国的放映厅一年必须有超过一半的时间上映韩国本土电影。(   )

5) 1997年的金融风暴为韩国电影的发展创造了条件。(   )

3 다음 보기에서 알맞은 단어를 골라 빈칸을 채우시오.

> 보기 斗大字不识一升   好记性不如烂笔头
> 　　　人多出韩信，智多出孔明   打如意算盘
> 　　　此一时，彼一时   常说口里顺，常做手不笨

1) 我们现在是贫苦期，(　　　　　)，你就别那么讲究了。

2) 上课要常做笔记，(　　　　　)嘛。

3) 你多征求一些人的意见，(　　　　　)。

4) 别在这里(　　　　　)，谁也不会上你的当的。

5) 这里的人大部分(　　　　　)。

6) 学外语就要多说常说，(　　　　　)。

4 다음 주어진 단어를 이용하여 작문하시오.

1) 应急：

_____

2) 底朝天：

_____

3) 细腻：

_____

4) 行家：

_____

5) 柔美：

_____

6) 非你莫属：

_____

5 다음 주어진 문장의 대화를 완성하시오.

1) A：听说你要去釜山电影节做志愿者？

   B：我刚递上去报名申请，_____。

2) A：多准备好，不怕慢，就怕站，每天都要努力准备。

   B：我还准备了很多应急的东西，_____。

3) A：需要帮忙的话，我可以每天陪你练习一个小时韩国语和各种情景对话，不是说：
   _____。

   B：谢谢你！如果能被选上就好了。

4) A：我来了韩国后，看过很多部，慢慢开始喜欢上的。我还选了一门关于韩国电影的课呢。

   B：到时候写作业什么的，我可是_____！

6 다음 단문에서 ( )에 들어갈 알맞은 어휘를 고르시오.

1) 韩国政府（　　）规定韩国电影院，每年每个厅都必须上满146天的（　　）电影；韩国全国的电视台，也必须播放一定时数（　　）的韩国国产电影。因为电影配额制的存在，韩国本土的电影才（　　）振兴，并且有了一个新的高峰。

A	强要	本国	比较	可以
B	强制	本土	比例	得以
C	牵制	本国	比例	可以
D	要求	本土	必是	得以

2) 无论何时，一（　　）过硬的技术本领总是说服别人、证明你优秀的有效方式之一，所谓："（　　）一伸手，就知有没"，你有的，别人没有，你才能是这个位置上的（　　）人选。充电、培训，是这一类人职业生活的主旋律。在当今这样的竞争环境中，你只能不停地奔跑，停下来，或者跑慢了，别人就会追上你，那个职位就不是（　　）了。

A	手	内行	最好	一纵即逝
B	把	外行	最高	可望不可即
C	个	人家	最美	守株待兔
D	身	行家	最佳	非你莫属

PLUS 관용 표현

- **弹丸** dànwán (탄궁의) 탄환, (총탄의) 탄두, 탄환, 협소한 곳, 비좁은 장소
  那个弹丸之地，竟然出了那么多名人。
  그 협소한 지역에서 생각 외로 유명한 인물들이 많이 나왔다.

- **一盘棋** yìpánqí 장기 한 판, 전반적 국면, 전체 국면
  旅游业是一盘棋，需要各个部门的协调合作。
  여행업은 서로 연계되어 있어 각 부문이 협조해야 한다.

- **没商量** méi shāngliang (이미 결정되어) 상의(의논)의 여지가 없다
  这个人很狡猾，骗人没商量。
  이 사람은 굉장히 교활하여 여지 없이 사람을 속일 것이다.

- **雷声大雨点小** léishēng dà yǔdiǎn xiǎo
  천둥은 크지만 빗방울은 작다, 소문만 요란하고 실속은 없다
  这次峰会依然会成为另一次雷声大雨点小，无法拯救欧元的峰会。
  이번 정상회담은 선전만 그럴 듯 했지 유로화에 대한 실질적인 구제 방안은 없었다.

- **江山易改本性难移** jiāngshān yì gǎi běnxìng nán yí
  강산은 바꾸기 쉬워도 타고난 본성은 바꾸기 어렵다
  你永远都是你自己，江山易改本性难移。
  천성을 어떻게 바꾸겠어, 어쩔 수 없이 너는 너야.

第 12 课

韩语热

随着韩国的大众文化逐步推广,学习韩国语的人也开始大增。

会话

张玲　田光，我发现现在越来越多的人关注我的微博，我的粉丝越来越多了。

田光　是吗？是不是有很多僵尸粉啊？

张玲　你真是狗嘴里吐不出象牙！告诉你，我的粉丝没有一个是僵尸粉！

田光　我跟你开玩笑的，我昨天看你的微博了，好像一夜之间就多了那么多粉丝似的。你施了什么招数呢？

张玲　我最近经常发一些韩国艺人的消息，还坚持每天发一条"常用韩国语"。很多人转发我的微博，也有很多人要求和我互粉。

田光　呵呵，你真是好为人师啊，你在国内靠发和汉语水平考试有关的东西赚国外粉丝，现在又开始发韩语的东西，赚国内的粉丝了。

张玲　呵呵，让你都看穿了啊。不过我的这些粉丝真给力，我的很多微博都被转发了几十次。

田光　说明越来越多的人开始学习韩语了呗。我原来还当过一个网站的韩语学习版块的斑竹呢。

张玲　啊，对！我想起来了，当时我还常进去灌水呢。

田光　我当时发的每个帖子都有很多人跟帖。

张玲　是啊，可惜你来韩国后，就不再当斑竹啊。我现在开始担心……

田光　担心什么？

张玲　担心我成微博控。

田光　别担心了，因为你已经成为微博控了，哈哈。不过你在成为微博控的同时，也为韩国语热添火加柴了啊。

张玲　可是我每天都很纠结，一方面怕耽误我学习，但是另一方面又想也许很多人通过我的微博学习韩语呢。

田光　这个另一方面，你就别担心了，你以为你的气场有那么大啊？韩国政府在通过各种渠道推广韩国语，比你的气场大多了，你的粉丝除了你的微博还有很多很多学习韩国语的渠道呢。

张玲　唉，你说得对是对，可是……可是，你这个人就不能给人家一点儿正能量，鼓励一下人家嘛！

田光　哟哟，快去发你的微博吧，别在这里冲我卖萌了。

张玲　你真讨厌，不理你了。

> **对话1**
>
> 张玲　田光，我发现现在越来越多的人关注我的微博，我的粉丝越来越多了。
> 田光　是吗？是不是有很多僵尸粉啊？

1　微博 wēibó 중국판 트위터, 미니 블로그

即微博客（MicroBlog）的简称，中国版twitter。最早也是最著名的微博是美国twitter。2009年8月中国门户网站新浪推出"新浪微博"内测版，成为门户网站中第一家提供微博服务的网站，微博正式进入中文上网主流人群的视野。2011年10月，中国微博用户总数达到2.498亿，成为微博用户世界第一大国。

마이크로 블로그의 명칭으로 중국판 트위터에 해당한다. 가장 유명한 미국 트위터를 선발로 하여 2009년 8월 중국의 대표적 포털사이트인 "新浪"에서 "新浪微博"를 선보였다. 2011년 10월 중국 트위터 가입자가 2,498억 명에 이르는 세계 최대국이 되었다.

例　中国正在加紧对微博的管制。
　　很多机构已经开设了微博帐户。
　　中国的3亿微博用户可以说是地球上抑制革命的最大力量。

2　僵尸粉 jiāngshīfěn 블로그 상에서의 허구의 팬, 강시팬

所谓的僵尸粉是微博上的虚假粉丝，指花钱就可以买到"关注"，有名无实的微博粉丝，它们通常是由系统自动产生的恶意注册用户。手机用户注册时，僵尸粉是由系统自动产生的关注。

'강시팬'은 블로그 상에서의 허구의 팬으로, 돈을 주고 유명무실한 팔로워를 살 수 있으며 자동시스템에 의해 가입하게 된다. 핸드폰 가입자가 등록을 할 때 자동시스템에 의해 '강시팬' 팔로워가 생긴다.

例　他的很多粉丝都是僵尸粉。
　　我的粉丝掉了很多，是因为我删除了很多僵尸粉。
　　别单凭数量多这点就以为自己的粉丝多，他们中的一些可能是"僵尸粉"，也就是虚假粉丝。

对话2 🎧110

张玲　你真是狗嘴里吐不出象牙！告诉你，我的粉丝没有一个是僵尸粉！

田光　我跟你开玩笑的，我昨天看你的微博了，好像一夜之间就多了那么多粉丝似的。你施了什么招数呢？

□ 施 shī 동 가하다, 쓰다
□ 招数 zhāoshù 명 수단, 방법, 계책, 책략

1　**狗嘴里吐不出象牙** gǒu zuǐli tǔbuchū xiàngyá
개 주둥이에서 상아가 나올 수 없다, 나쁜 사람의 입에서는 좋은 말이 나올 수 없다

比喻坏人嘴里说不出好话来。
나쁜 사람 입에서 좋은 말이 나올 수 없음을 비유한다.

例　你们俩从来都是狗嘴里吐不出象牙。
　　你那狗嘴里也吐不出象牙来。
　　那个人那狗嘴里也吐不出象牙来，你别理他。

对话3

张玲　我最近经常发一些韩国艺人的消息，还坚持每天发一条"常用韩国语"。很多人转发我的微博，也有很多人要求和我互粉。

田光　呵呵，你真是好为人师啊，你在国内靠发和汉语水平考试有关的东西赚国外粉丝，现在又开始发韩语的东西，赚国内的粉丝了。

□ 艺人 yìrén 명 연예인
□ 赚 zhuàn 동 얻다

1 互粉 hùfěn 이웃 팔로워

指互为偶像、互当粉丝。在新浪微博中，指互相关注。
'서로 우상이 되고 팔로우 하는 것'을 말하며, 블로그 "新浪"에는 서로 팔로워가 되는 것을 말한다.

例　我刚开了微博，就有很多要求和我互粉。
　　我和他已经互粉好久了。
　　我不想和那些无聊的人互粉。

2 好为人师 hàowéi rénshī 스승 노릇하는 것을 좋아하다, 걸핏하면 잘난 체하며 남을 가르치려고 한다

好：喜欢；做；当。喜欢做别人的老师。形容不谦虚，自以为是，爱摆老资格，喜欢以教育者自居。出自《孟子　离娄上》第二十三章："人之患，在好为人师。"
'다른 사람의 스승 노릇하기를 좋아하다'라는 뜻으로, 겸허하지 못하고 잘난 척 하는 사람을 비유할 때 쓴다. 출처는 《맹자·이루 상》23장이다.

例　孟子曰："人之患，在好为人师。"
　　聪明的人好学习，愚蠢的人好为人师。
　　我不想让一些城里来的好为人师的人告诉我怎样管理农场。

对话4

张玲　呵呵，让你都看穿了啊。不过我的这些粉丝真给力，我的很多微博都被转发了几十次。

田光　说明越来越多的人开始学习韩语了呗。我原来还当过一个网站的韩语学习版块的斑竹呢。

□ 转发 zhuǎnfā 동 전파하다, 글을 퍼 나르다
□ 版块 bǎnkuài 명 인터넷상의 게시판

1 给力 gěilì 쓸모 있다, 끝내주다

中国北方的土话，表示给劲、带劲的意思。
所谓"不给力"就是形容和预想目标相差甚远，而"给力"一般理解为有帮助、有作用、给面子。
在2010年世界杯期间，"给力"开始成为网络热门词汇。

"给力"는 원래 중국 북방의 사투리로 '재미가 있다, 흥미롭다, 신이 나다, 자극적이다'의 뜻이다. "不给力"는 예상했던 것에 많이 미치지 못했을 경우에 쓰고, "给力"는 '도움이 되다, 영향을 주다, 체면을 살리다' 등에 쓰인다. "给力"는 2010년 월드컵 축구대회 기간에 인터넷 용어로 사용되기 시작했다.

例　你的解释太给力了。
　　有道词典（一种网络词典）就是这么不给力。
　　从游客流量来看，即将到来的8月将空前给力。

2 斑竹 bānzhú (= 版主 bǎnzhǔ) 관리자, 운영자

在网络语言（尤其是论坛）中，斑竹表示版主，论坛中某个版块的管理者。
'인터넷 용어로 관리자, 운영자'를 뜻한다.

例　我曾经当过那个版块的斑竹。
　　今天召集各大版块的斑竹开会。
　　斑竹在号召大家都来发帖讨论那个话题。

对话5 🎧113

张玲　啊，对！我想起来了，当时我还常进去灌水呢。

田光　我当时发的每个帖子都有很多人跟帖。

张玲　是啊，可惜你来韩国后，就不再当斑竹啊。我现在开始担心……

□ 帖子 tiězi 명 댓글

1　灌水 guànshuǐ 글을 올리다

原意指向容器里面注水，进入互联网时代后由于电子论坛BBS的出现，又多了一个"向论坛中发大量无意义的帖子"的意思。

원래의 뜻은 '용기에 물을 주입하다'의 뜻이었으나, 인터넷 칼럼 'BBS'의 출현으로 인터넷 게시판에 대량의 무의미한 짧은 글을 올리다'의 의미가 추가 되었다.

例　请勿恶意灌水。
　　有的人闲得无聊每天都在论坛上灌水。
　　请别再灌水了，大家都开始反感你发的帖子了。

2　跟帖 gēntiě 댓글을 달다

在发表的帖子后面简洁地写上自己的意见，称为跟帖，也同回帖。

발표된 글 뒤에 간략하게 자신의 의견(댓글)을 쓰는 것을 말한다.

例　如果有疑问请跟帖主联系或者跟帖回复。
　　该网友跟帖，呼吁大家"打倒美帝国主义"。
　　即日起，所有关于中文学习的广告可在此跟帖。

对话6

田光　担心什么?

张玲　担心我成微博控。

田光　别担心了，因为你已经成为微博控了，哈哈。不过你在成为微博控的同时，也为韩国语热添火加柴了啊。

张玲　可是我每天都很纠结，一方面怕耽误我学习，但是另一方面又想也许很多人通过我的微博学习韩语呢。

1　控 kòng 어떤 분야에 푹 빠져 있는 사람, 마니아, 중독자

"控"指人们沉迷于某种事物中，好像受到那种东西的控制似的。如特别喜欢发微博的是可以叫做微博控。特别喜欢穿拖鞋的人，可以叫做拖鞋控。

"控"은 어떤 사물에 푹 빠져 그 물건의 통제를 받고 있는 것 같은 사람을 가리킨다. 예를 들면 특히 어떤 블로그에 글쓰기를 좋아하는 사람을 블로그 중독자(微博控), 슬리퍼를 유달리 좋아하는 사람을 슬리퍼 마니아(拖鞋控)라고 부른다.

例　你已经是微博控了。
　　我是ipad控。
　　他竟然是拖鞋控，买了很多拖鞋。

2　纠结 jiūjié 주저하다, 어떻게 해야 할지 몰라 갈등하다

可指难于解开或理清的缠结，也指树木的枝干互相缠绕。在动漫、网络中纠结表示囧。

생각이 혼란스럽고, 마음이 답답하며 결정을 내리기 어려운 상태로 얽히고 뒤엉켜 정리가 힘든 것, 나뭇가지가 서로 뒤엉켜 있음을 가리킨다. 애니메이션이나 인터넷에서는 뒤엉켜 어떻게 해야 할지 몰라 갈등할 때 "囧(jiǒng)"이라고 쓴다.

例　去还是不去，我一直很纠结。
　　那件小事让我纠结了半天。
　　你怎么这么纠结，还没有做决定啊。

对话7

田光　这个另一方面，你就别担心了，你以为你的气场有那么大啊？韩国政府在通过各种渠道推广韩国语，比你的气场大多了，你的粉丝除了你的微博还有很多很多学习韩国语的渠道呢。

张玲　唉，你说得对是对，可是……可是，你这个人就不能给人家一点儿正能量，鼓励一下人家嘛！

田光　哟哟，快去发你的微博吧，别在这里冲我卖萌了。

张玲　你真讨厌，不理你了。

1　**气场** qìchǎng 영향권, 자기장, 파장

气场是指一个人气质对其周围人产生的影响。
파장은 한 사람의 기질이 주위 사람들에게 미치는 영향을 가리킨다.

例　我的气场颜色是绿色和黄色。
　　一个人的气场越鲜明，就代表这个人无论在生理和心理上都更加积极。
　　请记住保持微笑能增加你的个人气场。

2　**正能量** zhèngnéngliàng 사람이 가지고 있는 능력, 역량, 긍정 에너지, 좋은 기운

"正能量"指的是一种健康乐观、积极向上的动力和情感。
인터넷 유행어로 '긍정이 가지는 에너지'를 의미한다. 현재 중국에서 '보는 이에게 힘을 주는 사람이나 일'을 지칭하는 의미로 그런 사물이나 사람에게 '正能量' 표지를 붙이는 것이 유행이다.

例　他看起来像是富有感染力的正能量与欢快好心情的打包组合。
　　那些连续剧给了很多人正能量。
　　中国人为所有积极的、健康的、催人奋进的、给人力量的、充满希望的人和事，贴上"正能量"标签。

3　**卖萌** màiméng 애교를 부리다, 귀여운 척하다

网络用语。在褒义的词性下，"卖萌"表示展示自己可爱或者憨囧的状态。在贬义的词性下，"卖萌"指，做超出常人理解范围的囧事，或者做出明知故犯的傻事等这类事情的统称。
인터넷 용어로 "卖萌"은 포의적으론 '귀여운 척을 하다'의 뜻이고, 폄의적으로는 '일반 사람들의 이해 범위를 넘어서는 수준의 애교를 부리다'의 의미가 있다.

例　一个大老爷们，还卖萌。
　　讨厌那些不萌非要卖萌的人。
　　又来一个卖萌的，我们这里真是萌人多啊。

阅读 生词

1. 剧增 jùzēng 동 갑자기 증가하다, 격증하다
2. 大众 dàzhòng 명 대중, 군중
3. 掀起 xiānqǐ 동 자극하다, 불러일으키다
4. 大幅 dàfú 대폭, 많이, 크게
5. 飙升 biāoshēng 동 급증하다, 급등하다
6. 鉴于 jiànyú 전 ~에 비추어 보아, ~을 감안하여
7. 反响 fǎnxiǎng 명 반향, 반응
8. 累计 lěijì 동 누계하다, 합계하다
9. 截至 jiézhì 동 (시간적으로) ~에 이르다

阅 读

近来随着世界各地对韩国语的关注度提高，在国外普及韩国语教育的机构——世宗学堂报名学习韩国语的学生以及参加韩国语能力考试的人员剧增。

"世宗学堂"分为"一般世宗学堂"与"文化院世宗学堂"。目前在全球36个国家设有67个一般学堂，20个国家设有23个文化院学堂。一般学堂的学生数在2007年仅为740人，但随着韩国的大众文化逐步推广，学习韩国语的人也开始大增。2008年增至2,906人，2009年增至4,301人，2010年增[1]至6,016人。之后由电视剧加上K-POP形成的韩流掀起了热潮，学习韩国语的人更是大幅飙升。截至2011年在一般世宗学堂学习韩国语的学生多达16,590人。而文化院世宗学堂因报名费用较低，因此学生人数更多，到2011年听文化院课程的人数多达176,478人。

鉴于海外的热烈反响，政府决定至2017年将在全球的世宗学堂增加到200个，并计划向世宗学堂的优秀学生提供来韩体验韩国文化的机会。

与此同时，参加韩国语能力考试的人数也大幅增加。以考大学等学习为目的的一般韩国语能力考试自1997年实行以来，随着韩流的扩散与韩国企业进军海外等，累计报名人数已超过100万人。2007年报考人数仅为82,881人，而截至去年增至151,166人。

此外，开设韩国学或韩国语系的外国大学也增至840余[2]所。在韩流的中心地亚洲地区就有550余所大学开设了韩国语系。在国外，中小学开设的韩国语班以2011年为准达700个，学生人数达6.4万人。

韩国文化体育观光部有关人士表示，对韩国文化的关注扩展到对韩国语的关注，因此应在政府层面给予持续的管理。所以韩国政府计划推出各种文化项目，让世宗学堂的学生不仅可以学习[3]到韩国语，还能学习韩国的文化。

语法重点 어법중점

1 至：~에 이르다

"到"와 같은 의미이다.

2008年增至2,906人，2009年增至4,301人，2010年增至6,016人。
景区方面新增三家国家3A级景区，一家4A级景区，至此，全市A级景区数量增加至21家。
这次考试范围是第一课至第十课。

2 所：채, 동(棟)

집이나 학교·병원 따위의 건축물에 쓰이는 양사이다.

开设韩国学或韩国语系的外国大学也增至840余所。
我们上的是同一所学校。
转角处有一所幼儿园。

3 到：목적을 달성하다

'동사+到+명사(受事)' 형식으로 쓰이며, 동작이 목적에 다다르거나 결과가 있음을 나타낸다.

韩国政府计划推出各种文化项目，让世宗学堂的学生不仅可以学习到韩国语，还能学习到韩国的文化。
你要的那本书我已经找到了。
从第三课到第七课的内容是这次考试的重点。

练 习 연습문제

1 会话와 阅读 내용을 근거로 질문에 대답하시오.

1) 张玲的粉丝为什么越来越多了?
_____
_____

2) 互粉是什么意思?
_____
_____

3) 张玲为什么说她的粉丝很给力?
_____
_____

4) K-POP和韩国语学习者人数的增加有关系吗?
_____
_____

5) 请说一下你了解到的外国人学习韩国语的情况。
_____
_____

2 会话와 阅读 내용을 근거로 옳고 그름을 판단하시오.

1) 张玲的粉丝大都不活动。（   ）

2) 张玲在微博上除了发韩国艺人的消息外，还坚持每天发一条"常用汉语"。（   ）

3) 田光原来管理过某个网站韩国语学习版块。（   ）

4) 学习韩国语的人的增加，促进了韩国大众文化的推广。（   ）

5) 韩国政府已经给很多世宗学堂的优秀学生提供去韩国体验韩国文化的机会。（   ）

第12课 韩语热

3 다음 보기에서 알맞은 단어를 골라 빈칸을 채우시오.

| 보기 | 僵尸粉　　互粉　　给力　　灌水　　跟贴　　微博控 |

1) 这篇论文太（　　　　）了，很有说服力。

2) 花了一个上午，把我微博上的（　　　　）都清除了。

3) 你每天都发这么多微博啊，你完全是一个（　　　　）。

4) 我们俩已经（　　　　）了，你也粉他一下吧。

5) 杜绝恶意（　　　　）。

6) 我那条帖子发出去没多久就有很多人（　　　　）。

4 다음 주어진 단어를 이용하여 작문하시오.

1) 招数:
_____

2) 艺人:
_____

3) 好为人师:
_____

4) 转发:
_____

5) 帖子:
_____

6) 纠结:
_____

5 다음 주어진 문장의 대화를 완성하시오.

1) A: 是不是有很多僵尸粉啊?

   B: 你真是_____! 告诉你，我的粉丝没有一个是僵尸粉！

2) A: 我昨天看你的微博了，_____。你施了什么招数呢?

   B: 我最近经常发一些韩国艺人的消息，还坚持每天发一条"常用韩国语"。很多人转发我的微博，也有很多人要求和我互粉。

3) A: _____，我的很多微博都被转发了几十次。

   B: 说明越来越多的人开始学习韩语了呗。

4) A: 你这个人_____，鼓励一下人家嘛！

   B: 哟哟，快去发你的微博吧，别在这里冲我卖萌了。

6 다음 단문에서 ( )에 들어갈 알맞은 어휘를 고르시오.

1) 随着韩国的大众文化（　　）推广，学习韩国语的人也开始大增。2008年增至2,906人，2009年增至4,301人，2010年增至6,016人。之后（　　）电视剧加上K-POP形成的韩流（　　）了热潮，学习韩国语的人更是（　　）飙升。

A	渐渐	打	造成	大幅
B	逐步	由	掀起	大幅
C	逐渐	从	发展	大量
D	逐步	自	开始	大步

2) 澳大利亚人每年在快餐食品方面花费（　　）。摄入大量的垃圾食品后，澳洲人有四分之一的人深（　　）肥胖困扰。因此，澳大利亚掀起一股健身（　　），各种健身中心、运动服装店、绿色食品餐厅如雨后春笋般地涌现在澳洲街头。健身人数开始（　　）。

A	很大	被	热浪	大增
B	特大	为	热风	增加
C	巨大	受	热潮	剧增
D	不少	受	人潮	巨幅

 관용 표현

- 吃了猪肝想猪心——贪得无厌 chī le zhūgān xiǎng zhūxīn — tāndé wúyàn
  욕심이 그지없다
  他是一个吃了猪肝想猪心——贪得无厌的人。
  그는 굉장히 욕심이 많은 사람이다.

- 出水的芙蓉 —— 一尘不染 chū shuǐ de fúróng — yìchén bùrǎn 깨끗하다, 순결하다
  那个农村来的姑娘真是出水的芙蓉——一尘不染。
  농촌에서 온 그 아가씨는 참 순수하다.

- 此地无银三百两 —— 自欺欺人 cǐ dì wú yín sān bǎi liǎng — zìqī qīrén
  스스로를 기만하고 남도 속이다
  这只是此地无银三百两——自欺欺人而已。
  이것은 단지 스스로를 기만하고 남도 속일 뿐이다.

- 城门楼上的哨兵 —— 高手 chéngmén lóushàng de shàobīng — gāoshǒu 고수
  他在外科手术方面，是有名的城门楼上的哨兵——高手。
  그는 외과수술 방면에서는 상당한 고수이다.

- 扯旗杆放炮 —— 生怕别人不知道 chě qígān fàngpào—shēngpà biérén bù zhīdào
  동네방네 다 소문내다
  你小声点，真是扯旗杆放炮——生怕别人不知道似的。
  너 목소리 좀 낮춰, 동네방네 사람 다 들으라고 하는 것 같네.

第13课

Made in Korea的隐形价值

"Made in Korea"就是高质量的象征,虽然产品价格比"Made in 其他国家"的高一些,但很多人还是会欣然接受,因为他们买的更是一种自豪感。

会话 118

田光 张玲,听说你现在专门代购韩国产品?

张玲 真是没有不透风的墙啊。我还以为没人知道呢。

田光 现在很多留学生都在做,我觉得这是在韩中国留学生的中国式"勤工俭学",没有必要保密啊。

张玲 我还开了自己的淘宝店,专门卖"Made in Korea"的东东。

田光 生意怎么样?听说你发了大财。

张玲 杯水车薪,我只是赚点生活费。你说我发了大财,那我真是被发财了。

田光 "Made in Korea"的东西都是香饽饽,听有的同学说,有的商品刚发到网站就被秒杀了。

张玲 有这样的情况,但是不是每件商品都会被"秒杀"的。亲,你也开一个吧,或者和我一起做吧。

田光 我一直想做来着,但是觉得国内的山寨货太多,我们能竞争过他们吗?而且如果耽误了学习,那就是按下葫芦浮起瓢——顾此失彼了。

张玲 不会顾此失彼的。别说山寨货,就是很多国内产的正品也卖不过"Made in Korea"。

田光 投资大不大?

张玲 我一般只是先上传图片,然后有人订货后才去进货发货,所以可以说是"零投资"。

田光 我这人不会做生意,我怕孔夫子搬家——净是输。

张玲 一般不会赔,很多人都认"Made in Korea"。没有你说得那么杯具。

田光 听你这么一说,我都要hold不住了,要不我也试试?

张玲 亲,我觉得你肯定行,不久你就可以换个大房子,告别你的蜗居了。你如果做我会狂顶你的。

田光 真的啊?真赞啊!

张玲 不过你还是和我一起做吧,别自己开店,因为你开了店,你会比我的优势更多,我会觉得"压力山大"的。

田光 嗯,我也觉得我们俩合作比较好。我也赚点钱,当一次高富帅。

张玲 你啊,我看只能高只能富,至于最后一个嘛,你知我知天知地知了。

田光 好好,我不是高富帅,你是白富美好不好?

> **对话1**
>
> 田光　张玲，听说你现在专门代购韩国产品？
>
> 张玲　真是没有不透风的墙啊。我还以为没人知道呢。
>
> ▫ 代购 dàigòu 동 대리 구입(구매)하다

1　没有不透风的墙 méiyǒu bú tòufēng de qiáng
낮말은 새가 듣고 밤 말은 쥐가 듣는다, 누군가 알게 마련이다

世上所有的墙都是透风的。形容任何事情都不会隐瞒到没有人知道的程度。
어떤 담도 모두 바람에 다 통할 수 있다. 즉 '어떤 일을 아무리 숨기려고 해도 숨길 수 없다'는 뜻이다.

例　我早知道了，没有不透风的墙嘛。
　　世上没有不透风的墙，即使他伪装得再好，也迟早会被别人发觉的。
　　别再瞒了，没有不透风的墙，大家迟早会知道的。

对话2

田光　现在很多留学生都在做，我觉得这是在韩中国留学生的中国式"勤工俭学"，没有必要保密啊。

张玲　我还开了自己的淘宝店，专门卖"Made in Korea"的东东。

> 勤工俭学 qíngōng jiǎnxué 일하면서 공부하다, 중국 일부 학교가 취하는 학교 운영 방식. (학생이 재학 기간 중 노동을 하고, 그 노동 수입을 학교 운영 자금으로 씀)

1　中国式 Zhōngguó shì 중국식

是网友对某些中国特色现象的调侃式说法。
네티즌이 중국에서만 일어나는 특정한 현상을 조롱하여 우스갯소리로 말하는 표현 방식이다. 예를 들면 "한 무리의 사람이 충분히 많이 모이면 건너도 된다, 즉 빨간 신호등이든 녹색 신호등이든 상관없다"는 중국식의 횡단보도 건너는 방식 등이다.

例　这个人的思想方式完全是中国式的。
　　这是一种中国式的做法，很多外国人都不理解。
　　要严格杜绝中国式过马路。

2　东东 dōngdōng 물건

新的网络语言，即东西的意思。
새로운 인터넷 언어로, '물건'이라는 뜻이다.

例　你满脑子都是什么东东啊?
　　这些东东很有意思哦。
　　一天到晚买那些稀奇古怪的东东。

对话3

田光　生意怎么样？听说你发了大财。

张玲　杯水车薪，我只是赚点生活费。你说我发了大财，那我真是被发财了。

---

1 杯水车薪 bēishuǐ chēxīn 부질없는 일을 하다, 계란으로 바위치기

用一杯水去救一车着了火的柴草，比喻无济于事。出自《孟子　告子上》。
'한 잔의 물로 불붙은 한 수레나 되는 땔감을 끈다'는 뜻으로 일에 도움이 되지 않는다는 것을 비유한다.

例　用在基础研究上的钱犹如杯水车薪。
　　目前对第三世界的援助不过是杯水车薪。
　　银行提出给我们五千美元贷款，但这笔钱与我们所需要的数目相比是杯水车薪。

2 被 bèi ~되었다

"被××"于2009年流行于网络，是一个略带悲情和调侃的网络词汇，表示一种无奈的被迫行为，例如"被就业""被增长""被买房"。
2009년에 인터넷에서 유행한 용어로 비정함과 조롱을 내포하고 있으며, 어쩔 수 없이 그렇게 떠밀려서 하는 행위를 뜻한다. 사실과는 다르게 "취업됐다 (被就业)", "증가됐다 (被增长)", "집을 샀다 (被买房)"등의 말이 생겨났다.

例　听说那个演员被怀孕了。
　　都说我发财了，其实我是被发财的。
　　很多农村其实不是真的脱贫，而是被脱贫。

对话4

田光　　"Made in Korea"的东西都是香饽饽，听有的同学说，有的商品刚发到网站就被秒杀了。

张玲　　有这样的情况，但是不是每件商品都会被"秒杀"的。亲，你也开一个吧，或者和我一起做吧。

1　秒杀 miǎoshā 시간 제한 한정 할인판매

网上竞拍的一种新方式。所谓"秒杀"，就是网络卖家发布一些超低价格的商品，所有买家在同一时间网上抢购的一种销售方式。由于商品价格低廉，往往一上架就被抢购一空，有时只用一秒钟。
인터넷에서 경매하는 새로운 방식으로 인터넷 운영자가 초저가의 상품을 내어 놓으면 모든 구매자들이 동일 시간에 인터넷 상에서 다투어서 구매하는 판매 방식이다. 상품 가격이 저렴하기 때문에 판매대에 올려놓자마자 몽땅 사버려서 순식간에 판매되며 일 초 밖에 걸리지 않는 경우도 있다.

例　　新品到货，欢迎大家秒杀。
　　　这批货卖得太火了，刚贴出图片就被秒杀了大半。
　　　现在很多人购物都变得理性，秒杀现象越来越少。

2　亲 qīn 친애하다, 사랑하다

网络流行词，广泛被淘宝卖家使用，可以理解为"亲爱的""亲爱的顾客"之类。这样称呼不会很腻，又不乏俏皮的意味。"亲"也表示对一些有着相同志向的团体成员，也就是有着相同喜好，相同兴趣者的称呼。而此含义与"亲近、亲切、亲爱、亲朋故友"等意思接近，这样的称呼方式显得既亲切又不失流行，所以很快在网络文化圈中流行开来。常见的类似词有"亲们"，"楼亲"等。在教育部、国家语委公布的《2009年中国语言生活状况报告》中，"亲"与"淘一代"已经成为社会通用词语。
인터넷 유행어. 인터넷 경매 사이트 타오바오(淘宝) 관리자들이 사용하면서 통용되기 시작했다. "친애하는""친애하는 고객" 등으로 이해할 수 있다. 이러한 호칭은 듣기에 거북하지 않고 세련되고 매력적인 의미도 담겨져 있어서 뜻을 같이하는 단체의 회원들, 예컨대 어떤 애호, 취미 등을 같이 하거나 기호를 같이하는 회원들, 인터넷 동호인들을 부를 때 사용한다. "친한 친구(亲近, 亲切, 亲爱, 亲朋故友)" 등과 비슷한 뜻으로 이러한 호칭은 친절하면서도 유행에 떨어지지 않아 빠르게 인터넷상에서 유행하기 시작했다. "亲们", "楼亲" 등과 같은 단어도 자주 쓰인다. 교육부와 국가언어위원회가 보고한 《2009년 중국어 언어생활 상황 보고》에서 "亲"과 "淘一代"는 이미 사회 통용 언어로 분류되었다.

例　　亲，相信我，我不会骗你的。
　　　各位亲，新品到货，欢迎秒杀。
　　　亲，好久不见，你还好吗？

对话5

田光　我一直想做来着，但是觉得国内的山寨货太多，我们能竞争过他们吗？而且如果耽误了学习，那就是按下葫芦浮起瓢——顾此失彼了。

张玲　不会顾此失彼的。别说山寨货，就是很多国内产的正品也卖不过"Made in Korea"。

田光　投资大不大？

张玲　我一般只是先上传图片，然后有人订货后才去进货发货，所以可以说是"零投资"。

- 葫芦 húlu 명 호리병박(나무), 조롱박
- 浮 fú 동 뜨다, 띄우다
- 瓢 piáo 명 표주박, 쪽박, 바가지
- 顾此失彼 gùcǐ shībǐ 성 하나를 돌보다가 다른 것을 놓치다, 두루 다 돌볼 수가 없다
- 正品 zhèngpǐn 명 정품, 합격품

1　山寨 shānzhài 모조품, 가짜

"山寨"是依靠抄袭、模仿、恶搞等手段发展壮大起来，反权威、反主流且带有狂欢性、解构性、反智性以及后现代表征的亚文化的大众文化现象。例如有山寨产品，山寨文化，山寨行为等。

"山寨(산자이)"는 베끼고 모방하고 패러디하는 방식에 의존하여 크게 발전하여 반 권위적이고, 반 주류적이다. 또한 어떤 일을 미친 듯이 열광적으로 좋아하고, 기존의 틀을 깨는 반 지성 및 포스트모더니즘의 특징을 드러내는 비주류문화의 대중 문화현상을 띠고 있다. 산자이 상품, 산자이 문화, 산자이 행위 등이 있다.

例　这里的地下工厂就是山寨货的基地。
　　你的手机一看就是山寨的。
　　这个市场是山寨货的集散基地。

2　按下葫芦浮起瓢——顾此失彼 àn xià húlu fúqǐ piáo — gùcǐ shībǐ
이것 챙기다보면 다른 것을 챙길 수가 없다, 이쪽을 돌보다보니 저쪽을 돌볼 수 없는 상태가 되다

比喻做事顾了这头就顾不了那头，无法使事情得到圆满解决。用一句成语叫作"顾此失彼"。
이쪽을 돌보다보니 저쪽을 돌볼 수 없는 상태, 어떤 일을 충분히 준비하지 않았기 때문에 원만하게 해결할 수 없을 경우에 사용한다. 비슷한 표현으로는 '죽도 밥도 아니다, 토끼 두 마리를 잡으려다가 한 마리도 못 잡는다, 산토끼를 잡으려다 집토끼를 놓치다' 등이 있다.

例　一下子发生了很多事情，真是让他按下葫芦浮起瓢——顾此失彼。
　　你别催了，没看到现在我忙得都按下了葫芦起了瓢了吗？
　　一忙起来，就会容易按下葫芦浮起瓢——顾此失彼。

对话6

田光　　我这人不会做生意，我怕孔夫子搬家——净是输。

张玲　　一般不会赔，很多人都认"Made in Korea"。没有你说得那么杯具。

田光　　听你这么一说，我都要hold不住了，要不我也试试？

---

1 **孔夫子搬家——净是输** kǒngfūzǐ bān jiā — jìng shì shū 경쟁에서 모두 지다, 만판으로 깨지다

因"输""书"同音，孔夫子搬家的事，引出只输不赢的特别意思。

공자가 이사하니 이삿짐이 온통 책뿐이다. '책(书)과 지다(输)'의 발음이 같은 것을 이용한 해음(谐音) 표현인데, '매번 지기만 하고 이기지 못한다'는 뜻으로 확대되었다.

例　他最近打麻将老是孔夫子搬家——净是输。
　　他在爱情的战役上是孔夫子搬家——净是输。
　　每个人都不会是孔夫子搬家——净是输的。

2 **杯具** bēijù 비극, 불행한 처지

杯具，原指盛水的器具，后因与"悲剧"一词谐音，成为网络流行语，词性多变，可作形容词、名词等等。

"杯具"는 원래 물을 담는 기구인데 "悲剧"와 해음(谐音)이어서 인터넷상의 유행어가 되었다. 많은 젊은이들이 인터넷상이나 일상생활 중에 사람, 일, 사물 등과 관련하여 "찻잔(杯具)"으로 "비극(悲剧)"을 나타내는데 사용한다. 인터넷상에서 "인생은 바로 찻상이다. 그 위에는 찻잔(비극)으로 가득하다."는 등의 재치있는 유행어도 생겨났다.

例　人生就像茶几，上面摆满了杯具。
　　炼油一直是个杯具行业。
　　人生啊，就像茶叶，天天泡在杯具里。

3 **hold不住** hold búzhù 참아낼 수 없다

hold不住是由hold住演变过来相反的意思。"hold住"就是指面对各种状况都要保持住、坚持住，充满自信，从容应对一切。

"hold不住"는 hold住로부터 나온 반대의 뜻이다. 영어에서 "hold"는 중국어로 '가지다, 안다, 꽉 잡다, 지탱하다, 통제하다, 장악하다' 등의 뜻이 있다. "hold住"는 각종 상황에 대면해서 '딱 유지한다, 딱 견지한다, 아주 자신감이 넘치는 아주 온화하게 느긋하게 당황하지 않고 침착하게 모든 것을 다 응대하는 것'을 말한다.

例　整个场面快hold不住了。
　　我忍了几个小时，终于hold不住发作了。
　　要hold住自己的自尊心啊。

对话7

张玲　亲，我觉得你肯定行，不久你就可以换个大房子，告别你的蜗居了。你如果做我会狂顶你的。

田光　真的啊？真赞啊！

> 狂顶 kuángdǐng 힘 있게 의견을 지지(추천)하다

1 蜗居 wōjū 달팽이 집, 작은 집

蜗居，比喻窄小的住所。常用作谦词。"蜗居"一词最早比喻屋之形状而非大小，但后来渐成"屋宇窄小"的代名词。

아주 좁은 집, 즉 '조그만 달팽이 집, 조그만 집'을 가리킨다. 처음에는 집의 형태만을 가리켰지 크기를 가리키는 말은 아니었는데 점차 작은 집을 나타내는 대명사가 되었다. 이와 같은 현상을 반영한 "달팽이 집(蜗居)"이라는 중국 드라마도 있다.

例　很多来北京打工的人住的都是蜗居。
　　我终于告别了蜗居住上了大房子。
　　韩国的考试院可以称得上最典型的蜗居。

2 顶 dǐng 의견을 지지(추천)하다

网络用语，某人发帖后，不断地有人跟帖，这样会一直在所处板块的领先位置。也是支持的意思。

인터넷 용어로, 어떤 사람이 쓴 글 뒤에 부단히 댓글을 이어서 쓰면 계속해서 자신은 그 영역에서 선도적인 위치를 차지할 수 있다. 그것은 결국 '자신이 쓴 글이 지지받고 있다'는 뜻이 된다.

例　虽然我不是完全同意，不过看在楼主的面子上，我顶了！
　　大家都支持楼主，用力顶啊！
　　你做班长吧，我会狂顶你的。

3 赞 zàn 칭송하다, 칭찬하다

网络用语，表示同意、值得称赞的意思。

인터넷 용어. '동의나 칭찬'을 의미한다.

例　我也来赞一个。
　　这个帖子真赞，完全同意。
　　楼主（帖子的主人）太赞了。

对话8

张玲　不过你还是和我一起做吧，别自己开店，因为你开了店，你会比我的优势更多，我会觉得"压力山大"的。

田光　嗯，我也觉得我们俩合作比较好。我也赚点钱，当一次高富帅。

1　**压力山大** yālì shāndà 스트레스가 많다

压力山大，取人名亚历山大的谐音，是用一种诙谐方法表达压力像山一样大。
발음이 비슷한 알렉산더 대왕의 이름을 해음(谐音)을 이용하여 '스트레스가 산처럼 크다'라는 의미로 사용한다.

例　房子让我感觉压力山大。
　　又要养孩子又要还房贷，真是压力山大。
　　现在的每个城市白领都是压力山大。

2　**高富帅** gāofùshuài 키 크고 돈 많고 잘 생긴 남자

"高富帅"是2011年前后出来的一个网络词汇，在各大论坛、贴吧高频出现，对应于"屌丝"即"穷矮丑"。它形容男人在身材、财富、相貌上的完美无缺。这样的男人往往会博得众多女性的青睐，在恋爱、婚姻中获得成功。
"키 크고 돈 많고 잘 생긴 남자(高富帅)"는 2011년 전후에 생겨난 인터넷 용어이다. 인터넷 토론방, 인터넷 카페에서 자주 쓰인다. 대응하는 말로 가난하고, 키가 작고, 못생긴 사람을 "屌丝"라고 한다. "高富帅"들은 많은 여성들에게 관심을 받고 연애와 결혼에 성공하게 된다.

例　很多富二代都是"高富帅"。
　　我理想的男朋友一定是"高富帅"。
　　人家是"高富帅"，我是"穷矮丑"。

对话9

张玲　你啊，我看只能高只能富，至于最后一个嘛，你知我知天知地知了。
田光　好好，我不是高富帅，你是白富美好不好？

1 你知我知天知地知 nǐ zhī wǒ zhī tiān zhī dì zhī 네가 알고 내가 알고 하늘과 땅만 아는 비밀
天地间只有你我两人才知道这个秘密，不能对别人说。
천지간에 둘만 아는 비밀로 다른 사람에게 말하면 안 된다.

例　这件事你知我知天知地知。
　　我就不再多说了，具体怎么回事，你知我知天知地知。
　　你知我知天知地知，不能跟别人说啊。

2 白富美 báifùměi 피부 좋고 돈 많은 예쁜 여자
皮肤好、家境良好、相貌出众；形容比较出色的女性，一般指年轻女性。白富美的说法，也与高富帅成性别的差别。
피부는 하얗고, 가정 형편이 아주 좋고, 생김새도 출중한 젊은 여성을 가리킨다.

例　原来她就是传说中的"白富美"。
　　你不是"高富帅"休想娶"白富美"。
　　她还真把自己当成"白富美"了。

阅读 生词

1. 讨价还价 tǎojià huánjià 값을 흥정하다
2. 让 ràng 동 (값을) 낮추다, 깎다
3. 尴尬 gāngà 형 입장이 곤란하다, 난처하다
4. 欣然 xīnrán 부 즐겁게, 기쁘게, 기꺼이, 쾌히
5. 威力 wēilì 명 위력
6. 两眼放光 liǎngyǎn fàngguāng 두 눈을 반짝거리다
7. 垂涎 chuíxián 동 (먹고 싶어) 침을 흘리다
8. 难于言表 nányú yánbiǎo 말로 표현하기 힘들다
9. 感叹 gǎntàn 동 탄식하다, 한탄하다
10. 不菲 bùfěi 형 싸지 않다
11. 供给 gōngjǐ 동 공급하다
12. 标注 biāozhù 동 표시하다
13. 廉价 liánjià 명 염가, 싼 값
14. 混淆 hùnxiáo 동 뒤섞이다, 헷갈리다
15. 归结 guījié 동 귀납하거나 총괄하다, 귀결시키다
16. 崇洋 chóngyáng 동 (외국의 것을) 숭배하다
17. 资深 zīshēn 형 경력이 오랜, 베테랑의
18. 梦中人 mèngzhōngrén 명 헛된 꿈을 꾸는 사람
19. 严谨 yánjǐn 형 엄격하다, 신중하다
20. 缜密 zhěnmì 형 엄밀하다, 세밀하다, 치밀하다
21. 打样 dǎyàng 동 도안을 만들다
22. 简约 jiǎnyuē 형 간단하다
23. 淡雅 dànyǎ 형 말쑥하고 우아하다
24. 举手投足 jǔshǒu tóuzú 성 일거일동, 하나하나의 동작이나 움직임
25. 温雅 wēnyǎ 형 온화하고 우아하다
26. 大为不解 dàwéi bùjiě 전혀 이해하지 못하다
27. 奔波 bēnbō 동 분주히 뛰어다니다, 바쁘다

阅读

周末要和朋友去水上乐园玩，所以被逼着去买泳衣。在一家小店和老板娘讨价还价半天，结果一分钱都不肯让。老板娘还指着泳衣上的标签，一脸自豪地说："这可是Made in Korea，不是Made in China！"尽管她当着一个中国人的面说出这样的话，让我颇为尴尬和不爽，但是对韩国人来说，"Made in Korea"就是高质量的象征，虽然产品价格比"Made in 其他国家"的高一些，但很多人还是会欣然接受，因为他们买的更是一种自豪感。

在韩国，你每天都能感受到"Made in Korea"的强大威力。超市里的牛肉分三等：美国产、澳洲产和韩国产。其中，美国产的最便宜，价格就跟猪肉差不多；澳洲产的牛肉品质还算不错，价格居中；最贵的是"韩牛"，一般韩国人提起"韩牛"都会两眼放光，垂涎于其难于言表的美味，然后感叹太贵买不起，由此可见韩国产的牛肉价格的不菲。[1]不仅仅是牛肉，在韩国那些比较好的超市里，供给的蔬菜都会标注"本国产"，以免消费者将其价格与相对廉价的进口蔬菜混淆起来。去餐厅吃饭也经常会在餐单上看到食材旁标注"本国产"。铺天盖地地"提醒"，我们用的可是最好的韩国本土食材，贵也是有道理的！

在中国最大的购物网站——淘宝网站上，同一款式的衣服，如果标明是"韩国制造"，那么标价一定会高于产于其他地方的产品，点击数也大大[2]高于产于其他地方的产品。我一直把其中原因归结为国人"外国的月亮都比中国的圆"的崇洋心态，但是一个资深"购物狂"的一句话点醒了我这个"梦中人"，她说"严谨缜密是韩国人的传统，这种作风在韩派服饰的打样、裁剪上得到了淋漓尽致的发挥。[3]在简约的造型、淡雅的色彩、质朴的面料下，挥之不去的是举手投足间的精致温雅"。

有一个香港朋友在经营自己的化妆品品牌，在一次闲谈中得知他的工厂在韩国京畿道的一山。我大为不解，就问他原因，他说："我们的工厂在这里，就可以表明'Made in Korea'，就会有很多人认我们的品牌，我们就可以卖得贵一点。"

语法重点 어법중점

1　不仅仅：~ 뿐만 아니다

~ 만이 아니다. 서면어로 "不仅"보다 어감이 강하고, "是"앞에 자주 쓰인다.

不仅仅是牛肉，在韩国那些比较好的超市里，供给的蔬菜都会标注"本国产"，以免消费者将其价格与相对廉价的进口蔬菜混淆起来。
这不仅仅是你个人的事，也是大家的事。
这里的风沙不仅仅是因为雨水少，还有植被的人为破坏。

2　高于 / 产于：

앞에 쓰인 "于"는 비교의 의미를 나타내며, '명사/ 형용사/ 동사/ 수량사+于'의 형식으로 쓰이며, 뒤에 쓰인 "于"는 장소나 근원의 의미를 나타내며, '동사+于' 의 형식으로 쓰인다.

那么标价一定会高于产于其他地方的产品，点击数也大大高于产于其他地方的产品。
2012年毕业于北京大学。（장소）
为人民而死，重于泰山。（비교）

3　在 ~ 下：

'在+동사구+下'의 형식으로 동사나 주어 앞에 쓰이며 조건의 의미를 나타낸다.

在简约的造型、淡雅的色彩、质朴的面料下，挥之不去的是举手投足间的精致温雅。
在大家的帮助下，他的进步很快。
在这样的情况下，我只能选择放弃。

练习 연습문제

1 会话와 阅读 内容을 근거로 질문에 대답하시오.

1) 张玲做淘宝网的情况怎么样？

2) "Made in Korea" 商品在网络上的销售情况怎么样？

3) 田光住的房子怎么样？他为什么不敢做代购？

4) 卖泳衣的老板娘为什么自豪？

5) 请谈谈在韩国牛肉怎么卖。

2 会话와 阅读 内容을 근거로 옳고 그름을 판단하시오.

1) 田光觉得勤工俭学没有必要让别人知道。（　　）

2) 张玲发了大财。（　　）

3) 在网络上做代购需要很大投资。（　　）

4) 国人崇洋媚外的心态让韩国制造的产品在淘宝上卖得更贵。（　　）

5) 香港朋友为了便于管理把工厂设在了一山。（　　）

3 다음 보기에서 알맞은 단어를 골라 빈칸을 채우시오.

| 보기 | 没有不透风的墙 | 高富帅 | 压历山大 |
| | 杯具 | 山寨 | 按下葫芦浮起瓢——顾此失彼 |

1) 这个人满身的(　　　　)货。

2) 现在的城市白领真是越来越(　　　　)了。

3) 你那点事，我早就知道了，不知道(　　　　)吗？

4) 别再给我添乱了，我现在已经是(　　　　)了。

5) 我的生活怎么这么多(　　　　)。

6) 听说她最后嫁给了一个(　　　　)。

4 다음 주어진 단어를 이용하여 작문하시오.

1) 勤工俭学：

2) 杯水车薪：

3) 秒杀：

4) 正品：

5) 蜗居：

6) 狂顶：

5 다음 주어진 문장의 대화를 완성하시오.

1) A：听说你现在专门代购韩国产品？

　　B：_____。我还以为没人知道呢。

2) A：有这样的情况，但是不是每件商品都会被"秒杀"的。亲，你也开一个吧，或者和我一起做吧。

　　B：我一直想做来着，但是觉得国内的山寨货太多，我们能竞争过他们吗？而且如果耽误了学习，那就是_____。

3) A：我这人不会做生意，_____。

　　B：一般不会赔，很多人都认"Made in Korea"。没有你说得那么杯具。

4) A：我也赚点钱，当一次高富帅。

　　B：你啊，我看只能高只能富，至于最后一个嘛，_____。

6 다음 단문에서 ( )에 들어갈 알맞은 어휘를 고르시오.

1) 不（　）是牛肉，在韩国那些比较好的超市里，供给的蔬菜都会标注"本国产"，（　）消费者将其价格与相对廉价的进口蔬菜混淆（　）。去餐厅吃饭也经常会在餐单上看到食材旁标注"本国产"。铺天盖地的"提醒"，我们用的可是最好的韩国本土食材，贵也是有（　）的！

A	光	帮助	过去	原因
B	只	以防	下来	理由
C	仅仅	免得	下去	缘由
D	仅仅	以免	起来	道理

2) 给地广人稀、自然条件恶劣的县域投放支农资金，可以说是村村需要、户户渴求，再多的支农资金到了这里也成为（　），因而难免（　），往往事倍功半。为了根本改变这一（　），县委、政府（　）常规思维，以人为本，大胆决策，从2003年起就开始筹划整合"三农"资金的做法。

A	无动于衷	无可奈何	现在	打烂
B	微乎其微	有始无终	状况	击破
C	井底之蛙	虎头蛇尾	情况	破败
D	杯水车薪	顾此失彼	现状	打破

 관용 표현

- 吃了喜鹊蛋 —— 乐开怀 chī le xǐquè dàn — lè kāihuái 굉장히 기쁘다
  拿到大学录取通知书后，他真是吃了喜鹊蛋——乐开怀了。
  대학 합격 통지서를 받고 그는 굉장히 기뻐했다.

- 吃得耳朵都动 —— 味道好爽 chī de ěrduo dōu dòng — wèidào hǎo shuǎng
  맛이 굉장히 좋다
  你的手艺真好，吃得耳朵都动——味道好爽！
  네 요리 솜씨 굉장하다. 정말 맛있어!

- 吃饱了撑的 chī bǎo le chēng de 밥 먹고 할 일 없다
  人家给你钱啊，你吃饱了撑的天天上网玩游戏。
  게임 회사에서 돈 주니, 밥 먹고 할 일이 없어서 매일 인터넷게임을 하고 있니?

- 王婆卖瓜——自卖自夸 wángpó mài guā — zìmài zìhuā 자화자찬
  我非常不喜欢他那"王婆卖瓜——自卖自夸"的说话方式。
  나는 그의 자화자찬하며 말하는 방식을 매우 좋아하지 않는다.

- 二一添作五 èr yī tiān zuò wǔ 이등분하다, 둘로 나누다
  我们二一添作五，这样，你的烦恼就解除了。
  공평하게 반씩 나누면 네 고민도 해결되겠지.

부록

해석

제1과

■ 회화

陈光贤 왕 선생님, 한국에서 돌아오셨군요?
王双全 네, 어제 도착했어요. 아니 어째서 그런 눈빛으로 절 보십니까? 내 얼굴에 뭐 묻었어요?
陈光贤 아니에요. 선비는 이별하고 삼 일만 지나면, 눈을 비비고 다시 봐야 한다더니. 의상, 헤어스타일을 보니 한류 영향을 많이 받으신 거 같아요.
王双全 정말 농담도 잘 하시네요. 한국에서 일도 하고 생활도 했지만, 제 생각에는 한류와 저는 거리가 멀어요.
陈光贤 어떤 사람은 자신이 한류하고는 조금도 관련이 없다고 여겨요. 하지만 한류는 그 힘이 대단해서 사람들을 자신도 모르는 사이에 점점 변화하도록 만드는 능력을 가지고 있지요.
王双全 맞아요. 보시다시피 한류는 이미 중국의 반을 석권해 버린 것 같아요.
陈光贤 일리 있는 말씀이세요. 한류는 세계 각국에서 막을 수 없을 정도로 대단한 기세로 확산하고 있어요.
王双全 우리가 젊었을 때는 홍콩과 대만의 스타들에게 매료되었는데, 지금 신세대들 앞에서 홍콩과 대만의 스타들을 언급한다면 틀림없이 촌스럽다는 말을 듣게 되겠죠?
陈光贤 하하, 촌스럽다고 할 뿐만 아니라, 뛰어넘을 수 없는 세대차이가 있다고 느낄 거예요. 아마도 조금도 주저하지 않고 바로 한국드라마에서 배운 단어로 "아저씨"라고 부를 거예요.
王双全 제가 아저씨긴 하니 젊은이들에게 그렇게 불리는 것은 당연한 일이죠, 그래도 막상 그 말을 들으면 순식간에 팍 늙어버렸다는 느낌이 들 거예요.
陈光贤 선생님 성형 좀 하셔서 변신을 좀 하지 그러셨어요.
王双全 이 나이에 무슨 성형을 해요? 그런데 한국의 대로를 걸어 다니다 보면 온통 눈에 들어오는 성형광고예요. 광고 속 모델들이 수술 전후가 전혀 달라져 있는 변화된 모습을 보게 되는데 마음이 흔들리기는 하더군요.
陈光贤 선생님이 성형하지 않으셨다니 참으로 유감이네요. 사람들은 "한국에 여행을 가서 아름다움을 가지고 돌아와야 한다."고 하던데. 선생님은 한국에서 2년 동안이나 일을 했는데도 아름다움을 갖고 오지 못했으니, 손해가 막심하군요.

■ 대화 예문

대화 1

1. 그 선입견을 가지고 사람을 보지 마라, 선비란 삼 일이 지나 만나면 응당 눈을 비비고 다시 봐야 한다고 했잖아!
· 한 달 못 본 사이에 중국어 실력이 많이 늘었네, 정말 괄목상대로구나.
· 네가 성형 수술을 하고 나면 많은 사람들이 너를 새로운 시선으로 볼 거야.
2. 너희 학교에서 여기까지 어마어마하게 먼데, 어떻게 걸어서 여기까지 온 거야!
· 한 명은 아주 예쁘고, 한 명은 아주 못생기고 두 사람 너무 비교된다.
· 내 중국어 실력은 다른 사람에 비해 한참 모자라.

대화 2

1. 많은 변화는 모두 부지불식간에 일어나는 것이다.
· 아이들은 백지와 같아서 은연 중 영향을 받는다.
· 당신의 의식 여부와 상관없이 이것들은 당신의 행동과 생각에 영향을 미친다.
2. 걱정하지 말아요. 당신 말이 일리가 있으니 모두들 동의할 거예요.
· 말에 일리가 있으니 사람들이 그렇게 쉽게 포기하지 않을 거야.
· 일리가 있긴 한데, 그들이 그곳에 갈지 어쩔지 그가 어떻게 알겠어?
3. 기업 경영의 국제화는 이미 막을 수 없는 흐름이 되었다.
· 엄청난 유행의 물결도 그에게는 아무 영향을 미치지 않는 것 같다. 그는 여전히 자신의 순박함을 간직하고 있다.
· 글로벌화, 현대화의 진행을 막아낼 수는 없다. 그것은 우리의 경제뿐 아니라 문화에도 충격을 가하고 있다.

대화 3

1. 신세대의 성장 배경은 옛날 사람과 많이 다르다.
· 신세대로 가득한 사무실에 머리가 희끗희끗한 베테랑 몇 분이 계시는 것은 좋은 일이다.
· 물질적 충족, 정보의 발달, 가치관의 다양화 그리고 생활패턴의 신속한 변천 등은 모두 신세대 성장환경의 특색이다.
2. 이런 문제는 결코 넘을 수 없는 장애가 되지 못한다.
· 형상을 통한 사유와 논리적 사유 사이에는 뛰어넘을 수 없는 한계가 있다.
· 내 수학 성적은 어쩔 수 없는 한계가 있음을 여실히 보여준다. 그래서 나는 포기했다.

대화 4

1. 그가 창문 연 것은 별것 아닌 줄 알았는데, 내 원고 전부가 바람에 날려 어지럽게 되었다.
· 그가 감기 걸린 것을 개의치 않았는데, 사무실 사람 모두에게 전염시켰다.
· 나는 별것 아닌 걸로 봤는데, 뒤에 10여명이 뒤따르고 있다.
2. 세계의 유명한 경영대학원들은 혁신해 나가고 있다.
· 다시 우두머리의 자리를 획득하기 위해 야후(Yahoo)는 철저하게 혁신해야 한다.
· 몇 십 만이나 되는 실업자는 반드시 변화에 발맞추어 새로운 직업을 찾아야 한다.

대화 5

1. 그는 지긋한 나이에도 불구하고 몸에 딱 달라붙는 청바지를 입고 있어!
   · 당신은 그 나이에 어째서 아직도 애하고 싸우는 거예요.
   · 그런 게임들은 아이들이나 좋아하지 내 나이 또래는 관심없다.
2. 오늘 그녀는 예전과는 완전히 다른 사람 같다.
   · 그는 결혼한 후에 성격이 완전히 달라졌다.
   · 그녀는 원래 부끄러움을 많이 탔는데, 대학에 들어간 후로는 딴 사람이 되었다.

■ 열독

　2000년 초, 나는 한국에서 교환교수 일을 마치고 국내로 귀국을 했는데, 친구들이 나를 바라보는 눈빛이 이상함을 느꼈다. 귀국하기 전 한국 옷 몇 벌을 사서 입고, 연세대학교 부근에서 이발을 했는데, 아마도 이것 때문에 친구들이 내가 "한류"의 영향을 받았다고 여기고 나를 곧 "한류"라고 생각한 것 같다. 하지만 나 스스로는 조금도 그런 줄 모르겠다. "한류"란 도대체 무엇인가?
　"한류"는 20세기 1990년대 중후반에 형성된 것으로, 한국에서 유행한 문화가 동남아지역, 더 나아가 세계 곳곳 여러 지역에 미친 영향을 말한다. 그 핵심은 한국의 "청년 비주류문화"이며, 바로 한국 젊은이들 특유의 음악, 유행가, 축구, 연속극, 미용화장, 의상, 처세술이 그 내용이다.
　최근 "한류"는 이미 중국 대부분 지역을 석권했다. 중국 도시에 사는 신세대 중에서 "하한족(哈韩一族)"은 주목 받는 거대 집단이 되었다. 한국의 텔레비전, 영화 등을 통해 전파되는 각종 문화 정보는 젊은이들에게 그야말로 충격적인 힘을 가하고 있다. 중국에서 이승기, 김수현, 전지현 같은 한국의 대스타의 지명도는 심지어 그 옛날 천하를 풍미하던 홍콩과 대만의 스타급 배우들을 훨씬 뛰어 넘는다.
　사실 중국에서 "한류"의 영향을 받거나, 본인이 바로 "한류"의 참여자이자 제작자인 사람들은 주로 대도시에 가정 조건이 비교적 좋고, 문화적 소양을 지닌 젊은이들로 대부분은 고등학생들과 대학교 저학년들이다. 그들은 한국 젊은이들 사이에 유행하는 의상을 입고, 한국 가수들이 부르는 노래를 듣고, 한국의 최신 영화를 보며, 한국의 젊은이들처럼 화장하고 머리 염색을 한다.
　비록 최근 몇 년 사이에 중국인들은 자신들의 "중국 문화의 풍조"를 널리 알리기 시작하고, 심지어 어떤 사람은 "반한류"를 제창했지만, 한류는 여전히 강대한 힘으로 중국과 세계 여러 나라들, 특히 젊은 세대들에게 영향을 미치고 있다.

■ 어법중점 예문

1. 친구들은 모두 내가 "한류"의 영향을 받았다고 여긴다.
   · 이 지역은 열대난류의 영향으로 겨울은 따뜻하고 여름은 시원하다.
   · 그는 주관이 뚜렷해서 웬만해선 다른 사람의 의견을 받아들이지 않는다.
2. 그들은 한국 젊은이처럼 화장하고 염색을 한다.
   · 그는 너처럼 이렇게 총명하진 않지만, 너처럼 근면하다.

· 파란 하늘은 마치 호수처럼 고요하고, 유리처럼 투명하다.

제2과

■ 회화

张玲　뭘 듣는데 그렇게 고개를 흔들고 있어?
赵健　여자 친구가 추천한 새로운 "K-POP" 몇 곡 듣고 있어.
张玲　"K-POP"? 그건 또 무슨 새로운 용어야?
赵健　"K-POP"도 몰라? 너 정말 "두 귀로는 창 밖의 일은 듣지 않고 오로지 책만 읽고 있는" 책벌레구나.
张玲　뭐라구? 책 보는 것을 좋아하긴 하지만 세상물정 모르는 "멍청이"는 아냐. 얘기 좀 해 봐.
赵健　그럼 너 다른 사람들한테 "우물 안 개구리"라는 말은 안 듣게 얘기해 주지. "K-POP"은 몰라도 내가 그룹명을 말하면 너도 틀림없이 알 거야.
张玲　무슨 그룹인데?
赵健　H.O.T, "K-POP" 형성 초기 단계에 나온 그룹이지만 모든 사람들이 다 알고 있으니, 모르진 않지?
张玲　H.O.T라고? 그 시절 나는 H.O.T의 열렬한 팬이었지. H.O.T에 미쳐 있었어.
赵健　맞아. 그 당시 한국에서는 모르는 사람이 없었지.
张玲　당시 중국도 온 도시의 거리에서 그들의 노래를 들을 수 있었던 걸로 기억해, 무슨 뜻인지는 몰라도 듣기 참 좋았던 것 같아.
赵健　맞아. 대학 기숙사의 침대 머리에는 그들의 브로마이드가 걸려 있었어.
张玲　그들에 대한 숭배의 경지가 "이마에 손을 대고 절을 하는 최고의 숭배" 정도에 이른 사람도 있었지.
赵健　"하한(한국을 좋아하는)"이라는 단어도 그 때부터 시작됐지. "K-POP"이 출현해서 지금까지 파죽지세의 기세로 전 세계를 향해 뻗어 나간 원인은 무엇인 것 같아?
张玲　아마 "타산지석의 효과" 때문일 거야.
赵健　K-POP은 리듬이 비교적 빠르고 강렬해서 춤을 추기에 적당해.
张玲　그렇지. 그들이 노래 부르면 나는 그들을 따라 춤을 춘 적도 있지만, 지금은 관심이 예전만 못해.
赵健　지금의 K-POP은 감미로운 노래들로 바뀌기 시작해서 서정적인 부분이 더 많아.
张玲　오! 너는 K-POP에 대해서 마치 손바닥을 들여다보듯 훤히 잘 아는구나.
赵健　나는 조금 아는 거야. 내 여자친구야말로 진정한 K-POP 팬이라고 할 수 있어. 모든 아이돌들의 생년월일까지 쫙 꿰고 있거든.
张玲　질투 안나?
赵健　질투? 질투는 무슨. 여자친구가 아무리 그 아이돌들을 좋아한다고 할지라도 그림의 떡이잖아. 나는 그저 여

> 해석

자친구와 공통된 화제를 갖기 위해서 알려고 하는 거야. 그렇지 않으면 자기를 좋아하지 않아서 자기가 좋아하는 것에 관심을 갖지 않는다고 생각할 거야.

■ 대화 예문

대화 1
1. 그들은 음악 리듬에 맞춰 고개를 흔들고 있다.
· 이 노래 리듬은 경쾌하고 역동적이어서 듣는 사람으로 하여금 감정을 억제하지 못하고 저절로 고개를 흔들기 시작하게 한다.
· 뽕나무 위에 앉아 오디를 먹으며 고개를 흔들고 있는 두 형의 모습이 무척이나 부럽다.
2. 너는 지금 아직 학생이니 다른데 신경 쓰지 말고 공부에 전념하는 게 좋다!
· 그 사람 세상과 담쌓고 공부만 하는 사람인데 이런 스캔들을 어찌 알겠어.
· 요즘 세상에 세상과 담쌓고 살 수 있는 사람은 아주 적다.

대화 2
1. 매일 분주하게 왔다갔다 하지 않도록 아예 여기서 살아라.
· 너 잊어버리지 않게 내가 다시 한 번 말할게.
· 그는 잊어버리지 않게 전화번호를 적는다.
2. 우물 안 개구리는 견문이 좁고, 반딧불 불빛은 멀리 가지 않는다.
· 우물 안 개구리처럼 무지한 이들이 중국을 부정하고 중국을 못났다고 생각한다.
· 우리는 많이 공부하고, 많이 실천해서 우물 안 개구리처럼 시야가 좁고, 지식이 얕지 않도록 해야 한다.

대화 3
1. 안투성(安徒生)은 중국 사람이면 다 아는 동화작가이다.
· 누구나 다 알고 있는 이 글은 루쉰(鲁迅)이 쓴 것이다.
· 유명한 중국 예술가에게 '신식 영감'이라는 별명을 붙여줬다.
2. 나는 너의 진정한 팬이야!
· 나는 그녀를 가장 좋아하는 팬이야.
· 너는 그 사람들 모두가 내 팬이라는 거 모르니?

대화 4
1. 이러한 관점은 이탈리아에서는 모두 다 알고 있다.
· 그의 이름만 대면 중국인들은 대부분 모두 안다.
· 경제가 고속 성장한 중국이 세계 제3경제대국이 된 것은 이미 다 아는 사실이다.
2. 온 방안이 김치 냄새로 가득 차 있다.
· 거리마다 흘러나오는 노래는 모두 다 그 노래이다.
· 그는 하루 종일 머릿 속에 그녀만 생각하고 있다.
3. 나는 그의 발 앞에 엎드려서 고개를 조아리며 최고의 예를 갖추었다.

· 대기업은 국가의 정부가 되었고, 금전은 사람들에게 숭배의 대상이 되었다.
· 영어 열풍으로 인해 중국에서 가장 성공한 영어교사들은 사람들에게 영웅으로 추대되었다.

대화 5
1. 전화가 개통되는 곳은 그야말로 파죽지세격으로 발전하였다.
· 그들은 마침내 파죽지세의 위세로 로마제국 북부 변방의 방어 저지선을 깨뜨렸다.
· 애플사의 초소형 iPad2는 파죽지세로 성공했다.
2. "타산지석, 남의 산의 돌이라도 나의 옥을 다듬는 데는 쓸모가 있다"고 했듯이, 외부 초빙 인사로부터 이 기업에 문제를 해결할 수 있는 새로운 사고방식, 새로운 방법을 제공받을 수 있을 것이다.
· 타산지석 격으로 본문에서 유럽연합과 미국의 식품안전법률 체계를 소개했다.
· 타산지석이라고 우리는 충분한 외국의 선진 기술과 관리 경험을 토대로 경제건설을 가속화 시켜야 한다.

대화 6
1. 우리들은 두 사람을 잘 알고 있다.
· 재미있는 것은 기업의 리더들이 그것들에 대해 훤히 알고 있다는 것이다.
· 나는 병원 내부 상황을 우리 집보다 더 훤히 안다.
2. 나는 네가 회의에서 제시한 방안을 대략적으로 이해했다.
· 나는 스페인 역사에 대해 조금 안다.
· 나는 아방가르드(전위파)음악을 조금 안다.
3. 그녀는 한 치의 오차도 없이 그녀가 한 모든 약속을 이행했다.
· 그들은 한 치의 오차도 없이 법률을 지켰다.
· 그들은 한 치의 오차도 없이 명령을 집행했다.

대화 7
1. 많은 네티즌들이 연차 휴가를 내는 것은 "그림의 떡"으로 기대할 수 있지만 이룰 수 없는 것으로 본다.
· 그는 그림의 떡으로 내겐 너무 먼 사람이야.
· 정신 좀 차려, 지금 네 생각은 모두 그림의 떡이야.
2. 진정으로 한 여인을 감동시키려면 그녀와 관련된 모든 일에 대해 관심을 가져야 한다.
· 사람들은 누군가를 좋아하면 좋아하는 그 사람에게 설득 당한다.
· 그녀를 너무 좋아해서 그녀 주변의 사람까지도 체면을 세워준다.

■ 열독

K-POP(Korea-Pop)은 한국의 유행하는 음악이다. K-POP은 한국 음악에 흑인들의 길거리 음악인 힙합(Hip-Hop)의 음악 풍이 섞인 것으로 사실은 이질적인 동서 문화의 융합물이다.

K-POP 형성 초반에는 H.O.T를 선두로 해서 붐이 일기 시작했는데 대부분 정열적인 음악이었고, 젊은 사람들의 반항 심리와 자유분방한 느낌, 젊은 사람들의 마음의 소리를 들려주었다. 노래는 대부분 빠른 템포의 리듬으로 강렬했다. 그들은 공연할 때 노래를 하며 경쾌한 리듬에 맞춰 파워풀한 춤을 췄다. 이러한 춤은 K-POP에 빠져드는 매우 중요한 요소였다.

그 뒤를 이어 한국의 드라마가 널리 전파되기 시작하였고, 드라마 주제곡이나 삽입곡도 함께 환영을 받았다. 그 중의 대부분은 애정을 주제로 하는 탐미적인 노래였기 때문에 한국의 유행 음악의 성향도 점차 부드러우면서 서정적인 방향으로 흐르기 시작했다. 또한 한국어는 발음할 때 숨소리가 많아 목소리에서 느껴지는 부드럽고 감정적인 요소가 있다. 그래서 서정적인 요소가 함유된 지금의 K-POP 스타일이 되었다.

2011년에 K-POP은 이미 동아시아와 동남아시아의 주류음악이 되었다. 이것을 기회로 삼아 한국의 많은 기획사들은 K-POP을 전 세계에로 전파할 계획을 세우기 시작했다. 2012년에는 인터넷 동영상사이트인 유튜브를 통해서 폭발적인 인기를 누렸던 〈강남스타일〉은 바로 K-POP의 열기를 또 다른 경지로 끌어올렸다. 이 노래는 유럽과 미국의 주류 음악계를 뒤흔들어 유럽과 미국의 음악 순위 차트에서 일등을 차지했으며, 또한 전 세계에 패러디열풍을 일으켰다. 이로 인해 한국의 문화오락서비스산업은 전대미문의 흑자를 냈다.

지금 K-POP은 10대인 중학생들에게 초점을 맞추고 있다. 가수들이 대부분 나이가 어린 고등학교 재학생이고, 청중 역시도 대부분 중학교를 졸업하지 않는 소년 소녀다. 가수라면 반드시 이러한 청중들, 즉 소년 소녀의 마음을 얻어내야만 한국가요계에서 입지를 굳힐 수 있다. "오빠 부대" 팬클럽을 형성하는 주요 계층은 소녀들이다. 공연 중에 아이돌이 나오면 옆 사람이 귀청이 터질 것 같이 "오빠"를 외치는데 이는 한국의 공연 현장에서 볼 수 있는 가장 특이한 장면이다.

■ 어법중점 예문

1. 2011년에 K-POP은 이미 동아시아와 동남아시아의 주류 음악이 되었다.
   · 두 사람은 이미 좋은 친구가 되었다.
   · 중국은 이미 아프리카 제일의 수입국이 되었다.
2. 이 기회를 빌려 한국의 문화오락서비스산업은 전대미문의 흑자를 냈다.
   · 그의 기술은 나를 탄복시켰다.
   · 그는 아빠에게 한 대 맞았다.
3. 가수들이 대부분 나이가 어린 고등학교 재학생이고, 청중 역시도 대부분 중학교를 졸업하지 않는 소년 소녀다.
   · 이것은 네 개인의 일일 뿐만 아니라 모두의 일이기도 하다.
   · 그는 일본어를 할 수 있을 뿐만 아니라 독어도 할 수 있다.

제3과

■ 회화

张玲　너 어째서 땀을 뻘뻘 흘리는 거야? 운동하고 있는 거야?

赵健　아냐, 나는 지금 "말춤"을 추고 있어.

张玲　말춤이라고? 바로 그 볼록한 배를 쭉 내밀고 우스꽝스러운 몸짓으로 랩도 하고 노래도 부르며 의기양양해하는 "싸이"의 "말춤"을 말하는 거니?

赵健　하하, 너 같은 책벌레조차도 입을 열자 바로 "싸이"니, "말춤"이니 하는 걸 보니, 《강남스타일》은 정말로 천하를 주름잡고 있구나.

张玲　주변사람들이 모두 "강남스타일" "강남스타일" 노래를 부르니, 가만히 있으려고 해도 사방팔방으로부터 다가오는 충격을 감당할 수가 없지 뭐야!

赵健　맞아. 바로 그게 자신도 모르게 동화되어간다는 것이지. 2개월만에 유튜브 조회 수가 2억 번을 돌파했다고 하던데. 싸이는 배가 남산만하고 생긴 것도 아주 웃기게 생겼잖아? 어떻게 갑자기 인기를 얻게 된 걸까?

张玲　나도 그게 진짜 궁금해 죽겠더라고. 그래서 연구 좀 해 봤지.

赵健　정말로 경지에 다다른 책벌레구나. 그런 걸 다 연구하니 말이야. 근데 이번에는 의기양양해서 말하는 것을 보니 책벌레가 뭔가 깨친 것이 있는가 보네.

张玲　책벌레, 책벌레 소리 그만하고 내 얘기를 좀 들어 봐.

赵健　알았어, 알았다고. 공손히 경청할게!

张玲　이 《강남스타일》이 바로 "멍청함과 간단함" 때문이야.

赵健　이 친구 나오는대로 마구 말하네. 이렇게 인기가 좋은 뮤직비디오가 어디가 멍청하고 어디가 미련하다는 거야?

张玲　조급해하지 말고, 내 말 좀 들어봐. 이 노래는 단순한 리듬을 계속 반복해서 사용하고 있어서 설사 네가 한국어를 몰라도 따라서 흥얼거리며 부를 수 있지. 그래서 모두 너도나도 따라 하는 거야. 나 같은 책벌레도 덩달아 "오빤, 강남스타일"이라고 할 수 있잖아.

赵健　하하, 제발 좀 부르지 마. 이렇게 유명한 노래가 네 입에서 나오니, 어째 "싸이"보다도 더 "싸이"처럼 (우스꽝스럽게) 보이네.

张玲　그렇다니까. 나 같은 사람도 따라 부르잖아. 그러니 이 노래가 얼마나 대중을 염두에두고 만들었는지 알 수 있는 거야.

赵健　구구절절 옳은 소리구나. 간단할수록 모방하기 쉽잖아. 일반인은 어려운 건 모방할 수 없어.

张玲　바로 그거야. 봐봐, 팔을 앞쪽으로 뻗고, 두 손을 겹치게 놓은 다음 리듬에 맞추어서 엉덩이를 흔들면 바로 "싸이"의 "말춤"이 되는 거지.

赵健　제발 그만, 그만해. 네가 흉내내는 걸 유튜브에 올려놓으면 아마 "싸이"보다 훨씬 더 인기가 있을거야. 사람

해석

들이 "싸이"보다 너를 보며 배꼽잡고 웃겠어. 아마도 네가 진짜 "싸이"가 되고, 진짜 "싸이"는 두 번째로 밀려나서 사람들을 깜짝 놀라게 할 거야.

■ 대화 예문

대화 1

1. 사람들은 줄곧 운동 후에 땀범벅이 된다.
· 저 남자 아이는 땀을 줄줄 흘리면서도 왜 햇볕 아래에 계속 앉아있는 거야?
· 날씨가 서늘해도 그는 여전히 땀을 줄줄 흘린다.
2. 어느 날 밤에 그녀의 남편이 의기양양한 얼굴로 집에 돌아왔다.
· 그녀는 의기양양하게 걸어들어왔다, 얼굴에 미소를 띄고 있다.
· 그 부인은 의기양양하게 떠났다.

대화 2

1. 나는 내일 아무리 바빠도 네 생일잔치에 참가할 것이다.
· 아무리 화가 나는다고 해도 애를 때리면 안 된다.
· 아무리 어려워도 두 아이를 양육해야 한다.
2. 내 경험은 대부분 가정교육을 통해 얻어진 것이다.
· 나는 항상 보고 들으며 자연스럽게 점차 이 언어를 배웠다.
· 늘 보고 들으며 그녀는 연극을 좋아하게 되었고, 후에 배우가 되었다.
3. 저쪽에 있는 배가 남산만한 사람은 누구야?
· 저 뚱뚱한 놈은 탐욕스럽고 잔인하다.
· 그는 작년 여름에 중풍을 맞아 나뭇가지처럼 아주 삐쩍 말랐었다. 왕년의 배가 남산 만하던 그 모습이 더 이상 아니다.

대화 3

1. (견해나 행위가) 아주 진부하다
· 심한 냄새가 나다
· 아무 혐오스럽다
· 아무 어리석다, 아주 순진하다
2. 그 여자는 아주 의기양양, 흥분하며 티베트 지역에서의 경험을 이야기하고 있다.
· 언급되는 그녀의 학생에 대해 그녀는 속속들이 잘 알고 있는 듯 의기양양하다.
· 내 친구들은 대부분 시내에 살고 있지만, 농촌 얘기를 꺼내기만 하면 희색이 만면하다.

대화 4

1. 어째서 우리랑 얘기하지 않는 거야? 우리가 들을게.
· 이런 의견에 대해서 우리는 마땅히 경청을 해야 된다.
· 만약 너에게 더 좋은 의견이 있으면 나는 경청하겠다.
2. 그는 결과를 고려하지 않고 되는대로 말한다.
· 마르크스의 저작을 읽은 사람은 모두 이렇게 함부로 말하지 않는다.

· 그녀는 이 연설을 사실과 무관한 엉터리 연설이라고 했다.

대화 5

1. 나는 많은 사람들이 길거리 미용성형 광고를 보고 관심을 갖는 것을 알아냈다.
· 월가(Wall Street)와 보통 사람들은 오늘날 황금만능주의에 빠져있다.
· 인생에서 재물과 부귀만을 추구하는 자는 금전적인 이익이 보이면 바로 떼지어 몰려든다.
2. 그 사람은 일을 훤히 꿰뚫고 있다. 제갈량보다도 더 제갈량 같다.
· 너 지금의 차림새는 한국인보다도 더 한국인 같다.
· 그는 가수 뺨칠 정도로 노래를 잘한다.

대화 6

1. 그는 단지 일반 가수로 노래방에서 노래할 뿐이다.
· 우리 같은 일반 국민들의 소리를 정부가 어떻게 해야 좀 들을 수 있겠어?
· 네가 평민이면 나는 평민 중의 평민이다.
2. 많은 리더들은 당당하고 조리 있게 말을 한다.
· 그는 많은 문제들을 조리 있게 얘기한다.
· 의회개혁에 대해 그가 이치에 맞게 얘기해도, 다른 사람들은 거들떠보지 않을 것이다.
3. 그는 그 회사가 파산의 위기에 직면해 있다고 했는데, 정곡을 찌르는 말이다.
· 너는 꼭 이렇게 정곡을 콕 찔러야 되겠어?
· 어느 심리학자는 이 문제의 요점을 콕 집어냈다.

대화 7

1. 코미디 영화는 우리를 박장대소하게 한다.
· 이 우스갯소리에 나는 배를 잡고 웃었다.
· 그가 들어오자 사람들은 모두 배를 잡고 웃기 시작했다.
2. 예술품 교역은 중국을 다시 놀라게 했다.
· 그는 좋은 학생이기는 하지만, 내 생각에 그는 놀랄만한 성과를 보여줄 것 같지는 않다.
· 나는 지금까지 내 작품이 사람들을 놀라게 할 거라고 고대하지 않았다.

■ 열독

그 곡은 발표되자마자 바로 최고의 인기곡이 되었고, 한국의 규모가 큰 음악차트에서 최고의 자리를 차지했다. 두 달 동안의 클릭수가 2억을 돌파해서 기네스기록을 깼다. 그룹 신화, 장동건, 브리트니 스피어스(Britney Spears) 등 많은 스타들이 앞다투어 모방을 했는데 그것은 바로 세계를 뒤흔든 한국의 뮤직비디오 《강남스타일》이다.

《강남스타일》이 왜 이렇게 성공할 수 있었을까? 왜 하필 성공한 곡이 그것일까?

먼저, 《강남스타일》이 세계적으로 흥행하게 된 까닭은 온 세상 사람들의 심리적 요구를 사로잡았기 때문이다. 일반 사람의 모습, 가수의 동작은 모든 사람이 모방할 수 있고, 춤을 출 수 있었다. 만약 미래의 음악이 뉴미디어시대로 진입하려면 이러한 진정한 의미의 참여성이 필수적이다. 이 노래는 듣기 좋건 좋지 않건 상관없이 최소한 모든 사람들을 움직이게 할 수 있고, 뮤직비디오를 통해서 어느 정도 노래하는 사람을 이해할 수 있도록 한다. 《강남스타일》은 과거의 가수들이 일반 대중과는 구분되는 높은 곳에 떨어져서 홀로 있는 이미지를 타파했다. 그러기에 유엔의 사무총장 반기문은 "《강남스타일》은 세계의 평화를 위해서 강력한 힘을 보태 주었다. 4억 명이 넘는 사람들이 싸이의 공연을 좋아하며 감상했다. 정말 자랑스럽다."라고 했다.

두 번째로, 단순한 것을 중복시키는 "세뇌 작용"을 이용했다는 것이다. 한국의 과학연구기관에서 이 노래를 분석했는데, 3.6초를 주기로 다섯 개의 음절이 네 번이나 중복되며, 전체의 노래 중에서 다섯 개의 음절로 된 핵심 리듬이 100번 이상 중복된다는 것을 발견했다. 이러한 리듬과 박자는 사람이 30분 동안 천천히 뛰고 난 후의 심장 박동수와 거의 일치한다. 이것은 감각이 가장 흥분되는 순간이기도 하다. 이 견해는 많은 사람들이 왜 자신도 모르는 사이에 노래를 따라서 몸을 흔드는지를 설명해 준다. 사람들의 생리적인 반응을 격발시키는 또 하나의 요소는 기억하기 쉬운 선율과 리듬이다. 또한 이 뮤직비디오 화면의 가사는 매우 간결해서 설사 한국어를 모르더라도 이 요소들을 쉽게 이해할 수 있다.

세 번째는, 《강남스타일》은 아주 영리하게도 처음으로 유튜브에 발표했다는 것이다. 전통적인 영업 전략에 따른다면 보통 새로운 노래가 나오거나 뮤직비디오가 출시되면 먼저 대규모의 광고 투자가 수반되어야 한다. 특히 텔레비전을 포함한 각종 전통매체에 광고를 하고 나서, 기타 각종 보조적인 영업활동을 한다. 그런데 《강남스타일》의 전파 과정을 보면 완전히 새로운 매체가 주인공이 되었다. 정확히 말해 소비자들이 주역이 되었다. 먼저 누구나 접근이 가능한 글로벌 무대인 유튜브에서 붐이 일어나 전 세계적으로 인기를 얻기 시작했다. 그 후 각종 소셜미디어, 가령 페이스북이나 트위터 등에서도 신속하게 이러한 고조된 열기를 확산시켰다. 더욱이 SNS를 통한 스타들의 주동적인 홍보가 《강남스타일》이 전파되는데 역할을 더했다. 마지막으로 텔레비전을 포함한 전통적인 매체가 주동적 전파 역할을 했다.

■ **어법중점 예문**

1. 《강남스타일》이 세계적으로 흥행하게 된 까닭은 온 세상 사람들의 심리적 요구를 사로잡았기 때문이다.
· 루쉰(鲁迅)이 의학을 포기하고 문학 활동에 종사한 까닭은 인민을 일깨워 강력하게 반동세력과 투쟁하기 위해서이다.
· 나는 오늘 일기예보에서 비가 온다고 해서 우산을 가져왔다.
2. 이 뮤직비디오 화면의 가사는 매우 간결해서 설사 한국어를 모르더라도 이 요소들을 쉽게 이해할 수 있다.
· 하늘이 무너져 내린다 해도 우리는 두렵지 않다.
· 《강남스타일》의 안무는 매우 단순해서 몸이 아무리 둔하더라도 따라서 출 수 있다.
3. 먼저 대규모의 광고 투자가 수반되어야 하고, 그리고 나서 기타 보조적인 영업행위를 한다.
· 우선 대회의 주석이 보고를 하고, 다음으로 대표가 발언을 한다.
· 한 제품을 평가하는 데에 있어, 우선은 그것의 품질을 보고, 그 다음 그것의 디자인을 본다.

제4과

■ **회화**

赵健 너, 이 올빼미, 분명 어젯밤에 또 밤새도록 한국드라마 봤지?

张玲 맞아, 너 내가 밤새운 것 어떻게 알았어?

赵健 다크서클을 보면 알 수 있지!

张玲 내 뱃속에 들어왔다 나간 것처럼 잘 아네.

赵健 너 하루 종일 한국드라마만 보는데, 한국드라마 어떤 점이 그렇게 좋니?

张玲 솔직히 나는 비록 "한국드라마 팬"이어서 매일 드라마를 보지만, 왜 그러는지 대답해야 한다면 딱히 대답할 말이 없어. 다만, 첫 회를 보기 시작하면 그 드라마를 안 보고는 못 배겨.

赵健 흥, 그것도 몰라. 첫째, 남녀 주인공은 잘생기고 예쁘잖아. 대부분이 성형을 했지만 말이야. 어떻든 간에 스토리 전개가 남녀주인공과 그들의 친한 친구들 및 연적들 등등 볼거리가 있잖아. 촬영 할 때는 남녀 연기자의 아름다운 용모와 신체들을 강조해서 찍기 때문에 너처럼 순수한 소녀들이 끌리는 건 당연하지.

张玲 맞아! 한밤중에 밤새면서 못생긴 사람들이 연기하는 것을 보고 싶은 사람이 누가 있겠어? 그럼 잠 잘 때 틀림없이 악몽을 꾸게 될 거야.

赵健 또한 대부분의 한국드라마는 남녀간의 소소한 이야기들을 다루고, 굉장히 순수하고 낭만적인 애정 이야기가 많아서 매회 스토리마다 흥미를 불러일으켜.

张玲 또한 많은 친척들이 모여서 왁자지껄하게 참견하는 거나, 주변에서 일어나는 사소한 일들을 보고 나면 마치 자신의 이야기처럼 여겨지거든. 즉 내가 여자 주인공이 되어서 남자 주인공이 나를 아주 사랑하게 되는 것 같은 환상을 품고 점점 나를 잃어버려. 그렇게 며칠 동안 정신을 놓고 지내지.

赵健 너희 여자들은 모두 쉽게 사랑에 빠져서, 한국드라마를 보면서 키가 크고 부자면서 잘생긴 남자 주인공만 뚫어지게 들여다보잖아.

张玲 너희 남자들은 설마 한국드라마에 나오는 예쁘고, 현모양처고, 온유하고, 학력 높은 여자 주인공을 좋아하지 않는다는 거야?

赵健 그건...... 네 말이 맞는 것 같아. 그런데 한국드라마는 일주일에 겨우 두 편이나 한 편만 방송하잖아. 나처럼

해석

성질 급한 사람은 다음 회까지 기다리는 것은 정말 고통이야.

张玲   이 부분에 대해서는 너는 "문외한"이로구나. 자, 내가 "문외한"인 너한테 수업해 줄게. 한국드라마는 "쓰면서 촬영하면서 방송해", 대부분이 이틀 연속 방송을 하지. 그렇기 때문에 기다릴 수 밖에 없어. 조급해하면 안 돼.

赵健   그럼 드라마가 방송되는 도중에 시나리오 작가들은 시청자들의 시청 반응에 따라 다음 스토리를 전개하기도 하고, 결말을 쓴다는 거야? "한국드라마 팬"답게 굉장히 많은 것을 알고 있네.

张玲   당연하지.

■ **대화 예문**

대화 1

1. 그는 올빼미다. 자정이 다 돼도 잠 잘 생각을 하지 않는다.
· 요즘 젊은이들은 모두가 다 올빼미족이다.
· 이렇게 늦도록 잠을 안 자다니, 너 정말 올빼미구나.
2. 시험이 임박하니 학우들 모두 밤을 새워 복습한다.
· 조급해하지 마, 내가 오늘 밤을 새워서라도 일을 완성할 테니.
· 이렇게 날마다 밤새우면 안 돼, 건강도 생각해야지!

대화 2

1. 다크서클 생긴 것 좀 봐, 어젯밤에 또 밤새웠지?
· 이렇게 큰 다크서클이 생기다니, 어떻게 된 거니?
· 다크서클 생긴 것 보니 너 어젯밤 잠 못 잤구나.
2. 너 나에 대해서 그렇게 잘 알아? 내 속을 꿰뚫고 있어?
· 네가 그의 생각을 알고 있다고 확신해? 네가 그 사람 속을 다 꿰뚫고 있어?
· 내가 아직 말을 다 하지 않았는데도 알다니, 너는 역시 내 속을 훤히 꿰뚫고 있어.

대화 3

1. 사실은 말이야, 나는 비행기 처음 타.
· 사실은 나 그 사람에 대해 전혀 아는 바가 없어.
· 사실 나 그 여자 애 조금도 맘에 들지 않아.
2. 네가 나한테 그 사람 이름 물어봐도 나 정말 몰라.
· 내가 이렇게 말했다고 너 정말 화 내는 거야?
· 너는 나한테 가라고 하지만, 오늘은 정말 안 갈 거야.

대화 4

1. A: 너 아는 게 정말 많구나!
    B: 맞아!
· A: 성형은 한국이 제일이지.
    B: 맞아!
2. 네가 그를 못 가게 하면, 그가 소란 피울 거야.
· 내가 돕지 않으면 너 3, 4일은 걸릴 거야.

· 이 옷 이렇게 좋은데, 몇 천 위안은 하지 않니?

대화 5

1. 우리에게 알려 줘봐, 그만 애태우고!
· 그녀도 너를 좋아해. 바로 대답이 없어서 네가 애를 태우는 거지.
· 드라마를 찍는 감독들은 사람들로부터 궁금증을 자아내게 한다.
2. 그들 집안은 친척이 아주 많네!
· 여러 친척들이 왔다.
· 나 너희 집 안 갈래. 친척들이 엄청나게 많아서 싫어.

대화 6

1. 우리 회사는 제품 개발과 생산을 같이 하는 제조업체이다.
· 일본의 도시는 전통과 현대가 공존한다.
· 그는 역사적으로 공격과 수비를 겸비한 가장 뛰어난 선수 중 한 명이다.
2. 그는 회사에서 총애를 받는 사람인데 어떻게 해고가 될 수 있겠어!
· 그 사람 인기가 대단해. 많은 사람들이 그를 좋아해.
· 그 디자인의 옷은 단번에 유행 아이템이 되었다.

대화 7

1. 너는 장사에 대한 건 나보다 잘 알고 있는 것 같은데, 식량에 관해서는 문외한이야!
· 몰라도 너무 모르네. 저 사람들 영어가 아니라 한국어 하는 거야.
· 부추랑 실파도 구별 못하다니 너무 문외한이네.
2. 이 분야에서는 문외한이야, 나에게 묻지 마.
· 어떻게 이 문외한을 고문으로 모셔왔니?
· 이렇게 오래 배웠는데도 나는 여전히 문외한이다.
3. 그가 단숨에 이치에 맞는 말을 이렇게나 많이 하다니, 이렇게 지식과 식견이 있는 줄 몰랐다.
· 너는 너 혼자만 알고 있는 것이라고 생각하지, 나도 많이 알아.
· 네 지식을 다 풀어놔 봐, 우리 좀 들어보자.

■ **열독**

한국드라마는 사람들을 굉장히 놀라게 하거나 (일본드라마처럼) 어두침침한 공포 분위기를 조성하는 것도 아닌데 어떻게 "한류"의 중심축이 되었을까? 왜 한국드라마가 "한류"의 주력군이라 해도 과언이 아닌 걸까?

한국드라마에서 가장 많이 묘사하는 부분은 남녀 간의 애정, 일상생활에 있어서 나타나는 가족들간의 사랑, 친구간의 우정이다. 한국드라마에서 감정 묘사는 대부분 극히 개인적인 것에 초점이 맞춰지며 개인적인 감정, 분투와 발전, 좌절감이나 성공 등을 묘사한다. 또한 일종의 가벼운 해학적인 필치로 묘사되는 것이 많으며, 대가족이 겪고 있는 비극적인 일에 개인의 숙명감이나 운명적인 힘든 마음들을 묘사하지 않는다.

한국드라마 중 로맨틱 멜로드라마는 주로 약간 희극화되어 있다. 〈가을동화〉 같은 비극 멜로드라마일지라도 사람들에게 슬프지만 고통스러움을 느끼지 않게 한다. 상당히 중요하게 생각하는 것은 낭만적이면서 무겁지 않는 것이고, 더 나아가 일종의 비극으로부터 오는 해방감을 갖게 하는 것으로 마지막에는 마음이 굉장히 가벼워지도록 한다. 한국드라마에서 출현하는 인물들간의 관계는 비교적 단순하며, 선악 구분도 아주 분명하다. 한국드라마는 일상생활에서 받는 스트레스가 점점 더 많아지고 있는 텔레비전 시청자들의 심리적인 요구에 부합되고 있음에는 의심할 여지가 없다.

한국드라마의 주제는 아주 일상적인, 생활에서 발생하는 일이거나 심지어 가정에서 일어나는 소소한 사건들이다. 드라마는 어떻게 살아야 한다는 이치나 도리를 설명하지도 않고, 시청자를 교육하지도 않고, 심리적으로 무겁게도 하지 않는다. 극중 인물들도 전력 질주하여 가정을 일으켜서 가족들을 잘 살게 하거나 부자가 되게 하는 것이 아니라 자신의 삶을 성실하게 살아가고, 자신의 희로애락이 담겨 있다. 또한 자신의 원칙이 있고, 가정 도덕과 효를 매우 중시하고, 중국에서 이미 별로 중요하게 생각하지 않는 전통문화를 중시한다.

한국드라마에는 《목욕탕집 사람들》같이 비주류들의 캐릭터를 포함하기도 한다. 각종 다양하고 평범한 귀여운 캐릭터들로 가득 차 있기 때문에 한국드라마는 "관중들과 친밀함"을 중시하는 자신의 특징을 갖고 있어 작은 인물까지도 중시한다. "유행"의 본질은 바로 많은 지역에서 많은 사람들이 따라 하는 것인데 한국드라마는 스스로 관중들에게 다가섬으로써 인기를 끌 수 있는 사회적 초석을 마련하였다.

■ **어법중점 예문**

1. 왜 한국드라마가 한류의 주력군이라고 해도 과언이 아닌가?
   · 두 사람 몫을 먹어도 과하지 않다.
   · 재차 강조해도 지나치지 않다.
2. 〈가을동화〉 같은 비극 멜로드라마일지라도 사람들에게 슬프지만 고통스러움을 느끼지 않게 하며, 낭만에 초점을 맞추고 지나치게 무거운 마음을 갖지 않게 한다.
   · 오늘 비가 오더라도 나는 아랑곳하지 않고 등교할 것이다.
   · 네가 성공했더라도 교만하면 안 된다.
3. "유행"의 본질은 바로 많은 지역에서 많은 사람들이 따라 하는 것인데 한국드라마는 스스로 관중들에게 다가섬으로써 인기를 끌 수 있는 사회적 초석을 마련하였다.
   · 그의 이러한 솜씨는 대중의 박수갈채를 받았다.
   · 이 영화는 대중으로부터 호평을 받았다.

제5과

■ **회화**

张玲　피곤해 죽겠다. 오늘 또 쇼핑했네.

赵健　너 약 잘못 먹었니? 옷 산지 얼마나 됐다고 또 옷을 사. 봐봐, 또 뭘 샀는데? 아, 온통 한국스타일 옷이군. 네 원래 옷은 어디 있는데?

张玲　그 옷들은 이미 유행이 지나서 처박아 두었지. 네 옷도 하나 샀어!

赵健　내 것도 사다니, 오래 살고 볼 일이네. 너 한국드라마 너무 많이 보더니 결국 한국드라마에서 나오는 물건들을 이렇게 좋아하는구나!

张玲　하하, 맞아 인정해. 한국드라마에 나오는 여주인공의 의상 좀 봐봐, 얼마나 정교하고 예쁘니. 피부는 또 어떻고, 부드럽고 고운 것이 조금의 흠도 없어.

赵健　그 지방 풍토는 그 지방 사람을 기른다고, 그 여배우들은 타고난 거야, 후천적으로 노력하는 너 하고는 비교할 수 없지.

张玲　그렇게까지 말할 필요 있니? 나는 믿어, 꾸준히 노력하면 나도……

赵健　믿긴 뭘 믿어? 네 지갑 관리나 잘해. 지갑에 구속당하지 않게 말이야. 한국드라마의 힘이 대단하구나! 너에게 한국드라마는 화근 덩어리다.

张玲　화근은 무슨 화근이야? 한국드라마와 화근은 아무 관계도 없어. 한국드라마가 너무 잘 만들어져서 그런 거지. 이렇게 아름답게 잘 만들어진 한국드라마 앞에서 동요되지 않을 사람이 누가 있겠어? 나 한국 소설도 좋아해서 오늘 몇 권 샀어.

赵健　너 아예 한국에 가는 게 더 낫겠어.

张玲　너는 역시 날 너무 잘 알아. 그렇지 않아도 한국어 배울 계획이거든.

赵健　그럼 열심히 공부해 봐. 헛돈 쓰지 않도록 중도에 그만두면 안 된다.

张玲　그래. 이번에는 안심해도 돼. 나 열심히 공부할 거야. 한국어 배우고 나면 우리 함께 제주도, 민속촌, 동대문에 가서 밤새껏 돌아다니자. 남이섬에도 가고……

赵健　그래. 나는 더 이상 널 탓하지도 않겠어. 더 이상 해 봤자 쓸데없는 소리밖에 안 되니. 너는 한국드라마라고 하면 사족을 못 쓰고 점점 더 빠져드는구나. 지금 당장 "습니다(한국어)" 배우러 가!

张玲　너 혹시 알아차렸니? 한국드라마가 마치 눈덩이처럼 한 편의 거대한 산업 링크를 만들어 냈다는 거. 패션, 음식, 여행, 한국어 세계화 심지어 한국식 생활 방식 등이 많은 외국인들에게 점차적으로 영향을 미쳤어.

赵健　그걸 이제 알았어? 네가 앞으로 한국드라마에 중독되어 헤어나지 못하게 되도 말리지 않았다고 나 원망하지 마라.

해석

■ **대화 예문**

대화 1

1. 요새 갈수록 더 많은 사람들이, 특히 젊은이들은 인터넷 쇼핑을 좋아한다.
- 관광객은 백화점 여러 곳을 쇼핑했다.
- 여느 휴가처럼 독립기념일 역시도 쇼핑하기에 좋은 때이다.
2. 그 사람 오늘 약을 잘못 먹었나, 내내 말실수를 하네.
- 우리 잘못이 아니야. 너 약 잘못 먹었나?
- 너는 그들을 위해 일부러 그렇게 얘기한 거니, 아니면 약을 잘못 먹은 거니?
3. 이 축구팀 선수들은 일률적으로 오렌지색 운동복을 입고 있다.
- 참여자는 거의 모두 재학 중인 연구생이거나 젊은 교직원들이다.
- 옛날에 이 역할은 대부분 서양투자은행이 맡았다.

대화 2

1. 이런 설계는 보잉사에서 이미 사용하지 않는 설계와 아주 흡사하다.
- 그녀의 생일을 잊은 지난주 그날부터 나는 그녀한테 찬밥 취급을 당하고 있다.
- 많은 사람들은 옷을 사는 것을 좋아하지만, 많은 옷을 몇 번 입지도 않고 처박아둔다.
2. 그는 처음으로 부인에게 장미꽃 한 다발을 사주었다.
- 그 최고의 관심을 받았던 전시회 참여한 업체 중 일부 중국기업들의 이름이 있었는데, 이것은 전대미문의 일이다.
- 흑인이 백악관의 주인이 된 전대미문의 그 순간부터 곧 새로운 시대가 열릴 것이다.

대화 3

1. 중국인은 항상 사람은 지역에 따른 차이가 있다고 생각한다.
- 두 사람은 각기 다른 지역에서 와서 서로 성격이 완전히 다르네, 정말 다른 환경이 다른 사람을 만드는군.
- 지역마다 풍토가 다 다르듯이 너는 영원히 그 사람처럼 그렇게 매운 걸 잘 먹을 순 없을 거야.
2. 두 사람을 비교하지 마, 그들은 근본적으로 수준이 달라.
- 내 영어 실력은 그와 근본적으로 수준이 다르다.
- 그 사람은 너와 차원이 달라, 어떻게 해도 그를 따라갈 수 없어.

대화 4

1. 간부 문책제도는 중국 관리를 구속하는 수단이다.
- 인터넷실명제는 더 많은 사람들에게 도덕적으로 구속하는 수단이 될 것이다.
- 이 계약서는 구속하는 수단이다. 아무리 재주 있는 손오공이라도 벗어날 수 없다.
2. 역사가들은 국가가 전복된 원인이 여자에 있다고 보는데, 이것은 너무 불공평하다.
- 미인이 화근이다, 모든 여자는 나쁘다.
- 그녀는 그를 망치는 화근이다.

대화 5

1. 이 두 사건은 아무 상관이 없다.
- 먼 친척들은 서로 왕래가 뜸하다.
- 미국에 가기 위해서 먼 친척에게 편지를 썼다.
2. 이왕 손을 댄 김에 머리 염색까지 했다.
- 일을 이미 시작했으니 마무리까지 철저하게 하겠다.
- 중도에 손을 뗄 수 없으니 끝까지 하겠다.

대화 6

1. 이것은 너에게 온 좋은 기회이지 중도에 그만둘 이유가 아니다.
- 만약 독점이 여전히 존재한다면 다른 투자자들은 틀림없이 중도에 그만 둘 것이다.
- 지금 그만두기엔 너무 늦었다.
2. 그는 우리 돈을 수포로 만들었다.
- 그가 계속하지 않아서 투입한 돈은 물거품이 되었다.
- 일이 생각대로 되지 않으면 많은 돈을 날리게 되고, 납세자 의무를 지게 될 것이다.
3. 이런 약속은 전 세계 청소년들의 부모를 안심시켰다.
- 그간의 그의 태도는 당황한 많은 투자자들을 진정시켰다.
- 이번 취업여론조사는 확실히 오바마 대통령에게 진정제 역할을 했다.

대화 7

1. 네 이 방법은 아무런 효과도 없다, 그냥 쓸데없는 노력일 뿐이다.
- 그가 모두 부정해서 여태까지의 노력이 헛되었다.
- 충고해도 부질 없으니, 더 이상 너에게 충고하지 않겠다.
2. 새 책들은 모두 눈덩이처럼 점점 더 많은 새로운 독자들을 매료시키며, 예전에 출판된 책들의 판매량도 따라서 증가하게 했다.
- 이후에 그는 눈덩이처럼 커지는 방법으로 매년 기르는 여우의 양을 증가시켰다.
- 이 새로운 계획은 회사가 눈덩이처럼 커질 수 있는 기회이다.
3. 미리 얘기하지만 이 일의 성공 여부를 100% 장담할 수 없다.
- 어떤 투자든지 위험은 있으니 마음의 준비를 해야 한다.
- 내가 미리 조치를 해두었으니 그를 찾아가 얘기해 봐라.

■ **열독**

"한류"의 주력군인 한국드라마는 과감하게 다른 국가의 문화 시장을 정복해 나가고 있을 뿐 아니라, 그로 인해 수반되는 무형의 산업 링크들을 만들어 내고 있다. 이러한 무형의 산업 링크는 소리도 없이 세계 각 지역 사람들, 특히 젊은이들로 하여금 흔쾌히 자신의 지갑을 열게 만든다.

한국드라마가 유행되면서 음반, 출판, 만화 CD 시장 등 각종 문화산업상품 분야에 발전을 가져왔다. 한국드라마는 드라마 자체만으로도 경제적 이익을 창출해낼 수 있다. 아울러 도서, CD로 만들어지거나 원작이 개작된 만화로 만들어질 수 있으며, 극 중 주제곡은 앨범으로 만들어질 수 있다. 유명한 한국드라마 《겨울연가》의 만화, 소설본과 오리지널 사운드 트랙 CD 등으로 이어진 문화상품은 일본에서만 이미 19억 달러 이상의 외화를 벌어들였다.

한국드라마는 한국의 최신유행 의상, 장신구, 기타 유행상품 시장을 개척했다. 예를 들어 《궁(宮)》, 《마이걸》, 《내 이름은 김삼순》, 《풀하우스》 등의 몇몇 한국 드라마 히트작의 주인공들은 모두 주로 삼성, 엘지 등의 브랜드 휴대폰을 선전하고, 휴대폰 장신구에 그들의 얼굴이 새겨졌다. 《대장금》은 더욱 더 많은 종류의 맛있는 요리들을 음식점의 식탁 위에 올라오도록 했고, 과거의 한국음식 중에서 굉장히 희귀했던 보양식품을 시장에서 널리 판매될 수 있도록 만들었다.

한국드라마는 사람들이 한국으로 향하는 여행의 열정을 자극시켰다. 한국드라마 속의 남녀 주인공이 열애 중 감정 연기를 할 때 단골로 등장하는 한국의 바닷가, 시골 마을, 도시의 시장, 기타 관광지 등은 드라마의 내용을 더욱 고양시키거나 부각시켜서 관중들이 자신도 모르게 이 장소들을 연상하거나 동경하게 만들고, 자신도 직접 그 곳에 가서 경험하고 싶다는 소망을 불러일으켰다. 《가을동화》 속의 제주도, 《내 이름은 김삼순》에 나오는 한라산 등등이 그러하다. 《겨울연가》는 한국에 1조원의 수입을 가져다 주었고, 《뉴욕 타임즈》에서는 배용준을 "23억 달러의 외화벌이를 하는 남자"로 평가했다. 《대장금》이 방영된 후, 한국의 관광 수입이 15%나 증가해서 2005년의 관광 수입은 10억7천만 달러가 되었다.

어떤 유명 인사는 "한국드라마의 성공은 문화정책과 문화경영 모델의 성공이며, 예술적인 성공은 그 다음이다."라고 말했다.

■ 어법중점 예문

1. 한국드라마는 도서, CD로 만들어지거나 원작이 개작된 만화로 만들어 질 수 있으며, 극 중 주제곡은 앨범으로 만들어질 수 있다.
· 그 나무는 바람에 넘어갔다.
· 이런 음악은 요즘 젊은이들이 추종하는 스타일이다.
2. 더욱 더 많은 종류의 맛있는 요리들을 음식점의 식탁 위에 올라오도록 했고, 과거의 한국음식 중에서 굉장히 희귀했던 보양식품을 시장에서 널리 판매될 수 있도록 만들었다.
· 옷을 빨아라.
· 그는 선생님께 혼나서 울었다.

제6과

■ 회화

赵健: 1000만 명 시대. 1000만 명이라, 도대체 1000만은 어떤 개념일까?

张玲: 누가 너에게 1000만 위안을 준다는 거야? 너 무슨 헛된 꿈을 꾸고 있는 거니?

赵健: 그게 아냐! 방금 뉴스를 봤는데, 2012년에 외국인 관광객이 1000만 명이나 한국을 방문했대. 한국은 외국 관광객 1000만 명 시대에 진입했어. 관광업이 한국의 또 하나의 돈벌이 산업이 된 거지.

张玲: 와! 그렇게 조그만 땅에 그렇게 많은 관광객이 갔단 말이야?

赵健: 비록 작은 나라, 작은 땅, 별다른 자연자원도 없지만, 어떤 곳에서는 안 통해도 다른 곳에서는 통한다고, 한국 사람들은 관광산업 분야에서 좋은 성과를 이룩해 냈지.

张玲: 정말 겉만 보고는 판단할 수가 없어.

赵健: 한국을 방문하는 주요 외국 관광객은 중국인과 일본인이라고 하더군.

张玲: 그래서 한국 상점에서 파는 상품에는 중국어 라벨이 붙어있고, 중국어를 할 줄 아는 판매원이 굉장히 인기가 있구나.

赵健: 나도 한 번 한국에 가보고 싶어. 어쩌면 나의 미래의 여자 친구가 한국의 어딘가에 있을지도 모르잖아!

张玲: 또 꿈꾸고 있네. 쓸데없는 소리하지 말고, 한국 관광업이 신속하게 발전하고 있는 원인을 좀 연구해보자. 그래서 우리나라 관광업계에서 주도권을 가지고 있는 사람들에게 의견을 좀 제시해 보자.

赵健: 관광업계에 주도권을 갖고 있는 사람은 고사하고 관광과 관련된 말단 직원도 아는 사람이 없어.

张玲: 그럼 인터넷에 댓글을 달아 봐. 너의 뛰어난 말재주에 마음이 움직이는 관리자가 분명히 있을 거야.

赵健: 거절당하고 싶지 않아.

张玲: 그만 하자. 맞다, 나도 이전에 한국의 관광업에 약간 보탬을 준 적이 있지.

赵健: 이건 또 뭔 말이야? 아, 너도 작년에 한국 여행을 한 적이 있지!

张玲: 맞아. 나도 한국드라마의 유혹에 빠져서 못 참고 갔지. 모두가 벌떼같이 한국드라마 촬영지로 여행을 갔어. 그래서 나도 한국드라마 테마여행을 갔어.

赵健: 한국드라마 촬영지는 한국 관광업의 주역을 맡고 있다고 하던데.

张玲: 그래. 각각의 촬영지가 관광업에 적지 않은 이익을 창출하고 있어. 우리나라처럼 많은 촬영지가 훌륭한 조건을 갖추고 있음에도 불구하고 자원을 잘 활용하지 못하고 있는 것과는 달라.

赵健: 우리나라의 관광업은 전체적으로 여전히 모색 중인 단계인 것 같아. 아, 한국드라마 촬영지들을 여행하는 것은 신선하고, 마치 고향을 다시 찾는 느낌이 들지 않았니?.

张玲: 그래 맞아. 마치 한국드라마의 주인공이 된 것 같았어. 하하, 심지어 나는 드라마에 나오는 장소에서 주인공이 취했던 포즈를 취해보기도 했어. 정말 뭐라 말할 수 없는 기분 좋은 느낌이었지.

해석

■ 대화 예문

대화 1

1. 외국에 이민 가는 거? 지금으로선 헛된 꿈인 것 같다.
· 이런 생각은 지금 보기엔 헛된 꿈인 것 같다.
· 오페라 가수가 되고자 하는 그녀의 계획은 영원히 이루지 못할 헛된 꿈이다. 그녀의 목은 오페라에 어울리지 않는다.
2. 나는 더 이상 너희 집에 돈 대주는 사람이 되지 않겠어.
· 고객은 하나님일까 아니면 돈 줄일까?
· 예전에 이곳은 우리회사의 제일 작은 부서(별 볼일 없는 부서)였는데, 지금은 돈 만드는 부서(중요 부서)가 되었다.

대화 2

1. 어떤 일을 하는데 한 곳이 통하지 않더라고 다른 곳에서는 통한다고, 미국, 일본, 한국 3국이 중국을 에워싸고 있다고 걱정할 것 없다. 중국은 성동격서하면 된다.
· 중국은 대국이다. '동쪽이 어두워지면 서쪽이 밝고, 남쪽이 어두워지면 북쪽이 있다'고, 선회할 여지가 없다고 걱정하지 않는다.
· 그렇게 오만상 찌푸리지 마, 궁하면 통한다고 우리는 다시 다른 방법을 생각하면 돼.
2. 이 회사에 북경대 졸업생이 이렇게 많은 줄 미처 몰랐어. 진짜 겉모습만 봐서는 알 수가 없다니까.
· 지금 이 회사가 작다고 생각하지마. 겉모습으로만 판단 할 수 없어. 나중에 분명히 몰라보게 발전할 거야.
· 그는 키가 작아서 주목을 받지 못하지만 큰 회사를 이끌어가고 있어. 정말 사람은 겉만 보고 판단할 수 없어.

대화 3

1. 학생은 문화와 정신을 세우는 핵심 세력이다.
· 공상업계는 경제 발전의 주요 세력들이다.
· 해운업은 영원히 국제무역에 있어 운송의 중심이다.
2. 그것은 아마도 전 세계에서 가장 인기 있는 대종(벌크)상품일 것이다.
· 심천에서 상파울로까지, 이곳들은 경제가 일찍이 매우 발전한 곳이다.
· 뉴욕은 여전히 대단한 여행지라 호텔은 사람들로 북적이고, 음식점도 항상 만원이다.

대화 4

1. 오늘 너의 애정 운이 좋다.
· 지금 그는 여복이 있어. 몇 명의 아가씨들이 동시에 그를 좋아한다.
· 사랑은 스스로 쟁취하는 것이지 애정운에 달린 것이 아니다.
2. 쓸데없는 얘기 그만해라.
· 헛소리만 하지 말고 구체적인 일을 좀 해라.
· 그 사람 믿지 마. 그는 입만 살아서 쓸데없는 말만하고 아무것도 할 줄 몰라.
3. 지금 중국이 주도권을 잡을 수 있니?
· 하버드대학은 세계에서 주도권을 쥐고 있는 대학 가운데 하나이다.
· 코카콜라는 일사분기 이윤이 19% 증가되었고, 계속해서 국제 소매에서 맹주의 위치에 있다.

대화 5

1. 그는 말단 직원일 뿐이니 그에게 부탁하지 마.
· 말단 직원이 뜻밖에도 이렇게 거드름을 피우네.
· 나는 말단 직원이라 그런 회의에는 참가할 자격이 없다.
2. 우수한 영업사원들은 말재주가 좋아야 한다.
· 그의 말솜씨는 죽은 사람도 말을 하게 할 정도야.
· 사람은 말재주에만 의지해서는 안 되고, 정직하고 성실해야 한다.
3. 그는 그 회사에서 거절당할 거라곤 생각지도 못했다.
· 불성실한 사람은 분명히 퇴짜 맞는다.
· 퇴짜 맞는다고 해도 나를 원망하지 마라.

대화 6

1. 학생들이 벌떼처럼 운동장으로 몰려갔다.
· 아이들은 한꺼번에 밀어닥쳤다.
· 그들은 벌떼처럼 극장에서 쏟아져 나왔다.
2. 중국 경제는 이미 오랫동안 소비자가 주도적 역할을 했다.
· 중국의 중추절 기간에 전통적인 월병이 주역이 되었다.
· 똑같이 0에서 시작해서 민간경제의 경우 동부에서 이미 주도적인 역할을 하지만, 서부에서는 여전히 자라기 어려운 아이와도 같다.
3. 원래 많은 농촌은 농촌의 좋은 점을 잘 활용하지 못 했지만, 지금은 농촌관광 붐이 일기 시작했다.
· 좋은 조건이 무용지물이 되지 않게 사고를 바꿔야만 한다.
· 부자가 되려는 생각이 없으면 아무리 좋은 것을 갖고 있더라도 무용지물이 된다.

대화 7

1. 중국인은 사람은 반드시 "돌다리도 두드려보고 건너야 한다고"고 말한다.
· 처음으로 해외에서 물건을 구매하는 기업처럼 중국자원기업은 줄곧 세심하게 일을 처리했다.
· 그는 이 기간의 경험에 대해 방법을 모색하여 신중하게 일을 처리한 기간이라고 했다.
2. 나는 우리가 내년에 고향을 꼭 다시 찾아가 봐야 한다고 생각한다.
· 이러한 때 전에 살았던 곳을 가보면, 그곳은 또 다른 느낌을 줄 것이다.
· 어떤 곳에 처음 온 여행자와 다시 온 여행자 사이에는 커다란 차이점이 있다.
3. 자신이 사랑하는 사람과 함께 바다를 본다면 정말 기분이 좋을 것이다.
· 포도주를 마시며 음악을 들으면 최고의 기분일 것이다.
· 출근하지 않고 월급을 받는다면 기분이 좋을 것이다.

■ **열독**

　한국문화체육관광부와 한국관광공사(한국여행발전국)에서는 최근 입국 관광객 숫자에 대한 통계 결과를 발표했다. 한국은 2012년에 "천만"번째의 관광객을 맞이하여 1000만 명 외국관광객 시대에 들어갔다.

　한국의 연평균 외국인 관광객 수는 1991년에 300만 명을 돌파한 후, 2000년에 500만 명이라는 관문을 통과했다. 2010년에는 700만 명에 도달했다. 2012년에는 관광객 수가 예상되었던 1100만 명을 초과하여 1130만 명에 달하게 되었다. 1978년에 최초로 100만 명을 돌파한 이후, 관광객 수는 33년 동안 매년 15%로 증가해 왔다. 최근 3년 동안의 성장률은 12.4%에 도달해서, 미국, 중국 및 이탈리아 등의 주요 관광 대국을 초과했다.

　한국관광공사의 한 관계자는 외국 관광객 수의 상위 50위에 속하는 국가 중에서 3년 연속 두 자리 수로 증가한 국가는 오직 한국 밖에 없다고 말했다. 관광 이익 부분도 이와 같은데, 관광객 수의 순위도 2009년 28위에서 2011년 25위로 오르게 되었다.

　한국관광공사에서는 K-POP이나 한국드라마가 주류인 한류가 관광객을 오게 하는 주요 요인으로 보고 있다. 국내 관광산업의 발전은 각종 여행 상품의 개발을 가져왔으며, 마찬가지로 관광객들을 유치하는데도 약간의 도움을 주었다.

　한국문화체육관광부와 한국관광공사는 1000만 번째 들어오는 관광객을 맞이하려고 먼저 인천공항에서 1000만 명 째 입국하는 관광객에게 환영의식을 거행했다. 동시에 "관광객 1000만 시대의 도래 선포 의식"을 거행하여, 한국의 스타와 가수 등을 초청하여 각종 퍼포먼스를 선보였다.

　한국문화체육관광부의 한 관계자는 "외국 관광객 1000만 명을 돌파한 것은 국내 관광산업이 다음 단계로 올라가는 중요한 지표가 되고, 새로운 도전을 받아들이기 위하여, 문화관광부에서는 전력을 다해 이 활동들을 기획하고 준비하였다."고 밝혔다.

　한국관광공사의 한 관계자는 외국 관광객 매 10명당 국내 소비의 금액은 평균 1만2천5백만 달러가 되고, 그것은 2000cc급의 자동차 수출이 가져다 주는 경제효과와 비슷하며 국가 경제를 끌어들이는 산업으로서의 관광업의 중요성은 끊임없이 드러날 것이라고 밝혔다.

■ **어법중점 예문**

1. 2012년에는 관광객 수가 예상되었던 1100만 명을 초과하여 1130만 명에 달하게 되었다.
· 목표에 다다르지 못했다.
· 기차는 오후 3시에 북경에 도착한다.
· 너는 몇 시에 학교에 도착하니?
2. 먼저 인천공항에서 1000만 명 째 입국하는 관광객에게 환영의식을 거행했다.
· 전람회는 문화궁에서 진행된다.
· 과학기술 강좌를 개최하다.
· 모두 2008년 북경올림픽 개최를 기대한다.
3. 외국 관광객 매 10명당 국내 소비의 금액은 2000cc급의 자동차 수출이 가져다 주는 경제효과와 비슷하다.
· 내 마음은 저 처량한 달빛과 같다.

· 꾸이양의 한 기자는 이민호와 95% 정도 닮았다.

제7과

■ **회화**

导游 "한국의 하와이"라고 불리는 제주도에 여행 오신 것을 환영합니다. 저는 이번 "낭만적인 제주도 여행"을 함께할 가이드입니다. 성이 '박'이니, '박양'이라고 불러주세요.

赵健 가이드님, 질문이 하나 있어요. 비행기에서 내릴 때 보니 제주도의 돌들이 모두 검정색이던데, 이 점이 우리에겐 매우 희한해 보였어요. 실례지만 설명 좀 해 주시겠어요?

导游 그 돌들은 바로 화산암입니다. 제주도는 화산이 폭발해서 형성된 섬이기 때문에 지형이 아주 독특하지요.

赵健 그쪽 분야에 아는 것이 많으시네요! 제주도를 "삼다도"라고 하는데, "삼다"가 무슨 뜻입니까?

导游 하하, 한국에 오기 전에 공부를 많이 하셨나 봐요? 오늘 제주도에 대해서 자세하게 알게 될 것 같네요.

赵健 맞아요. 전 수박 겉핥기처럼 대충하는 것을 좋아하지 않아요.

导游 하하, "삼다"라는 것은 바로 ……

朋友 그건 바로 돌, 바람, 여자가 많다는 뜻이야. 가이드님, 제 말이 맞지요?

赵健 잘난 체 하기는. 너한테 물은 게 아니라 가이드 분께 물어보는 거야.

导游 두 분 친한 친구죠?

赵健 네. 우리 둘은 서로 잘 알아요.

导游 어쩐지 말씀하시는 것이 거리낌이 없더라니. 친구 말씀이 맞아요. 돌이 많은 것은 방금 보셨으니 아실 테고, 바람이 많은 것은 섬이니까 굳이 설명할 필요가 없는 것이고, 여자가 많은 것은 친구 분께 물어보지요.

朋友 그건……, 그건……

赵健 방금 전까지 입만 살아서 말 잘 하지 않았니? 지금은 왜 말을 못해?

导游 여러분께서는 제주도에 처음으로 오셨기 때문에 모르는 것은 당연하지요. "여자가 많다"는 것은 원래 제주도 남자들이 고기를 잡기 위해 바다에 나갔다가 목숨을 잃는 경우가 많아서 사람 수로 봤을 때 남자보다 여자가 더 많은 것입니다. 그보다 더 중요한 원인은 힘든 생활을 극복하기 위해 여자들도 남자들과 같이 노동을 해야 했기 때문에 상대적으로 여자가 많아 보였던 것이지요.

赵健 글렀네, 글렀어. "여자가 많다"는 것이 그런 뜻이었어? 이번에 러브스토리를 좀 기대했는데 헛물켰네. 여자들은 모두 신체가 우람하고 우락부락하겠지요?

导游 하하, "미녀"가 많다고 생각하셨군요. 당신 생각과는 많이 다릅니다.

해석

■ 대화 예문

대화 1

1. 인류가 난자를 기부하는 일은 얼마 전만 해도 굉장히 희한한 일이었다.
· 정치인으로서 연설하는 것은 결코 희한한 일이 아니다.
· 몇 년 전만해도 사람들은 시청자들이 집에서 전화하고 텔레비전을 보는 일이 희한한 일이라고 여겼다.

대화 2

1. 이 문제는 우리한테 문제도 아니다.
· 양이 아무리 많아도 이리한테는 문제도 아니다.
· 나는 때마침 이 분야의 논문을 쓰고 있는 중이라 자료를 많이 가지고 있어 별 문제가 되지 않는다.

대화 3

1. 너는 왜 늘 대충 넘어가도 되는 일을 끝까지 파헤치려고 하니?
· 너도 심사숙고 하는 편이라 문제를 제기하고 끝을 보는 것을 좋아하잖아.
· 그 기자는 끝까지 물고 늘어졌으나 정부 대변인은 털끝만큼의 흐트러짐이 없다.
2. 그가 방금 한 설명은 명쾌하지 않았다.
· 그가 무슨 짓을 한 건지 나는 잘 모르겠다.
· 그는 명확한 것을 좋아하지, 애매한 것을 좋아하지 않는다.

대화 4

1. 이 사람은 나서기를 좋아한다.
· 얼른 가자, 여기서 주제넘게 나서지 말고.
· 아이들은 당연히 학업으로 겨뤄야지 서로 겨루며 잘난 척 하면 안 된다.
2. 나와 그 사람은 잘 아는 사이예요.
· 그들은 대화하는 말투를 보니 친분이 있는 것 같다.
· 그는 여기 아는 사람이 많다.

대화 5

1. 딱 보면 알 수 있어, 그는 나를 싫어해.
· 그 일은 뻔한데 뭐 하러 몇 번이나 물어보고 그러니?
· 다 아는 일이니 더 이상 숨기려고 하지 마.
2. 그는 이것저것 한다고 하는데 믿지 마, 말 뿐이니까.
· 그는 말 뿐이지 별다른 능력이 없다.
· 입만 살아있는 그 사람들은 이렇다 할 성과를 못 낼 거야.
3. 그는 아버지의 물음에 말을 할 수 없었다.
· 그녀는 억울했지만 또 변명할 방법이 없어 정말 말을 할 수가 없었다.
· 그녀는 이러한 일은 설명할수록 점점 불투명해진다는 것을 안다. 정말 뭐라 말을 할 수가 없다.

대화 6

1. 학생이 공부하는 건 당연한 거다.
· 자녀들이 부모에게 효도하는 것은 당연한 거다.
· 그녀가 학적을 취소당한 것은 당연한 일이다. 그녀는 학교 수업에 참석한 적이 없기 때문이다.
2. 너는 우리를 헛수고하게 할 생각이야?
· 여러 가지 이유로 이 계획은 물거품이 될 위기에 처해 있다.
· 중소기업의 웹사이트 확대는 다양하다. 어떤 기업은 효과가 대단하지만, 어떤 기업은 헛된 노력을 하고 있다.
3. 그는 훤칠하게 생겼다.
· 그는 기골이 장대하지만, 생각하는 것은 단순하다.
· 나는 수염이 덥수룩하고 훤칠하게 생긴 남자를 보았다.
4. 그 두 사람 한국어 실력은 하늘과 땅 차이이다.
· 이곳 궁전과 자금성은 차이가 많이 난다.
· 우리 집 형편은 그 집과 차이가 많이 난다.

■ 열독

제주도는 한국에서 가장 큰 섬으로, 화산 분출로 인해 형성되어 그 지형이 매우 독특하다. 사면이 바다로 둘러싸여 있어 바다를 끼고 늘어선 기암괴석과 폭포, 백사장과 작은 섬 등은 해변의 아름다운 풍경을 한층 더 돋보이게 해준다. 예로부터 제주도는 삼다삼무(三多三无)로 유명하다.

삼다(三多)

"삼다(三多)"는 돌, 바람, 여자가 많음을 가리키는데, 이로 인해 제주도는 "삼다도"라고도 불린다. 제주도 전체는 화산 분출로 형성되었기 때문에 돌과 동굴이 특히 많다. 옛날 제주도 사람들은 이 척박한 돌땅에서 자수성가했다. 현재는 섬의 곳곳, 성읍 안에 민속촌에 있는 돌집과 초가집들은 제주도에 여행 온 관광객들에게 제주도 조상들의 어려웠던 생활들을 말해주고 있다. "바람이 많다(风多)"는 것은 제주도가 태풍지대와 연관되어 있기 때문이며, 돌이 많은 것과 마찬가지로 제주도의 생활환경이 어렵다는 것을 알려준다. "여자가 많다(女多)"는 것은 옛날 제주도 남자들이 바다에 나가 고기를 잡을 때 재난을 당해 사망할 확률이 많았기 때문에 남자보다 여자가 더 많았음을 의미한다.

삼무(三无)

"삼무(三无)"는 도둑, 대문, 거지가 없음을 가리킨다. 예로부터 척박한 땅에서 생활했던 제주도 사람들은 서로 돕지 않으면 살아가기 힘들어서 이웃간에 서로 돕는 미덕이 생겨났다. 도둑질을 하거나 남에게 구걸해서 살아갈 필요가 없었기 때문에 자연히 대문을 만들어 이웃의 침입을 방어할 필요가 없었다. 그래서 주인이 외부로 나가 일을 할 때는 집에 사람이 없다는 표시로 집 앞에 나무막대기를 걸쳐 놓으면 될 뿐 다른 설치를 할 필요가 없었다. 제주도 말로는 이 막대기를 "정낭 (正栏 곧은 막대기)"이라고 하는데 이름만 보아도 알 수 있듯이 그저 나무 막대기에 불과하다.

온난 습윤한 기후와 화산활동으로 만들어진 아름다운 자연 경치로 인해 제주도는 "한국의 하와이"라는 아름다운 명칭을 얻었으며, 수많은 해외 관광객들을 끌어들이고 있다. 제주도는 한국의 서남부에 위치하여 푸른 파도가 인접해 있고, 하얀 모래사장이 짝을 이루고 있고, 사방이 아름다운 풍경으로 둘러싸인 "천제연(天帝淵) 폭포"는 아주 드문 여행지 중 하나이며 휴양지이다. 제주도는 "허니문의 섬" "낭만의 섬"이라는 아름다운 명칭을 갖고 있으며 한국의 많은 신혼부부들은 그들만의 낭만적인 신혼여행을 여기에서 보낸다.

■ 어법중점 예문

1. 제주도는 화산 폭발로 인해 형성되었다.
· 물은 수소와 산소가 결합하여 만들어진다.
· 성공은 근면으로 얻어진 것이다.
2. '삼다'는 돌, 바람, 여자가 많음을 가리키는데, 이로 인해 제주는 "삼다도"라고도 불린다.
· 두보는 후세에 의해 "시성"으로 불러졌고, 그의 시도 '시사'라고 불리어졌다.
· 이러한 의미에서 과학 연구 활동에 종사하는 모든 사람이 '과학자'라고 칭해지진 않는다.

제8과

■ 회화

赵健 듣자 하니 너 오늘 한국요리를 소개하는 책 몇 권을 샀다던데? 너 며칠 전만 해도 태국요리를 연구하고 있지 않았어? 어쩜 그렇게도 빨리 마음이 변하니?
张玲 나 다음 주에 한국으로 유학 가거든.
赵健 아 참, 가장 친한 친구가 떠나는구나. 너 가기 전에 혹시 무슨 계획 있니?
张玲 내일부터 매일 한국음식점에 가서 먹어보고 한국 음식을 하나씩 배워 보려고 해.
赵健 그럼 한국에 가기 전에 벌써 한국요리 미식가가 되겠네.
张玲 미식가? 한국요리 미식가가 되려면 아직 한참 멀었어.
赵健 너는 자신이 누릴 수 있는 특권을 잘 활용할 줄 모르는 것 같아. 한국 현지에 가서 먹는 것이 여기보다 훨씬 더 전통 한국요리 맛일 테니 한국에 가서 먹어.
张玲 네 말이 맞다.
赵健 한국요리는 종류가 많니?
张玲 나는 한국요리 종류가 그다지 많지 않다고 생각했는데, 책을 보니까 그렇지 않다는 걸 알게 됐어. 한국요리는 종류도 다양하고 맛도 좋아.
赵健 진짜? 그럼 너는 한국요리 미식가가 되기에는 갈 길이 멀겠구나.
张玲 한국요리는 독특한 맛이 있고, 특색이 있어. 불고기나 김치 또는 떡 등 어떤 종류를 막론하고 모두 각양각색의 시각적인 아름다움이 있어.

赵健 하하, 너 유학 가려는 거 맞아? 어쩜 먹는 것만 생각하고 있니? 한국에 가서 너무 많이 먹어서 병이 나지 않게 조심해.
张玲 걱정 붙들어 매. 네가 생각하는 일은 일어나지 않을 거야.
赵健 한국요리 먹을 때 예의를 중시한다던데, 다른 사람들하고 먹을 때 체면 구기지 않게 조심해!
张玲 별 걱정 다 하네, 이미 다 예습했어.
赵健 너 아주 자신만만하구나.
张玲 특별히 자신이 있는 건 아니지만, 내가 좀 덜렁거리긴 해도 세심한 면도 있으니까 체면 구기는 일은 하지 않을 거야.
赵健 미리 말하는데, 귀국하면 나한테 한국요리 몇 가지 만들어서 맛 좀 보여줘야 해.
张玲 문제 없어.

■ 대화 예문

대화 1

1. 현대 사회의 많은 남자들은 오래된 여인을 버리고 새로운 사람을 사귀는 경우가 많다.
· 새 옷이 생기니까 예전 옷은 바로 버리다니, 너는 새로운 것만 좋아하고 옛 것은 싫어하는구나.
· 그 사람은 애정이 한결같지 않고 여자를 쉽게 버리는 그런 사람이 아니다.

대화 2

1. 시간이 늦었네, 나는 가야겠다.
· 내가 좀 늦게 왔는데, 내가 도착했을 때 그 사람은 이미 가 버렸다.
· 하고 싶지 않으면 가라.

대화 3

1. 너는 좀 더 노력해야 해, 아직 그 정도 실력은 아니야.
· 이렇게 중요한 임무를 나에게 맡기지 마. 아직 그 정도 실력에 못 미치거든.
· 많은 사람들이 아직 많이 부족한데도 자신이 대단하다고 여긴다.
2. 그는 그렇게 많은 돈이 있는데도 아르바이트 해. 정말 누릴 줄도, 돈 쓸 줄도 몰라.
· 안락한 침대를 두고도 기어코 땅에서 잠을 자다니 정말 복을 누릴 줄 몰라.
· 많은 사람들은 그가 복을 누릴 줄 모른다고 생각하지만, 사실 그는 농촌 생활에 이미 익숙해져 있다.

대화 4

1. 머독(Iris Murdoch)은 말을 아주 논리 정연하게 한다.
· 그는 많은 문제에 있어서 굉장히 논리 정연하다.

해석

- 그는 말하는 것이 매우 논리 정연하다.
2. 이야기가 굉장히 간단해 보이는데 사실 그렇지는 않다.
- 그는 스스로 상당히 똑똑하다고 생각하는데, 사실은 그렇지 않다.
- 어려운 것처럼 들리는데 사실은 그렇지 않다. 네가 해야 할 일은 드라마 보는 거다.

대화 5
1. 정말로 숙련된 바리스타가 되려면 더 노력해야 한다.
- 너는 한국말을 잘하려면 갈 길이 아직 멀다.
- 우리 둘의 임무가 아주 막중하다.
2. 그는 입만 열면 먹을 것 타령이다.
- 어쩐지 그가 그렇게 뚱뚱하더라니, 온통 먹는 것 생각뿐이구나.
- 그는 요리사다. 그래서 몇 마디 말만해도 온통 먹을 것 얘기뿐이다.

대화 6
1. 그 사람은 자주 쓸데없는 일을 걱정한다.
- 별일 없을 테니 쓸데없이 걱정하지 마.
- 여기서 쓸데없이 걱정하지 말고 우리가 직접 가서 보자.
2. 그 사람은 이미 자신 있는 거 같다.
- 너는 그 사람들을 걱정할 필요 없어, 그 사람들 이미 다 계획된 바가 있거든.
- 자신있는 사람만이 그렇게 할 수 있어.

대화 7
1. 평소에 그 사람 대충대충인 것 같지만, 사실 섬세한 면이 있어.
- 우리 남편은 무뚝뚝하기는 하지만, 때론 섬세한 면이 있어서 가끔씩 사람을 놀라게 한다.
- 친구를 사귈 때 가끔씩 거칠면서도 섬세한 면이 필요하다.
2. 내가 이미 말했잖아, 그러니 내가 먼저 해야겠어.
- 내가 미리 말하는데, 맛있는 것 남겨 놔.
- 나도 너한테 먼저 주고 싶은데, 그 사람이 먼저 선수를 쳤어.

■ 열독
한국요리에는 주식인 쌀밥과 밀가루 음식, 메밀, 야채, 고기 등이 있다. 익힌 음식 외에 따뜻한 국물을 곁들여 먹는다. 한국 김치는 항상 식탁 위에 오르는 반찬인데 배추, 무, 오이 등의 식재료를 발효시켜 만든 것으로` 그 종류가 다양하고, 반찬이라고 한다.

한국요리에는 참기름, 간장, 소금, 마늘, 생강 등과 같은 양념을 많이 사용하고, 특히 마늘이 많이 사용된다. 기후의 영향을 받아서 계절에 맞는 음식을 만든다. 겨울에는 농산물이 자라지 않기 때문에 김치, 오이 장아찌 등 전통 염장식품에 의존하는데, 이러한 염장식품은 입동 전에 소금을 사용해서 항아리 속에 넣어 보관한다.

한국 전통 식기는 젓가락과 숟가락이다. 젓가락 재료는 금속이고 대체로 편평하고 길다. 숟가락도 대부분 금속으로 만들어진다. 특이한 점은 한국 사람들은 밥과 국을 먹을 때는 숟가락을 이용하고, 젓가락은 보조 도구로 음식을 집는데 사용한다.

한국요리는 독특한 맛이 있고, 특색이 있으며, 식재료 본연의 신선한 색감을 유지한다. 불고기나 김치 또는 떡 등 어떤 종류를 막론하고 모두 각양각색의 시각적인 아름다움이 있는 것이 한국요리의 가장 큰 특징이다. "매운 맛"은 한국요리의 중요한 맛 중에 하나인데, 이 매운 맛은 다른 나라의 매운 맛과 조금 다르다. 어떤 사람이 "쓰촨(四川)요리의 매운 맛은 톡 쏘며 아린 맛(麻辣)으로 신선한 맛이 배어있고, 후난(湖南)요리의 매운 맛은 불같이 얼얼한 매운 맛이다. 그런데 한국요리의 매운 맛은 입에 들어갈 때에는 담백하고 향기롭지만, 뒤에 느껴지는 매운 맛은 땀이 줄줄 나게 한다"라고 묘사한 적이 있다.

고려 인삼, 닭, 신선한 소고기, 해산물, 야채, 삶다, 찌다, 굽다 등…… 이러한 단어를 듣는 것만으로도 건강에 좋고 영양이 많은 재료를 활용해서 조리하는 듯한 느낌이 든다. 한국요리는 일반적으로 천연 재료를 골라 영양소를 파괴하지 않는 조리 방식을 택하고, 고기와 야채의 조합이 잘 어우러져 조리를 할 때 양은 작지만 정교하고, 영양이 풍부해서 사람들이 폭식하지 않도록 한다.

한국은 예로부터 예법에 따라 만드는 음식이 많았다. 이런 식품에는 출산, 삼칠일, 백일, 돌, 혼례, 약혼 예물 등의 축하 음식, 무속인들이 의례 때 사용하는 음식, 제사 음식, 절에서 의식을 치를 때 사용하는 음식 등이 있다. 그 밖에 한국 사람들은 식사할 때, 손님을 접대할 때, 제사를 지낸 후 음복을 할 때, 늘 새우젓, 장아찌, 육포, 어포 등의 술안주를 준비해 둔다. 이 때문에 개발된 각종 식품가공기술도 그 음식 문화를 풍부하게 만들었다.

■ 어법중점 예문
1. 한국 김치는 항상 식탁 위에 오르는 반찬으로 배추, 무, 오이 등의 식재료를 발효시켜 만든 것이다.
- 우리는 이러한 영웅으로 인해 자랑스럽다.
- 우리는 오로지 자기 위주로만 할 순 없다.
2. "매운 맛"은 한국요리의 중요한 맛 중에 하나인데, 이 매운 맛은 다른 나라의 매운 맛과 조금 다르다.
- 지금의 상황은 작년과 다르다.
- 이곳의 풍속은 정말 다른 지방과는 많이 다르다.
3. 이러한 단어를 듣는 것만으로도 건강에 좋고 영양이 많은 재료를 활용해서 조리하는 듯한 느낌이 든다.
- 무슨 일을 하든 다른 사람만 의지하면 안 되고 스스로 먼저 노력해야 한다.
- 도서 목록에 문학 방면의 책들만 수 십 종류이다.

제9과

■ 회화

张玲 리우천, 한국에 가기 전에 한국 스타일 옷을 몇 벌 사는 게 어떨까?

刘晨 아니 이 친구야, 늘 똑똑하더니 어째서 지금은 바보같이 말하는 거야. 한국 스타일 옷을 왜 국내에서 사려고 해? 한국에 가서 사는 것이 훨씬 낫지 않겠어?

张玲 한국은 물가가 너무 높지 않니? 내가 너처럼 그렇게 돈이 많은 것도 아니고, 내 형편은 네 형편과 차이가 있잖아.

刘晨 누가 내가 돈이 많대? 많은 사람들이 한국에 가서 한국 스타일 옷을 사는데, 너는 반대로 국내에서 한국 스타일 옷을 사려고 하다니 정말 특이해.

张玲 하하, 좋은 건 남에게 양보할 수 없다고, 우리 (중국) 국민들이 돈을 벌면 좋잖아.

刘晨 너만 애국자니? 한국에 도착하면 아르바이트 할 기회가 아주 많다고 하던데, 아르바이트 해서 사.

张玲 유학을 중개해 주는 유학원의 말은 다 믿을 순 없지만 아예 안 믿을 수도 없어. 한국에서 아르바이트 할 수 있는 기회가 그렇게 많지는 않다고 하고, 아르바이트가 아주 힘들기 때문에 학습에 영향을 미칠 수가 있다던데.

刘晨 피곤하면 좀 어때, 상황에 맞춰 사는 거지.

张玲 응, 아주 옳은 말이다, 한국에 가서 사야겠다.

刘晨 네가 한국에 가면 아마도 나는 늘 한국 옷을 부쳐달라고 부탁할 거야. 한국 옷은 품질이 정말 좋아. 국내에서 산 한국 스타일 옷은 몇 번 입지 않았는데도 변형되더라고.

张玲 남의 떡이 커 보인다고, 국내의 한국 스타일 옷도 품질과 디자인이 괜찮아.

刘晨 안 믿는 구나. 상품의 좋고 나쁨을 모르는 건 걱정하지 않고, 상품을 비교하는 걸 걱정한다고, 네가 한국에 가서 비교해 보면 바로 알게 될 거야.

张玲 내가 한국어를 마스터 한 후에야 널 도와 줄 수 있어. 한국에 막 도착해서는 사람도 낯설고 지역도 낯설잖아. 그런데 충분한 수고비를 준다면 도착하자마자 사는 것을 도와주지. 상이 크면 열심히 일한다는 말이 있잖아.

刘晨 아니 친구끼리 왜 그래? 너 나한테서 돈을 벌려고 하는 건 아니지, 그렇지?

张玲 하하, 모르는구나, 나는 이득이 안 되는 일에는 나서지 않아.

刘晨 알았어, 알았어. 그래 너 참 모질다. 네가 정말 부럽다, 동방 유행의 최전선에 유학을 가서 정통 한국 패션의 유행을 다 느낄 수 있다니.

张玲 그래. 기회가 왔으니 공부에 방해가 되지 않는 선에서 첨단 유행 도시의 매력을 맘껏 누려 볼 거야.

刘晨 한국에서 몇 년 지내야 하니 천천히 해. 급하면 오히려 일을 그르치는 법이잖아.

张玲 응. 처음에는 집안에 틀어박혀 공부만 하는 모범적인 학생이 될 거야. 한국어 실력이 어느 정도 늘면 그 때 다시 얘기하자.

刘晨 맞아! 열심히 노력하면 공은 자연스레 따라오는 법, 열심히 공부하면 돼.

■ 대화 예문

대화 1

1. 69세나 된 사람이 어리석게도 어린 아이한테 사기를 당했다.
· 너 정말 똑똑한 사람이 왜 그랬어, 어떻게 그렇게 어리석은 일을 할 수 있니?
· 누구든 총명해도 어리석을 때가 있는 법, 그를 너무 탓하지 마.

2. 너는 비싼 것 사, 나는 싼 것 살래. 우리는 형편이 다르니 서로 비교할 순 없잖아.
· 부자들의 솜털은 가난한 사람들의 허리보다 두껍다는 말이 있듯이, 현재 사회의 빈부차이는 날이 갈수록 커지고 있다.
· 그들 둘은 여자가 남자보다 경제적으로 훨씬 낫지만 늘 남자가 여자에게 선물을 사준다.

대화 2

1. 2007년 FRB(미국 연방비축위원회)는 이자율을 높이는 반대 정책을 취해서 유가의 고공행진을 멈추게 했다.
· 애플사는 iPhone을 시작으로 ipad까지 영역을 넓혔지만, 마이크로소프트사는 반대 방식을 취했다.
· 중대한 지구 문제에 책임이 있다고 동의한 민주국가는 지금 오히려 역행하고 있다.

2. '좋은 물은 남의 밭에 흘러 보내지 않는다'더니, 가족들이 밖에 나가지 않고 두 탁자에서 행복하게 마작하고 있네. (돈을 잃어도 남이 아닌 가족에게 잃게 되므로)
· 이런 입찰은 겉으로는 공평해 보이지만 사실은 자기들 실속을 챙기고 있어. (자기와 관계가 있는 사람에게 입찰을 했으므로)
· 실속을 챙기기 위해 그는 세상 사람의 이목을 가릴 온갖 궁리를 했다.

대화 3

1. 그가 한 말은 믿지 않을 수도 없고 그렇다고 전부 믿을 수도 없다.
· 신문의 보도는 믿을 수도 안 믿을 수도 없다.
· 상사의 약속을 다 믿을 수도 안 믿을 수도 없으니 스스로 판단해야 한다.

2. 대장부는 경쟁이 치열한 현대사회에서 환경에 잘 적응해야 한다.
· 한신이 사타구니 밑을 기어나가는 굴욕을 당하고도 잘 참아내어 후에 장군이 되었다는 것은 대장부가 굽힐 땐 굽혀도 뜻을 펼 땐 펴야 큰 일을 할 수 있다는 것을 말해 준다.

해석

· 월왕 구천은 나라를 되찾기 위해 20년간 와신상담하였다. 이것이 바로 나아갈 때와 물러날 때를 아는 것이다.

대화 4

1. 그녀는 지금 다른 사람의 상황이 자신보다 훨씬 낫다고 생각한다.
· 남의 떡이 더 커 보인다고 존은 (자신의 직업에 만족하지 못하고) 자주 직업을 바꾼다.
· 이 도시도 나쁘지 않고, 하는 일도 괜찮다. 집이 좀 좁을 뿐이지. 하지만 나는 늘 남의 떡이 더 커 보인다고 생각하지 말라고 말한다.
2. 내가 비싸게 판다고 말하지 마세요, 다른 가게 상품과 비교를 해봐야 우리 물건이 좋은 걸 알게 될 거예요. 가서 다른 물건과 비교해 봐요.
· 당신에게 가장 적합한 것을 '다이어트 약 슈퍼마켓'에서 비교해보고 고르세요!
· 상표마다 나타나는 효과가 다르니 전문점을 더 돌아다니면서 비교를 해보세요. 좋은 상품은 비교해봐야 알지요.

대화 5

1. 그녀는 아는 사람 하나 없는 낯선 땅에서 불안감을 느꼈다.
· 나는 여기 방금 도착해서 모든 것이 낯설다.
· 낯선 땅, 낯선 사람들이 있는 곳에서 병이 나는 것보다 더 한 것은 없다.
2. 만약 그 일을 하려는 사람이 없다면, 월급을 높여주면 된다. 상이 크면 반드시 용기 있는 사람이 있다.
· 보수가 높으면 반드시 용기 있는 사람이 있다고, 돈을 많이 주면 아무리 위험한 일이라도 하려고 하는 사람이 있을 것이라고 나는 믿는다.
· 큰 상이 있어야 있는 힘을 다하는 법, 지금처럼 용감한 사람이나 겁쟁이, 공을 세운 자 그렇지 않은 자에게 똑같이 상을 주면 안 된다.
3. 우리 사이에 예의는 무슨, 사양할 것 없어.
· 우리 사이에 뭐 그렇게 어려워해요, 그러지 맙시다.
· 우리 사이에 예의 차릴 것 없이 뭐든 원하는 것이 있으면 다 말하세요.

대화 6

1. 그는 이익이 없는 일은 하지 않는 사람이야. 공짜로 널 도와주지는 않을 거야.
· 지금은 레이펑(雷锋)같은 삶(자신을 희생하는 삶)은 적어지고, 이익이 안 되는 일에는 나서지 않는 사람은 많아졌다.
· 너는 내 도움이 필요하면, 나는 공짜로 널 도와줄 수 없어. 나는 이익이 없는 일은 하지 않는 사람이야.
2. 우리 아버지는 작가이자 기자다. 아버지 덕이 아니었다면, 내가 어찌 지금 이런 문장을 쓸 수 있겠어?
· 상하이 경제권에 속해 있는 창저우(常州)가 어떻게 이 발전 기회를 충분히 이용하는가 "물가의 누대가 먼저 달빛을 얻는다"고, 적극적으로 상하이 경제와 연계하는 것이 관건이다.
· 네 옆에 있는 사람이 영어 고수야. 기회가 왔는데도 그를 선생님으로 모시지 않고 뭐 하니.

대화 7

1. 일을 서두르면 도리어 이루지 못하니 성실하게 한 걸음씩 나아가야 한다.
· 중국의 고속 열차사업은 서둘러서 도리어 목적을 달성하지 못하게 되는 상황이 되지 않도록 주의해야 한다.
· 일본 정부는 엔화 절상을 막는데 힘쓰고 있지만 서두르면 일을 그르치는 법이다.
2. 요즘은 매일 집안에만 틀어박혀 있는 학생은 이미 좋은 학생이 아니다.
· 두 번째 휴일에 우리는 집안에만 틀어박혀서 집안일을 하고, 텔레비전을 보고, 책을 읽고, 신문을 읽었다.
· 은둔형 외톨이는 자유사상과 인터넷으로 인해 생겨났으며, 그들은 "자유"와 "신인류"라는 기를 높이 들고 종일 집안에만 틀어박혀 있다.
3. 공을 들이면 자연히 성공한다고, 그는 두 달 동안 노력해서 마침내 자격증 시험에 통과했다.
· 걱정 마, 최선을 다하면 좋은 성과가 있어. 지금 네가 해야 할 일은 그저 열심히 공부하는 것뿐이야.
· 최선을 다하면 성공하겠지만, 장애, 좌절과 실패, 지연은 지금 너의 목표가 실현될 시기가 아님을 의미한다.

■ 열독

한국 상품 또는 한국 디자인, 심지어 한국에서 판매하는 의류는 모두 한국 패션이라고 한다.

차별화된 비대칭 디자인은 "한국 패션" 중에서 가장 대표적인 스타일이다. 예를 들면 오랫동안 유행한 한쪽 어깨만을 드러내는 디자인은 유행을 쫓는 여성들에게 의외의 즐거움을 가져다준다. 이러한 비대칭 디자인은 갈수록 한국 여성 패션에 더 많이 나타나고 있다. 스커트의 길이도 불규칙적 비대칭으로 바뀌고, 스커트의 밑단은 사선으로 비대칭이 되거나 완전히 불규칙 형태로 바꿔 입었을 때 더욱 생동감 넘치게 보인다. 옷깃 부분의 독특한 디자인과 윗옷 앞자락의 비대칭 디자인은 여름 여성 패션에 신선한 느낌을 더해준다.

가장 사람을 매료시키는 한국 패션의 기법은 과장이다. 그것은 도시생활에서 눈코 뜰 새 없이 바쁜 사람들이 스트레스 해소하고자 하는 갈망하는 마음을 만족시켜준다. 개성을 발휘하는 것이 쾌락의 원천으로, 넓을 대로 넓어진 통바지를 입거나, 몸에 붙을 대로 꽉 붙는 옷을 입는다. 순백색의 딱 달라붙는 조끼와 연분홍색에 수가 잘 놓아진 바지를 입고, 손동작 하나, 시선 하나에서 끝없는 여성적인 매력을 발산할 수 있다. 또한, 검은색으로 벨트가 없는 조끼를 입고, 검은 색의 긴 통바지를 입고, 검은색 망사 소재의 긴 치마를 걸치면 사람들의 시선을 모으는 신비로운 여성으로 신비로움의 최고의 경지에 이를 수 있다.

한국 여성 패션의 가장 큰 특징은 아시아 여성들의 곡선미를 살려 여성의 정교하고 아름다운 몸매를 완전하게 드러내 동양

여성의 패션에 대한 요구에 적합하게 만들어 낸다는 점이다. 이러한 까닭으로 변화무쌍한 한국 패션은 여성의 최신 패션계에서 두각을 나타내고 있다고 해도 과언은 아니다. 한국 여성 패션의 성공은 유럽과 미국의 유행 스타일을 긴밀하게 따라가고 있기 때문에 가능하다. 하지만 한국 패션은 유럽과 미국의 요소를 완전히 그대로 답습한 것이 아니라 유럽 스타일과 미국 스타일을 잘 절충하여 성공적으로 동양에서 유행하게끔 만들었다. 동양인의 심미관은 동양의 특징이 있는데 한국 패션은 유럽과 미국의 최신 패션을 정교하게 빌려와서 동양인의 심미관을 잘 구현해 냈다.

유럽 스타일을 한국식으로 만들어 낼 때 한국 여성 패션에서는 세밀함을 더욱 중시한다. 테두리 부분의 레이스 장식, 혹은 금속으로 된 단추가 보일 듯 말 듯하게 하는 것 등 모든 섬세한 부분이 디자이너의 노력을 느낄 수 있도록 만든다. 게다가 한국 여성 패션에서는 옷감을 고르는 데도 아주 신경을 많이 쓰고, 옷맵시 또한 몸에 딱 맞도록 만들어 많은 여성들의 호감과 사랑을 받는다.

■ **어법중점 예문**

1. 가장 사람을 매료시키는 것은 기법은 과장이다.
 · 이 일의 성공 여부는 그에게 달려있다.
 · 이 일의 성패는 자금의 출처가 믿을 만 하느냐에 달려 있다.
2. 한국 여성 패션의 가장 큰 특징은 아시아 여성들의 곡선미를 살려 여성의 정교하고 아름다운 몸매를 완전하게 드러내 동양 여성의 패션에 대한 요구에 적합하게 만들어 낸다는 점이다.
 · 가장 큰 행복은 공헌이다(공헌보다 더한 행복은 없다).
 · 절망 보다 더 큰 인류의 비극은 없다.
3. 변화무쌍한 한국 패션은 여성의 최신 패션계에서 두각을 나타내고 있다고 해도 과언은 아니다.
 · 이론적으로는 이렇게 하는 것도 비난할 일이 아니다.
 · 그가 너에게 이렇게 말해도 뭐라 탓할 수가 없다.

제10과

■ **회화**

张玲 텐광, 나는 한국에 온지 벌써 이 주일이나 지났는데 아직 동대문 못 가봤어. 오늘 나랑 같이 가자.
田光 동대문? 돈을 주고 가자고 해도 절대로 가고 싶지 않은 곳이야.
张玲 왜? 네가 날 데리고 가지 않으면, 나는 한국어도 못하니 혼자 가서 분명히 바가지 쓰고도 모를 거야.
田光 솔직히 널 데리고 가고 싶지 않은 것이 아니야. 거기는 너무 넓고, 너무 복잡해서 절반도 못 돌고 기진맥진 녹초가 될 게 분명해..
张玲 하지만 유명한 곳이니 정말 가보고 싶어. 제발 부탁해, 내가 어제 너한테 괜히 밥 사준 게 아니야.

田光 정말 세상에 공짜는 없다더니. 알았어, 같이 가게, 같이 가준다고.
张玲 하하, 진짜 세상에 공짜는 없지. 매 주말마다 너한테 밥을 사야겠어. 내가 가고 싶은 모든 곳을 다 돌아볼 때까지 말이야.
田光 알았어, 알았다고. 오늘 내가 벙어리 냉가슴 앓듯 하는구나. 빨리 가자. 그런데 말이야……
张玲 그런데 뭐?
田光 듣기 싫은 소리는 먼저 하랬다고, 가서 피곤하다고 하면 안 돼.
张玲 가자고 가, 그럴 리 없을 테니.
(동대문에 도착해서)
张玲 와, 여기가 그 유명한 동대문이야? 베이징의 슈수이스창(秀水市场)과 비교하자면, 비교하지 않고서는 모르지만 비교하면 매우 놀란다더니, 이렇게나 넓구나!
田光 두 시장은 천지차이야. 네가 만일 동대문을 다 돌아보려고 한다면, 하늘에 오르는 것보다 더 힘들 정도로 불가능할 거야.
张玲 여기 옷들을 모두 예쁘지만, 나 같은 가난한 학생에겐 모두 비싸. 하지만 싸면 좋은 물건이없고, 좋은 물건은 싸지 않다는 말이 있으니 몇 벌은 사야겠다.
田光 여긴 한국의 유행을 선도하는 바로미터요, 척도가 되는 곳이야. 모두 최신 스타일인 것이지.
张玲 원래 집에 있을 때는 부모님 돈을 썼기 때문에 좋아하는 옷만 보면 이것저것 따지지 않고 샀는데 말이야.
田光 요즘 자립생활을 하다 보니 집안 살림은 직접 해보지 않으면 물가를 알 리가 없다는 말의 의미를 깨닫기 시작했구나?
张玲 그래! 근데, 몇 시야? 나는 벌써 피곤해, 어째서 사람들은 점점 더 많아지는 거야?
田光 여기가 그 유명한 불야성이어서 밤이 되야 사람이 많아. 슈수이스창(秀水市场)하고 여기가 같지 않다는 것을 이제 알겠지?

■ **대화 예문**

대화 1

1. 나보고 가라고? 그곳은 아무리 대우가 좋아도 안 가.
 · 좋은 조건을 제시해도 안 가던 사람이 어떻게 오늘은 직접 갔어?
 · 다신 그에게 부탁하지 마. 그는 아무리 좋은 조건을 제시해도 거절하는 사람이야.
2. 너는 너무 순진해, 제발 남에게 속임을 당하고 감사나 하는 어리석은 짓은 하지 마.
 · 너 좀 모자란 거 아냐? 제발 당하고도 그 사람 도와주는 어리석은 짓은 하지 마.
 · 원래 너 남에게 속고도 속을 줄 모르는 어리석은 사람이구나.

해석

대화 2
1. 마누라 따라 백화점을 하루 종일 돌아다녔더니, 지금 나는 초죽음 상태야.
· 너는 어쩜 이렇게 허약하니, 이 정도 일을 하고 나서 다 죽어가는 사람이 되다니.
· 나는 그 사람 때문에 화가 나서 죽을 것 같아.

대화 3
1. 다른 사람의 선물을 받으면 그 사람을 위해 일을 해야 돼, 세상에 공짜는 없어.
· 나에게 자주 밥을 샀으니 네가 말하는 대로 다 할게. 세상에 공짜가 어디 있어.
· 너 그에게 선물 좀 해라, 선물 받고 모르는 체 할 수 없다는 옛말도 있잖아.
2. 사장님 말을 어떻게 안 들어, 그 사람의 밥을 먹고 있는데.
· 사장님은 욕하고 싶은 사람이 있으면 바로 욕을 해. 그걸 보고도 아무도 감히 말을 못해. 정말 남의 밥을 먹으니 그 사람의 요구를 따를 수밖에 없어.
· 회사에서는 회사 밥을 먹고 있는 이상 회사에서는 사장님 말을 들어야 해.

대화 4
1. 그는 자신의 일이 새어 나갈까 봐 두려워했지만 벙어리 냉가슴 앓듯 할 수밖에 없다.
· 하늘도 땅도 무섭지 않아, 절대 벙어리 냉가슴 앓듯 고개만 숙이고 있지 않겠다.
· 인민폐가 반드시 국제화폐가 되어야만 늘 손해를 보는 억울한 국면에서 벗어날 수 있다.
2. 미리 툭 터놓고 얘기해야 앞으로 있을 마찰을 피할 수 있다.
· 우리 미리 툭 터놓고 얘기해서 그 때가서 불미스러운 일이 생기지 않게 하자.
· 서로 얼마간 준비를 할 수 있도록 툭 터놓고 얘기하는 게 좋다.

대화 5
1. 진작에 그가 나보다 중국어를 훨씬 잘한다고 듣기는 했는데, 오늘 그를 한번 보니 비교하지 않았을 때는 그 실력을 알 수 없었으나, 일단 비교해 보니 놀라 자빠질 지경이다.
· 아주 많은 일들이 비교해 보지 않으면 얼마나 차이가 나는지 알 수 없다.
· 어제 대학로에 갔다. 듣기로 북경의 우다오커우와 비슷하다고 했는데 실제로 가보니 차이가 많이 나서 놀랐다.
2. 그의 큰 아들은 근면 성실하고 열심히 노력하여 성과가 있으나, 둘째 아들은 그저 안일하여 한 가지 일도 이루지 못한다. 정말 천지차이다.
· 나와 그의 중국어 수준은 천지차이다.
· 그 두 사람이 나를 대하는 태도는 천지차이다.
3. 이 임무는 정말 하늘에 올라가는 것보다 어렵다.
· 아이들 공부시키는 것은 하늘의 오르는 것보다 어렵다, 얘들은 텔레비전 보기를 더 좋아한다.
· 에이즈는 넘어서기 어려운 문제고, 해결하려고 해도 불가능하다.

대화 6
1. 너는 값싼 것만 바라는데, 싼 물건은 좋은 물건이 없고, 좋은 물건은 싸지 않다고 하잖아.
· 직원을 채용할 때도 값싼 것은 좋은 물건이 아니고, 좋은 물건은 싸지 않다는 원칙을 적용한다.
· 싼 게 비지떡이라고 하더니 10위안 주고 산 신발이 며칠 못 신고 망가졌다.
2. 그는 식탁 위에 먹을 것이 있는 것을 보기만 하면 이것저것 가리지 않고 먹어 치우기 시작한다.
· 그는 이것저것 따지지 않고 바로 자전거를 타고 가 버렸다.
· 일을 하는 데는 세 번 생각하고 행동으로 옮겨야지 생각나는 대로 무턱대고 해서는 안 된다.

대화 7
1. 요즘 그는 자립생활을 하면서부터 비로소 직접 집안 살림을 하지 않아 몰랐던 경제 관념이 생겼다.
· 아이들이 자라서 직접 집안 살림을 해봐야 경제관념이 생길 것이다.
· 직접 살림을 안 해보면 물가를 알 리가 없다더니 많은 젊은이들은 돈을 계산 없이 막 쓴다.
2. A와B를 같이 놓고 얘기할 수 없다. A가 좋은지 B가 좋은지 판단할 수 없고, 언어 환경에 따라 판단해야 한다.
· 훈련하고 교육하는 것을 같이 취급해서 말할 수는 없다.
· 이라크 전쟁은 복수전으로 리비아 전쟁과 같은 전쟁이라고 말할 수 없다.

■ 열독

얼마 전, 내 친구 한 명이 한국에 출장을 와서 저녁에 볼일을 다 마친 후 동대문에 가서 쇼핑을 했다. 새벽 1시 정도 넘어서 내가 차를 운전해서 그를 태우러 가는데, 시장 주변의 도로 상황이 내 예상을 빗나가 평소 5분정도 걸리는 거리가 40분은 족히 걸렸다. 시장의 곳곳에 불이 환히 밝혀져 있고, 사람들이 북적거리고, 차량이 많아 도로는 이동주차장으로 변해 있었다. 차창 밖을 보니 한밤중에 쇼핑하러 온 사람들은 대부분 젊은이들이었다. 한국인도 있고, 여행객도 있어서 영어, 일어, 중국어 …… 등이 마구 뒤섞여서 시끌벅적했다.

동대문시장은 1905년에 탄생했다. 이곳이 의류도매상가로 지정된 후부터 놀라운 속도로 발전했다. 전하는 바에 따르면, 약 30여개의 쇼핑몰이 있고, 3만여개의 상점이 있으며, 5만여개의 제작 공장이 이곳에 모여 있다고 한다. 동대문시장은 서울에서 사람들이 모두 가야 할 번화한 상업구역이 되었으며, 아시아에서 가장 규모가 큰 도매시장 중의 하나가 되었다. 현재 동대문의 상품은 조그만 유행 장식품부터 인삼, 생활 용기, 의류, 장난감, 장식품 등등 없는 것이 없으며, 또한 일반적으로 가격도 다른 곳에 비해서 싸다고 한다. 그래서 여기는 항상 지방에서 올라온 소매상들과 여행객들로 넘쳐난다.

지금 동대문 상업구역은 더 이상 조그만 노점상들의 세상이 아니다. 이미 서울 패션계의 유행을 선도하는 "바로미터"가 되었다. 잘 나가는 스타의 옷이 텔레비전 스크린에 출현하면 동대문의 의류디자이너들은 바로 밤새워 똑같은 모양으로 유행하는 패션을 만들어낸다. 그 다음날 오전에 시장에 가면 그 옷은 벌써 각 상점의 가장 잘 눈에 띄는 위치에 높이 매달려 있다. 바로 이렇게 유행을 쫓아가는 속도 때문에 동대문은 왕성하게 발전할 수 있었던 것이다. 어떤 사람들은 동대문시장이 한국 의류계의 유행을 장악하고 있다고 보는데 일리가 있다.

동대문시장은 심야에 물건을 사려는 사람이 많은 것으로 유명하다. 매일 밤 각 지역에서 물밀듯이 밀려오는 도매상, 소매상들의 차량들이 이 지역의 일대 경관을 만들어낸다. 화려한 등불이 켜지기 시작하는 초저녁 무렵부터 시작해서 물건을 사려는 사람들이 점점 많아지고, 사람들이 물밀듯이 밀려들어 어깨가 부딪히고 발 디딜 틈이 없을 정도로 붐비는 상황이 연출된다.

■ 어법중점 예문

1. 한밤중에 쇼핑하러 온 사람들은 대부분 젊은이들이었다. 한국인도 있고, 여행객도 있어서 영어, 일어, 중국어 …… 등이 마구 뒤섞여서 시끌벅적했다.
  · 매우 즐겁다
  · 몹시 슬프다
2. 동대문시장은 1905년에 탄생했다.
  · 황해는 청해에서 발원한다.
  · 그는 북경대학을 졸업했다.
3. 동대문의 상품은 조그만 유행 장식품부터 시작해 인삼, 생활용기, 의류, 장난감, 장식품 등등 없는 것이 없다.
  · 그녀는 학교에 들어가서 지금까지 줄곧 성적이 매우 좋다.
  · 이거야 말로 정말 하늘로부터 받은 기쁜 일이다.

제11과

■ 회화

田光 장링아, 너 부산국제영화제에 자원봉사하려고 한다면서?
张玲 나는 방금 자원봉사 신청서를 보내서 아직 뭐라고 이야기할 단계가 아니야.
田光 틀림없이 통과할 거야. 그런데, 네 한국어 실력이…….
张玲 둔한 새가 먼저 난다고 하잖아, 나는 매일 연습하고 있어!
田光 부산영화제는 국제적으로도 갈수록 유명해지던데, 자원봉사 할 수 있게 되면 중국인 체면 좀 살려줘.
张玲 걱정 마, 나는 매사에 준비 없이 함부로 일을 시작하는 사람이 아니야. 한국어 공부 외에도 부산에 대해 여러 방면으로 아주 철저하게 연구를 했어.
田光 맞아, 많이 준비하면 좋지. 천천히 가는 것을 염려하지 말고 멈추어서는 것을 걱정하라는 말도 있듯이, 매일 열심히 준비하면 되지.
张玲 급한 상황에 대처할 수 있는 것도 많이 준비했어. 만일에 대배해야 하잖아.
田光 맞아 맞아. 도움이 필요하다면 내가 매일 너와 하루에 한 시간씩 한국어와 각종 상황의 대화를 연습할 수도 있어. 이런 말도 있잖아. "자주 말하다 보면 입도 자연스러워지고 자주 하다 보면 손도 둔하지 않게 된다."
张玲 고마워! 정말 뽑히면 좋겠어. 못생긴 며느리라도 조만간 시부모님을 만나 봬야 한다고 나의 한국어 실력도 마침내 검증을 받을 수 있게 되었네.
田光 나도 한국 영화 보는 걸 좋아해. 한국 영화는 줄거리가 섬세하고, 짜임새 있는 것 같아.
张玲 어머나, 너 원래 한국 영화를 싫어하지 않았니?
田光 그건 그 때고, 지금은 달라. 한국에 온 이후로 여러 편의 영화를 봤더니, 조금씩 좋아지기 시작하더라고. 지금은 한국 영화에 관한 과목도 선택해서 듣고 있어.
张玲 리포트 같은 것을 쓰게 될 때는 나처럼 도움을 줄 수 있는 사람은 눈을 씻고도 찾아 볼 수 없을 걸.
田光 나는 진작부터 네가 전문가라는 것을 알고 있었어. 그래서 일찌감치 내 나름대로 때가 되면 찾아가서 도움을 청할 생각은 하고 있었지.
张玲 한국 영화는 무슨 특별한 대형 특수 효과는 없지만, 화면이 굉장히 온화하고 아름다워.
田光 또? 또? 좀 더 말해줘 봐. 총명은 둔필만 못하다잖아, 나 지금 바로 써 둬야겠어.
张玲 나는 프랑스와 이탈리아 영화를 좋아하는데, 그 영화들은 벨벳 같아서 고급스럽고 생동감이 있지만, 한국 영화는 비단과 같아서 가벼우면서도 부드러워.
田光 비유를 참 잘하네. 자원 봉사자 자격으로 본다면 너여야만 해.
张玲 너도 다른 학우들과 얘기 좀 해봐. 많은 사람 얘기 들어보면 좋잖아.
田光 야, 네 말 한마디 한마디가 모두 주옥 같네. 정말 한국어 '한'자도 모르던 네가 지금은 국제영화제에 자원봉사자로 신청할 수 있는 용기를 가질 수 있게 되었다니, 정말 상상도 할 수 없던 일이야.

■ 대화 예문

대화 1

1. 한국에 가는 일은 아직 아무것도 계획된 것이 없어.
  · 그 사람 승진 관련해서 아직 아무 얘기도 없는데, 너 쓸데없는 말을 하고 그러니?
  · 기미도 안 보이는 일을 너도 믿니?

해석

2. 그가 다른 사람보다 똑똑한 게 아니라 남보다 먼저 한 것뿐이야. (약간의 폄하)
- 나는 다른 사람만큼 총명하지 못해서 다른 사람보다 더 먼저 열심히 해야 한다. (겸손)
- 학업과 일을 하는데 남보다 먼저 행하는 자세는 중요하다.

대화 2

1. 내가 그렇게 하는 거는 다른 것 때문이 아니라 체면 깎이지 않으려고 그러는 거야.
- 이번 경기 너 멋지게 해 봐!
- 많은 사람들은 많은 시간과 일을 단지 체면치레를 위해서 쓰거나 한다.
2. 우리는 결코 준비 없이 일을 시작하지 않는다.
- 그는 준비 없이 함부로 일을 시작하는 사람이 아니다.
- 우리는 시작하기 전에 열심히 연구해서 성실하게 준비해야 한다.
3. 그들이 이 지방을 완전히 뒤집어 놓을 것이다.
- 마치 온 세계가 돌연히 확 뒤집어진 것 같다.
- 그가 이 일대를 뒤집어 놓을 것이다. 네게 말하는데, 아주 철저히 뒤바꿀 거라고!

대화 3

1. 어떤 일을 하든지 "천천히 가는 것을 염려하지 말고 멈추어서는 것을 걱정하라"고 했잖아, 일을 빨리 해내지 못해도 멈출 수는 없는 거야.
- 나는 "천천히 가는 것을 염려하지 말고 멈추어서는 것을 걱정하라"는 것을 믿고 항상 노력한다.
- 성공한 사람은 보통 쉬지 않고 끊임없이 하면 이룰 수 있다고 믿는다.
2. 만일에 대비해서 우산을 가져가 봐.
- 만일에 대비해서 외출할 때 가스 잠그는 거 꼭 기억해야 한다.
- 그는 살면서 무슨 일이 생길지 몰라 만일에 대비해서 매월 얼마씩 저금한다.

대화 4

1. 외국어를 배우려면 익숙해지도록 자주 말해 보고 써 봐야 한다.
- 자주 말하고 자주 해야 한다고, 손 놓은 지 오래 되었더니 어떻게 하는지 모르겠네.
- 몇 년 영어를 안 썼더니 못하겠네. 자주 말하고 써 보라는 말이 정말 맞군.
2. 오랫동안 영어를 배웠으니 오늘 면접 때에 영어로 자기소개를 해서 진면목을 보여 줘야지.
- 걱정해 봤자 소용없어, 진면목을 보여줘야 해.
- WTO는 어쩔 수 없는 일이다, 국내 기업가들이 이번 WTO 도전에 맞설 준비를 했는지 모르겠다.

대화 5

1. 그 사람 예전에 그렇게 까다롭게 굴더니, 지금은 돈이 없으니 그렇지 않네. 정말 그 때와 지금은 많이 달라졌어.
- 나는 진작부터 혼자 밤길 걸어가는 것을 무서워하지 않아. 예전과는 달라!
- 너 너무 그렇게 따지지 마, 지금 마실 물도 없는데 샤워할 생각만 하니. 지금은 좀 다른 상황이잖아.
2. 나 같은 사람은 눈을 씻고 찾아봐도 찾을 수 없는 사람이야.
- 그는 정말 눈을 씻고 찾아봐도 찾아볼 수 없는 좋은 선생님이다.
- 나는 세상 어디서도 구할 수 없는 친구를 잃고 싶지 않다.

대화 6

1. 너 지금 네가 좋을 대로만 해석을 해서는 안 돼.
- 그는 이번 선거에서 장군들이 모두 이견이 없이 동의할 거라고 생각하는데, 사실 그건 단지 그가 좋을 대로 해석한 것이다.
- 이건 계란이 아직 부화하지도 않았는데, 먼저 닭 숫자를 세는 것(좋을 대로 멋대로 해석하는 것) 아냐?
2. 총명은 둔필만 못하다고. 항상 필기를 해야 한다.
- 네가 해야 할 일을 항상 기록하라고 했는데 너는 말을 안 들어. 총명은 둔필만 못하다고.
- 총명은 둔필만 못하니 머리만 믿지 말고 적어 둬.

대화 7

1. 다른 사람들에게 많이 물어 봐. 사람이 많아지다 보면 한신보다도 낫고, 지혜가 많이 모이면 제갈공명보다도 낫다고 하잖아.
- 사람이 많아지다 보면 한신보다도 낫고, 지혜가 많이 모이면 제갈공명보다도 낫다고 했잖아. 어떤 일에 닥치면 더욱 더 많은 사람들의 의견을 들어야만 한다.
- 이 회사가 문을 닫은 이유는 사장이 남의 의견을 수렴하지 않고 자기의 고집대로 경영했기 때문이야.
2. 부모님은 일자무식의 농민이다.
- 만일 네가 낫 놓고 기역자도 모른다면 너는 이렇게 경쟁이 치열한 사회에 어떻게 발붙이고 살 수 있겠느니.
- 그는 일자무식이었던 그 꼬마에서 박식한 학자로 변화되었다.

■ 열독

2004년 2월 한국 김기덕 감독이 《사마리아》로 베를린에서 최고 감독상을 받았다. 같은 해 5월에 박찬욱 감독의 《올드 보이》가 프랑스 칸에서 심사위원 대상을 받게 되었다. 2004년 9월에 김기덕 감독의 《빈 집》이 베니스에서 최고 감독 은사자상을 받았다. 2004년 한국 영화는 베를린, 칸 및 베니스 3대 영화제에서 동시에 이처럼 혁혁한 성과를 거두며 한국 영화를 황금시대에 이르게 했다.

한국 영화는 무엇 때문에 이렇게 큰 성과를 얻을 수 있었을까?

이러한 한국 영화를 만들어낸 원인은 무엇일까?

첫째는 영화심사제도가 영화등급제로 바뀌었기 때문이다. 한국의 영화심사제도는 "영화검열제"라고 불렸는데, 당시의 "검열"은 상당히 까다롭고 엄격했다. 주요 검열대상은 폭력성, 공포, 괴기스런 장면은 모두 검열과 제한된 범위 안에 들어있었다. 영화등급제가 실행된 이후로는 그런 영화심사제도에 의해 금지되었던 정치적이고 에로틱하며 폭력적인 영화 등은 환영을 받게 되었고, 국내와 국제에서 상을 타게 되었다.

두 번째로는 "의무상영제도" 라고도 하는 스크린쿼터제도 때문이다. 한국 정부는 강제로 모든 영화관에서 매년 146일간에 한국 영화를 상영해야 한다고 규정하고, 한국의 모든 텔레비전 방송국에서도 일정 시수 비율의 한국 국산 영화를 방영해야 한다고 규정한다. 이 제도의 존재로 인해 한국 영화가 비로소 새롭게 부흥하고, 절정을 맞이하게 되었다는 것은 영화인들의 공통적인 인식이다.

세 번째는 충분한 자금이 유입되었기 때문이다. 1997년의 아시아 금융 위기가 간접적으로 한국 영화를 도와주었다. 금융 위기가 발생한 후 수중에 아직도 자금을 갖고 있던 한국의 기업가들은 투자처를 고심했다. 스크린쿼터제는 한국 영화로 하여금 비교적 보장할 수 있는 자금 피난처가 되게 만들어 주었고, 대기업 재벌들은 영화에 투자하기 시작했다.

네 번째는 3대영화제가 한국 영화 진흥의 물결을 도왔기 때문이다. 3대영화제는 바로 종합영화를 출품하는 '부산국제영화제', 디지털영상 중심의 '전주국제영화제', 판타지영화 중심의 '부천판타스틱영화제'이다.

■ **어법중점 예문**

1. 한국 영화는 베를린, 칸 및 베니스 3대 영화제에서 동시에 이처럼 혁혁한 성과를 거두며 한국 영화를 황금시대에 이르게 했다.
   · 이 엔지니어 두 명은 동시에 채용되었다.
   · 약을 먹는 것과 동시에 휴식도 취해야 한다.
2. 한국 영화는 베를린, 칸 및 베니스 3대 영화제에서 동시에 이처럼 혁혁한 성과를 거두며 한국 영화를 황금시대에 이르게 했다.
   · 그의 말 한마디가 나를 깊이 감동시켰다.
   · 이번 전쟁은 청왕조의 경제 수준을 급격하게 악화시켰다.
3. 이것은 바로 종합영화를 출품하는 '부산국제영화제', 디지털영상 중심의 '전주국제영화제', 판타지영화 중심의 '부천판타스틱영화제'이다.
   · 이 단편 소설집에는 농촌을 묘사하는 작품 위주다.
   · 부모들은 모두 자식을 자랑스럽게 여긴다.

제12과

■ **회화**

张玲 텐광, 요즘 내 미니 블로그에 접속한 팔로워들이 점점 더 많아지는 걸 봤어. 내 팬이 점점 더 많아졌어.
田光 그래? 혹시 가짜 팔로워들 많은 거 아니야?
张玲 네 입에서 좋은 말이 나올 리 없지! 내 팔로워들은 가짜가 한 명도 없다고!
田光 농담이야. 어젯밤에 네 블로그에 접속해 봤더니, 하룻밤 사이에 팬들이 엄청나게 늘어나는 것 같더라. 도대체 무슨 방법을 쓴 거야?
张玲 나는 최근에 자주 한국 연예인에 대한 정보들을 올리고, 매일 "상용한국어"에 관한 글들을 하나씩 올리고 있어. 많은 사람들이 내 블로그를 전파하고 있고, 또 많은 사람들이 나와 팔로워 이웃을 맺자고 요구하고 있어.
田光 허허, 너는 진짜 스승 노릇하는 걸 좋아하는구나. 중국에 있었을 때 HSK와 관련된 정보를 올리면서 국외의 팔로워들을 확보하더니, 지금은 한국어를 가지고 중국에 있는 국내 팔로워들을 확보하고 있네.
张玲 하하, 너는 역시 날 꿰뚫고 있어. 그러나 내 팬들이 더 대단해. 내가 쓴 많은 글들을 수십 차례나 전파했어.
田光 그건 점점 더 많은 사람들이 한국어를 배우기 시작한다는 증거지. 나는 원래 한 인터넷 사이트에서 한국어 학습 코너의 운영자였어.
张玲 아, 맞아! 생각난다. 그 때 나도 자주 들어가서 글을 많이 올려주곤 했지.
田光 그 때 내가 올리는 글에 많은 사람들이 모두 댓글을 달곤 했지.
张玲 맞아, 그런데 애석하게도 네가 한국에 온 이후로는 운영을 안 하고 있잖아. 그래서 지금 고민 중이야……
田光 무슨 고민?
张玲 블로그 중독자가 될 까봐 걱정이야.
田光 걱정 마. 너는 이미 블로그 중독자니까, 하하. 하지만 네가 블로그 중독자가 되면서 동시에 한국어 학습 열풍에 열기를 더해 주었잖아.
张玲 그래도 여전히 매일 갈등이야. 한편으로는 내 공부에 소홀해질 까봐 걱정이고, 또 다른 한편으로는 어쩌면 많은 사람들이 내 블로그를 통해서 한국어를 배운다고 생각해.
田光 또 다른 한편은 걱정하지 마! 너는 네 영향력이 그렇게 크다고 생각해? 한국 정부는 각종 루트를 통해서 한국어를 보급하고 있고, 네 영향력보다는 훨씬 더 커. 네 팬들은 네 블로그 외에도 한국어를 배울 수 있는 많은 루트를 가지고 있어.
张玲 음, 네 말이 맞기는 맞아, 그런데…… 그런데 말야, 너는 나에게 긍정 에너지를 줄 순 없니? 격려를 해 줘야지.
田光 야야, 글이나 좀 올리시지, 나한테 애교 떨지 말고.
张玲 너 정말 미워. 너랑 상대 안 할 거야.

해석

■ 대화 예문

대화 1

1. 중국은 지금 트위터에 대한 통제를 점점 더 강화하고 있다.
- 수많은 기관이나 단체들이 이미 블로그를 만들었다.
- 중국의 3억 트위터 가입자는 지구상의 혁명을 억제하는 가장 큰 힘이라 말할 수 있다.
2. 그의 많은 팬들은 모두 허구팬이다.
- 내 팔로워들이 많이 줄어든 이유는 내가 많은 허구팬을 삭제했기 때문이다.
- 숫자만 가지고서 자신의 팔로워가 많다고 말하지 마, 그들 중 일부는 '허구팬'일 수 있어.

대화 2

1. 너희 둘은 지금까지 늘 좋은 말은 안 하는구나.
- 네 그 입에서 좋은 말이 나올 리가 없지.
- 그 사람 입에서 좋은 말 안 나와, 상대도 하지 마.

대화 3

1. 나는 트위터를 한지 얼마 안 되는데 많은 사람들이 나와 이웃 맺자고 하네.
- 나는 그와 팔로워 이웃 된지 오래됐어.
- 나는 한심한 그 사람들과 이웃 맺고 싶지 않아.
2. 맹자는 "사람의 근심은 남의 스승 노릇하고자 하는데 있다."고 말했다.
- 현명한 사람은 공부하는 것을 좋아하지만, 어리석은 사람은 남 앞에서 드러내고 과시하면서 스승 노릇하는 것을 좋아한다.
- 나는 도시의 잘난 척 하는 사람들에게 어떻게 농장 관리하는지 듣고 싶지 않다.

대화 4

1. 네 해석은 진짜 대단하다.
- 유다오사전(인터넷사전)은 생각보다 별로다.
- 여행객의 유동량으로 볼 때 8월이 되면 사상 최대 규모가 될 거다.
2. 나는 예전에 그 코너의 운영자였다.
- 오늘 대형 블로그의 운영자들을 불러 모아서 회의를 열었다.
- 블로그 운영자는 이 문제에 대해 댓글을 달아달라고 모두에게 호소하고 있다.

대화 5

1. 악성 댓글을 올리지 마세요.
- 어떤 사람들은 너무나 무료하여 매일 인터넷에서 글만 올리고 있다.
- 더 이상 댓글을 올리지 마요, 모두가 당신의 댓글에 반감을 갖기 시작했어요.
2. 만약에 의문이 있으면 글쓴이에게 연락을 하거나 댓글을 달아 주세요.
- 그 네티즌은 댓글을 달아서 "미 제국주의를 타도하자."고 모두에게 호소했다.
- 당일부터 중문 학습 광고에 관하여 여기에 댓글을 달 수 있다.

대화 6

1. 너는 벌써 블로그 중독자다.
- 나는 아이패드 마니아다.
- 그는 의외로 슬리퍼 마니아여서 많은 슬리퍼를 샀다.
2. 가야 할지 말아야 할지, 나는 계속 고민이다.
- 별 것도 아닌 일이 나를 고민하게 한다.
- 너 왜 이렇게 주저하는 거야, 아직도 결정을 못 했구나.

대화 7

1. 나랑 맞는 색깔은 초록색과 노란색이다.
- 파장이 분명한 사람일수록 생리적, 심리적으로 더 적극적이다.
- 계속 미소를 띠면 좋은 기운을 유지할 수 있음을 기억하세요.
2. 그는 감화력 있는 에너지가 풍부하고 유쾌하고 착한 심성이 함께 합쳐진 사람처럼 보인다.
- 그 연속극들은 많은 사람들에게 긍정적인 에너지를 선사해 주었다.
- 중국인은 적극적이고, 활기차고, 다른 사람을 격려하여 전진하게 하고, 힘을 주고, 희망이 충만한 사람이나 일 등을 지칭하는 의미로 '긍정에너지'라는 표지를 붙인다.
3. 나이 꽤나 드신 할아버지들이 애교를 부리신다.
- 귀엽지도 않은데 귀여운 척 애교를 떠는 사람들은 싫다.
- 귀여운 척하는 사람 또 한 명 왔다. 우리 여기에 정말 애교 부리는 사람이 많다.

■ 열독

최근 들어 세계 각지에서 한국어에 대한 관심이 대폭 증가함에 따라 국외에서의 한국어 교육 기관이 보급되고, 세종학당에 한국어를 배우려고 등록하는 학생들과 한국어능력시험을 보려는 사람들이 늘어나고 있다.

"세종학당"은 "일반 세종학당"과 "문화원 세종학당"으로 분류된다. 현재 전 세계 36개국에 67개의 일반학당이 있고, 20개국에서는 23개 문화원학당이 있다. 일반학당의 학생 수는 2007년에는 겨우 740명이었지만, 한국 대중문화가 점차 확산됨에 따라서 한국어를 배우는 사람은 아주 많이 증가하기 시작했다. 2008년에는 2,906명, 2009년에는 4,301명, 2010년에는 6,016으로 늘어났다. 그 후에는 드라마와 K-POP으로 형성된 한류 열풍이 일어남에 따라 한국어를 배우는 사람은 대폭적으로 증가하게 되었다. 2011년에 이르러서는 일반 세종학당에서 한국어를 배우는 학생들이 16,590명으로 늘어났다. 그리고 문화원 세종학당은 학비가 저렴해서 학생들이 더욱 많이 늘어나, 2011년에 문화원에서 강좌를 듣는 사람은 176,478명에 도달하게 되었다.

해외에서의 열렬한 반응에 부응하여 정부에서는 2017년까지

전 세계에 있는 세종학당을 200개로 늘리기로 결정하고, 세종학당에서 배우고 있는 우수한 학생들에게 한국에 와서 한국문화를 체험할 수 있는 기회를 제공하겠다는 계획을 수립했다.

이와 동시에, 한국어능력시험에 참가하려는 인원은 대폭 증가했다. 대학에 들어가기 위해 치르는 일반 한국어능력시험을 1997년에 시행한 이래로, 한류의 확산과 한국기업의 해외 진출이 늘어남에 따라, 누적 수험자 수는 100만 명을 넘게 되었다. 2007년의 수험자는 82,881명이었는데, 작년에 이르러서는 151,166명으로 늘어났다.

이 밖에도 한국학과 혹은 한국어과를 개설하는 외국대학도 840여 곳으로 늘어났다. 한류의 중심지인 아시아 지역만 해도 550여 곳의 대학에서 한국어과를 개설했다. 국외의 초·중·고에 개설한 한국어 반도 2011년에 700개에 이르고, 학생 수도 6만4천명에 이르렀다.

한국문화체육관광부의 관계자는 "한국문화에 대한 관심이 한국어에 대한 관심으로 확산되고 있으므로, 정부 측면에서 지속적인 관리를 해야 한다. 그래서 한국 정부는 각종 문화 프로그램을 계획하고, 세종학당의 학생들이 한국어를 배울 뿐만 아니라, 한국의 문화를 학습할 수 있도록 해야 한다."는 의견을 내놓았다.

■ **어법중점 예문**

1. 한국어를 배우는 사람이 2008년에는 2,906명, 2009년에는 4,301명, 2010년에는 6,016명으로 늘어났다.
· 관광 지구 방면에서 국가 3A급 관광 지구 3곳, 4A급 관광 지구 1곳이 새로 늘어났다. 지금까지 전 시에 A급 관광 지구 수는 21곳으로 늘었다.
· 이번 시험 범위는 제1과에서 제10과이다.
2. 한국학과 혹은 한국어과를 개설하는 외국대학도 840여 곳으로 늘어났다.
· 우리는 같은 학교에 다닌다.
· 길 모퉁이에 유치원이 하나 있다.
3. 한국 정부는 각종 문화 프로그램을 계획하고, 세종학당의 학생들이 한국어를 배울 뿐만 아니라, 한국의 문화를 학습할 수 있도록 해야 한다.
· 네가 원하는 그 책을 나는 이미 찾았다.
· 제3과에서 제7과까지의 내용이 이번 시험에서 중요한 부분이다.

제13과

■ **회화**

田光 장링, 너 요즘 한국 상품을 전문적으로 대리 구입한다고 하던데?
张玲 정말 세상에 비밀이 없구나. 아무도 모를 거라고 생각했는데.
田光 요즘 많은 유학생들이 모두 하고 있잖아. 이건 한국에 유학 간 중국유학생들의 중국식의 "일하며 공부하는" 방식이니, 감추려고 애쓸 필요는 없다고 생각해.
张玲 나는 나만의 인터넷 경매 사이트를 하나 열어서, "Made in Korea"의 물건만 전문적으로 팔고 있어.
田光 사업은 좀 어때? 돈 좀 벌었다고 하던데.
张玲 새 발의 피야. 생활비만 조금 벌었을 뿐인데 돈 많이 번 걸로 되어 버렸네.
田光 "Made in Korea"의 물건들 인기가 굉장하잖아. 어떤 학우가 어떤 상품은 인터넷에 올려놓기만 하면 순식간에 팔려나간다고 하던데.
张玲 그런 경우도 있기는 하지만, 모든 상품이 그렇게 순식간에 팔려나가지는 않아. 친구야, 너도 사이트 하나 만들어봐. 아님, 나랑 같이 일하던지.
田光 쭉 생각해 보기는 했어. 그런데 중국에는 가짜 물품들이 너무 많은데 모조품과의 경쟁에서 우리가 이길 수 있을까? 또 사업한다고 학업에 지장을 준다면 산토끼를 잡으려다 집토끼를 놓치는 격이 되지 않을까?
张玲 산토끼를 잡으려다 집토끼를 놓치는 일은 없을 거야. 모조품 물건은 말할 필요가 없고, 설사 중국산 정품이라고 할지라도 "Made in Korea"는 당해 낼 수가 없어.
田光 투자 금액은 커?
张玲 우선 사진만 올려두었다가 누군가 주문을 하면 그 물건을 구매하여 보내면 되니, 거의 "무자본"이라고 볼 수 있지.
田光 나는 장사에는 문외한이라 손해볼까봐 두려워.
张玲 많은 사람들이 "Made in Korea"는 인정해 주니 밑지지는 않을 거야. 네가 말하는 것처럼 그렇게 비극적이지는 않아.
田光 네 말 들으니 못 견디겠어. 나도 한 번 해 볼까?
张玲 친구, 내 생각엔 넌 정말 잘할 수 있어. 얼마 안 있으면 너는 달팽이 집과 작별하고 큰 집으로 이사 갈 수도 있어. 네가 원한다면 적극적으로 도와줄게.
田光 정말? 정말 좋아!
张玲 하지만 너는 아직은 나와 같이 하자. 직접 만들지 말고. 너 혼자 사이트를 열면 나보다 훨씬 나을 것이고 그러면 나는 스트레스 많이 받게 될 거야.
田光 응. 나도 우리 둘이 함께하는 게 더 좋을 거라 생각해. 나도 돈 좀 벌어서 잘생기고 키 큰 엄친아 좀 되어 봐야지.
张玲 내가 보기에 너는 키 크고 돈 많을 수는 있지만, 마지막 하나는 우리만 알지.
田光 인정해. 나는 키 크고 돈 많고 잘 생긴 남자 아니다. 너는 피부 좋고, 돈 많고 예쁜 여자고, 됐냐?

해석

■ 대화 예문

대화 1
1. 나는 벌써 알고 있었어. 세상에 비밀은 없잖아.
· 세상에 비밀은 없어. 설령 그가 아무리 가장을 잘 해도, 조만간 사람들에게 발각될 거야.
· 더 이상 속이지 마. 낮말은 새가 듣고 밤 말은 쥐가 듣는다고, 곧 모두 알게 될 거야.

대화 2
1. 이 사람의 사고방식은 완전히 중국식이다.
· 이것은 일종의 중국식 방법이라서 많은 외국인은 이해하지 못한다.
· 중국식 도로횡단을 엄격하게 근절해야 한다.
2. 네 머릿속에 도대체 무엇이 들어 있는 거야?
· 이 물건들은 정말 재미있다.
· 온종일 이상한 물건만 사다.

대화 3
1. 기초 연구에 쓴 돈은 도움도 안 된다.
· 현재 제3세계에 지원하는 돈은 터무니없이 적다.
· 은행이 우리에게 대출금 5천 달러를 제시했지만, 이 돈은 우리가 필요로 하는 액수와 비교할 때 새발의 피다.
2. 듣자하니 그 연예인 임신이 됐다고 한다.
(그 연예인이 며칠 안보이더니 사실과 다르게 임신했다는 소문이 나 버린 것.)
· 모두가 나보고 큰 돈 벌었다고 하는데, 사실이 아니야.
(사실 돈은 조금 밖에 벌지 못했지만, 그래 돈 많이 벌었다고 치자.)
· 많은 농촌이 사실 정말 가난한 상태에서 벗어난 것이 아니라 벗어난 것처럼 된것이다.

대화 4
1. 신상품이 도착했습니다. 빨리 와서 구매하세요.
· 이 물건들은 아주 잘 팔린다. 사진만 올려놓으면 반 이상이 아주 순식간에 팔려 나 간다.
· 요즘 많은 사람들은 이성적으로 물건을 구입하므로 초 다투기 물건 판매 현상은 점점 줄어들고 있다.
2. 친구, 날 믿어. 나는 너를 속이지 않아.
· 고객 여러분, 신상품이 도착했습니다. 빨리 와서 구매하세요.
· 친구, 오랜만이네, 잘 지내?

대화 5
1. 여기 지하 공장이 바로 모조품 기지다.
· 네 휴대폰 딱 보니까 모조품이네.
· 이 시장은 모조품 집산지이다.
2. 갑자기 많은 일들이 일어나서 그 사람이 이 일도 저 일도 제대로 못하게 하네.
· 재촉하지 마. 지금 내가 너무 바빠서 다 못 챙기는 거 안 보여?
· 바빠지면 이 일도 저 일도 제대로 못하게 된다.

대화 6
1. 그는 요즘 마작을 할 때마다 진다.
· 그는 애정 전선에 있어서 언제나 패배자이다.
· 모든 사람이 지진 않는다.
2. 인생은 찻상과 같아서 위에 찻잔(비극)으로 가득하다.
· 석유 정제는 비극적인 업종이다.
· 인생은 찻잎과 같아서 날마다 찻잔(비극) 속에 담겨 있다.
3. 모든 상황이 견디기 어렵다.
· 나는 몇 시간이나 참았지만, 결국은 더 이상 견딜 수 없어서 발작했다.
· 자신의 자존심을 지켜야 한다.

대화 7
1. 베이징에 와서 아르바이트하고 있는 사람들은 달팽이 집에서 산다.
· 나는 마침내 달팽이 집과 이별하고 큰 집에서 살게 되었다.
· 한국의 고시원은 전형적인 달팽이 집이라고 할 수 있다.
2. 비록 완전히 동의하는 것은 아니지만, 사이트 운영자의 체면을 봐서 계속해서 지지해주는 거야!
· 모두들 운영자를 힘껏 지지해 주세요!
· 네가 반장해라, 내가 온 힘을 다해 지지할게.
3. 나도 동의에 한 표.
· 이 댓글 정말 훌륭해요, 완전 동의합니다.
· 사이트 운영자가 너무 좋아요.

대화 8
1. 집 문제로 스트레스를 많이 받는다.
· 아이도 키워야 하고, 집 융자금도 갚아야 하고 정말 스트레스 많이 받는다.
· 요즘 모든 도시의 화이트 컬러 노동자들은 스트레스가 대단하다.
2. 많은 재벌 2세들은 모두 키 크고 돈 많고 잘 생겼다.
· 내 이상형은 키 크고 돈 많고 잘 생긴 남자이다.
· 그 사람은 키 크고 돈 많고 잘생겼는데, 나는 가난하고 키 작고 못생겼다.

대화 9
1. 이 사실은 너와 나, 그리고 하늘과 땅만 아는 거다.
· 나는 더 말 안 할게. 구체적으로 어찌될 것인지는 너와 나만 알자고.
· 천지간에 둘만 아는 것이니 다른 사람에게 말하면 안 돼.
2. 원래 그녀는 전설 속의 얼굴이 뽀얗고 돈 많고 예쁜 여자다.
· 네가 키 크고 돈 많고 잘 생긴 남자가 아니라면 얼굴이 뽀얗고 돈 많고 예쁜 여자에게 장가 갈 생각하지 마라.
· 그녀는 여전히 자기를 "얼굴이 뽀얗고 돈이 많고 예쁜 여자"라고 여긴다.

■ 열독

주말에 친구와 함께 워터파크에 놀러 가기로 해서 억지로 떠밀려 수영복을 사러 갔다. 어느 작은 상점에서 여주인과 한참 동안 가격 흥정을 했는데 한 푼도 깎지 못했다. 여주인은 수영복 위에 붙어있는 상표를 가리키면서 자신 있는 얼굴로 "이건 Made in Korea예요, Made in China가 아니라고요!"라고 말했다. 내가 중국인임에도 불구하고 이런 말을 한 여주인 때문에 거북하고 불쾌했다. 그러나 한국인의 입장에서 보면 "Made in Korea"라는 것은 바로 품질이 좋다는 상징이므로 비록 가격은 "Made in 기타 국가"보다 좀 비쌀지라도 많은 사람들이 흔쾌히 받아들일 수 있다는 것을 의미한다. 그들이 사는 물건은 단순한 물건이 아닌 일종의 자부심이기 때문이다.

한국에서 당신은 매일 "Made in Korea"의 강한 위력을 느낄 수 있다. 슈퍼마켓에서 파는 소고기는 미국산, 호주산과 한국산으로 나누어진다. 그 중에서 미국산은 가장 싸서 가격은 돼지고기와 비슷하고, 호주산 소고기는 품질이 괜찮아 중간 가격이고, 가장 비싸게 판매되는 것은 바로 한우다. 일반적으로 한국 사람들은 한우를 언급하면 모두 눈이 휘둥그레지고 표현할 수 없는 맛에 침을 흘린다. 그리고 너무 비싸서 살 수 없다고 하는 것을 보면 한우 가격이 얼마나 비싼지를 알 수 있다. 소고기뿐만 아니라 한국의 비교적 괜찮은 마트에서 공급하는 야채는 모두 소비자들이 그 가격이 상대적으로 약간 저렴한 수입 야채와 혼동하는 것을 피하기 위해서 "국내산"이라는 표시가 쓰여 있다. 식당에 가서 밥을 먹을 때도 메뉴판의 식재료 옆에다 "국내산"이라고 표시되어 있는 것을 볼 수 있다. 이는 "우리가 사용하는 것은 한국산 식자재기 때문에 비싼 것도 다 이유가 있다!"라는 것을 기세당당하게 '환기'시켜 주는 것이다.

중국의 가장 큰 인터넷 구매 사이트인 타오바오(淘宝)에 동일한 디자인의 의상이 있는데, 만약 "한국제조"라는 라벨을 붙여 있으면, 기타 지역에서 만든 상품보다 틀림없이 비쌀 것이고, 클릭 수도 다른 지역의 상품들보다도 훨씬 많을 것이다. 나는 줄곧 그 원인이 중국인들이 "외국에 뜬 달이 중국에 뜬 달 보다 둥글다"고 생각하는 외국 물건을 숭배하는 심리 때문일 거라고 생각했다. 하지만 오랫동안 인터넷 구매를 해온 "쇼핑광"의 한 마디가 "꿈속에 있는 사람"인 나를 일깨워 주었다. 그녀는 "섬세하고 세밀한 것은 한국인의 전통이다. 이러한 전통 방식은 한국식 패션의 샘플을 만들고 재단하는 데에 유감없이 발휘되었다. 심플한 이미지, 담박하면서도 고상한 색채, 소박한 옷감, 거부하려고 해도 거부할 수 없는 한 땀 한 땀 꼼꼼함과 온화함 그리고 우아함이 깃들어 있다."고 말했다.

자체 화장품 브랜드를 경영하고 있는 홍콩 친구가 있는데, 어느 날 이야기를 나누다 공장이 한국 경기도의 일산에 있다는 것을 알게 되었다. 나는 이해가 되지 않아 이유를 물었더니 그는 "우리 공장이 여기에 있기 때문에 'Made in Korea'라는 라벨을 붙일 수 있고, 많은 사람들이 우리 브랜드를 인정하게 되니 좀 더 비싸게 팔 수 있지."라고 웃으며 말했다.

■ 어법중점 예문

1. 소고기뿐만 아니라 한국의 비교적 괜찮은 마트에서 공급하는 야채는 모두 소비자들이 그 가격이 상대적으로 약간 저렴한 수입 야채와 혼동하는 것을 피하기 위해서 "국내산"이라는 표시가 쓰여 있다.
· 이건 네 개인의 일만이 아니라 우리 모두의 일이기도 하다.
· 이곳의 황사는 강수량이 적은 탓도 있지만 사람들이 식물을 파괴해서 이기도 하다.

2. 그렇다면 (만약 "한국제조"라는 라벨이 붙어 있다면), 기타 지역에서 만든 상품보다 틀림없이 비쌀 것이고, 클릭 수도 다른 지역의 상품들보다도 훨씬 많을 것이다.
· 2012년에 북경대학을 졸업했다. (장소)
· 인민을 위해 목숨을 버리는 일이 태산보다 중요하다. (비교)

3. 심플한 이미지, 담박하면서도 고상한 색채, 소박한 옷감, 거부하려고 해도 거부할 수 없는 한 땀 한 땀 꼼꼼함과 온화함 그리고 우아함이 깃들어 있다.
· 모두의 도움으로 그의 진보는 매우 빨랐다.
· 이러한 상황에서 나는 포기를 선택할 수밖에 없다.

연습문제 정답

제1과

1. 1) 他觉得王老师的穿着和发型都受到了"韩流"的影响与以往大不相同。
2) 他不觉得。他觉得自己虽然在韩国工作生活过，可和"韩流"相差十万八千里。
3) 很心动。
4) 所谓"韩流"，形成于二十世纪九十年代中后期，是指韩国流行文化在东南亚乃至世界其他地区的影响，其核心是韩国"青年亚文化"，就是韩国青年人特有的音乐、流行歌曲、足球、电视剧、美容化妆、服饰和为人处世的作派。
5) 主要是大都市家庭条件比较好，具有一定文化素质的青年，多半是高中生和低年级大学生。

2. 1) X　2) X　3) O　4) X　5) O

3. 1) 士别三日，当刮目相待
2) 势不可挡
3) 十万八千里
4) 不可逾越
5) 言之有理
6) 潜移默化

4. 1) 那个人<u>一把年纪</u>了还穿得那么前卫。
2) 你穿这身衣服出去，肯定会有人说你<u>老土</u>的。
3) 以后别再联系了，我们俩从此<u>毫无瓜葛</u>。
4) 金融风暴<u>席卷</u>了全球。
5) 他说得那么<u>让人心动</u>，我恨不得现在就去看。
6) 我只是礼貌地让他坐下，谁知道他<u>毫不客气</u>。

5. 1) A: 你受"韩流"的影响不小啊。这打扮，这发型！
B: 您真会开玩笑。我虽然在韩国工作生活过，<u>可是我觉得我和"韩流"相差十万八千里呢</u>。
2) A: "韩流"已经席卷了大半个中国似的。
B: <u>言之有理，"韩流"在世界各国的扩展势不可挡</u>。
3) A: <u>现在如果在"新新人类"面前提港台巨星的话，肯定会被人家说你老土了吧</u>？
B: 哈哈，不但说你老土，而且还会觉得和你有不可逾越的代沟，也许马上会用从韩剧里学到的单词喊你阿杰씨。
4) A: <u>你怎么没有整一下容啊？</u>
B: 我都一把年纪了，还整什么容。

6. 1) B　2) D

제2과

1. 1) K-POP，也就是Korea-POP，就是韩国的流行音乐。其实它是一种东西合璧的产物，因为它是在韩乐的基础上大量混入黑人街头Hip-Hop的音乐风格。
2) H.O.T
3) 他山之石，可以攻玉(随着K-POP在全球掀起热潮，带动韩国文化、娱乐、服务等其他产业的发展)。
4) K-POP的歌曲一般节奏比较快，而且节奏感强烈，适于跳舞。现在的K-POP很多增添了抒情成分。
5) K-POP追星族们，主要是小女生，只要偶像出场，她们就会尖叫"OPPA"，声音震耳欲聋，组成了所谓的"OPPA部队"。

2. 1) O　2) X　3) X　4) X　5) O

3. 1) 了如指掌
2) 妇孺皆知
3) 略知一二
4) 爱屋及乌
5) 井底之蛙
6) 他山之石，可以攻玉

4. 1) 我想学习韩国语，你<u>推荐</u>几本书吧。
2) 他这个人没有什么坏心眼，是个十足的<u>书呆子</u>。
3) 那个偶像的<u>忠实粉丝</u>们如果听到你这样说，会恨死你的。
4) 那个时候我<u>狂热</u>地喜欢上了羽毛球。
5) 每个父亲都是孩子小时候<u>崇拜</u>的对象。
6) 有些地方结婚之前，男女双方要交换<u>生辰八字</u>。

5. 1) A: "K-POP"？这又是什么新名词啊？
B: 你连这个都不知道？看来你真是个<u>"两耳不闻窗外事，一心只读圣贤书"的书呆子啊</u>。
2) A: 你就给我讲讲吧。
B: 那我就给你普及一下吧，省得<u>别人说你是"井底之蛙"</u>。
3) A: H.O.T在"K-POP"形成早期，可是家喻户晓啊，你不会不知道吧。
B: <u>H.O.T啊，那个时候我可是他们的忠实粉丝，对他们狂热得不得了</u>。
4) A: 你说"K-POP"从出现到现在，势如破竹地向全世界蔓延的理由是什么呢？
B: <u>也许是因为"他山之石，可以攻玉"吧</u>。

6. 1) D　2) C

제3과

1. 1) 他大腹便便，长得很搞笑。
2) 这首歌很多都是简单的重复，即使不懂韩国语，也能跟着哼唱。
3) 这首歌打破了过去演唱者高高在上的形象，通过模仿演唱者简单重复的动作，让每个人都能参与进来。
4) 一，这首歌的节拍与人在慢跑半小时后感觉最为兴奋瞬间的心率几乎同步，让人不自觉地跟着摇晃身体；
二，朗朗上口的旋律和节奏激发了人们生理反应；

三, 简洁的MV画面语言让每个人都能理解里面的元素。

5) 不同于传统的营销策略,这首歌首先通过YouTube在全球范围内做了预热,迅速形成了第一波热潮。然后通过各社交媒体放大了这一热潮,尤其是社交网络中明星们的主动推销增加了它的传播效应,使得这首歌在两个月内点击量超过了2亿次。

2. 1) O   2) X   3) O   4) X   5) X

3. 1) 一鸣惊人
   2) 耳濡目染
   3) 头头是道
   4) 趋之若鹜
   5) 大腹便便
   6) 一针见血

4. 1) 演员们扭动着身体,卖力地跳着舞。
   2) 很多国家受到了金融危机的冲击。
   3) 那个本子上记录了他的很多学习心得。
   4) 爸爸已经从单位退居二线了。
   5) 没有一个人能抵挡住韩流的影响。
   6) 孩子们最喜欢模仿大人了。

5. 1) A: 我就是再呆也抵挡不了这些来自四面八方的冲击啊!
      B: 说得是,这叫耳濡目染。
   2) A: 你真是书呆子到家了,什么事儿都去研究啊?不过这次你这个呆子说得这么眉飞色舞,估计是真有什么心得。
      B: 别老呆子呆子的,你听我说。
   3) A: 就是因为这首《江南Style》"呆傻简单"啊。
      B: 你这个人,怎么可以这样信口雌黄啊,这么红的MV,哪里呆了?哪里傻了?
   4) A: 你说得头头是道啊。越简单的越容易模仿,一般人不会去模仿难的东西。
      B: 你也是一针见血啊! 你看,把胳膊往前伸,双手搭在一起,然后按照节奏扭动屁股,就是"鸟叔"的骑马舞了。

6. 1) C   2) B

活中所表现出来的亲情和友情。多以一种轻松、诙谐的笔调描写个人的感情、个人的奋斗与发展,以及个人的失意与成功等。
   角色: 韩剧里充满了各种平凡而可爱的小人物,而且人物关系比较简单。
   5) (自由回答)

2. 1) X   2) X   3) O   4) O   5) X

3. 1) 开夜车
   2) 七大姑八大姨
   3) 肚子里的蛔虫
   4) 夜猫子
   5) 门外汉
   6) 香饽饽

4. 1) 他见过那个女孩一次以后,心里就放不下了。
   2) 今年春天的天气冷得简直像冬天一样。
   3) 他这个人原则性很强,对就是对错就是错,任何事情都泾渭分明。
   4) 你这样做无疑是自己和自己过不去。
   5) 你一个人大半夜在街上瞎晃荡什么?
   6) 自己长得跟个丑八怪似的,还说别人长得丑。

5. 1) A: 嗯,你怎么知道我又熬夜了?
      B: 一看你的熊猫眼就知道啊!
   2) A: 拍摄时十分注意表现男女的美好的容貌和身材,当然吸引像你这样的纯情少女了。
      B: 那是! 谁愿意在大半夜熬夜看一些丑八怪演戏?那睡觉的时候不得做噩梦啊?
   3) A: 你们女人都是花痴,看韩剧就盯着那些高富帅的男主角。
      B: 你们男人,难道不是把韩剧里那些集漂亮、贤惠、温柔、学历为一身的女主角看成香饽饽啊?
   4) A: 那在播出期间,编剧完全有时间根据观众的收视反应来设计下一步情节的进展,以及设计故事结局了?你这个"韩剧迷"肚子里还真有料儿。
      B: 那是!

6. 1) D   2) C

제4과

1. 1) 他看到了张玲的"熊猫眼"。
   2) 因为韩剧中男女主角乃至他们的密友、情敌都是非常养眼的帅哥美女,而且大部分描写的是男女间天真浪漫的故事,每一集都有很多吊人胃口的情节。
   3) 韩剧是"边写、边拍、边播"的,即编剧写剧本的同时,一边拍摄一边上映。一部电视剧多为一周两天连播。
   4) 主要内容: 韩剧描述最多的是爱情,以及日常家庭生

제5과

1. 1) 那些衣服早过时了。
   2) 没有。
   3) 要认真学,不能半路打退堂鼓。
   4) 韩剧好像在滚雪球,其后面拉动了一个巨大的产业链。韩国服装、韩餐、韩国旅游、韩国语世界化甚至韩化生活方式,潜移默化了很多外国人。
   5) 因为韩剧经常会挑选韩国国内的海滩、村落、都市会场和其他一些旅游景点作为拍摄地,对剧情进行渲染

연습문제 정답

和烘托，这就使得观众无形中对这些景点产生了联想和憧憬，希望自己也能够身临其境。

2. 1) X　2) X　3) O　4) X　5) O

3. 1) 八竿子打不着
   2) 打退堂鼓。
   3) 定心丸
   4) 打入冷宫。
   5) 打水漂
   6) 一不做二不休

4. 1) 这里的人都长得细皮嫩肉的。
   2) 经过不懈努力，他终于获得了成功。
   3) 我怎么劝他，他都无动于衷。
   4) 昨天玩了一个通宵，现在累死了。
   5) 一项新政策拉动了一场产业革命。
   6) 咖啡店在中国还没有形成产业链。

5. 1) A: 啊，清一色的韩版衣服啊？你原来的衣服呢？
      B: 那些衣服早过时了，早让我打入冷宫了。
   2) A: 我还给你买了一件呢！
      B: 给我买了一件，这可是破天荒第一次啊。
   3) A: 你看人家韩剧里女主人公的服装，那精细，那漂亮，还有那皮肤，个个细皮嫩肉，一点儿瑕疵都没有。
      B: 可是人家那是一方水土养一方人，那些女演员都是天生的，和你这后天的不在一个水平线上。
   4) A: 我正有学习韩国语的打算呢。
      B: 那你可要认真学，不能半路打退堂鼓，拿自己的钱打水漂。

6. 1) D　2) A

제6과

1. 1) 韩国2012年迎来了第1000万名外国游客，韩国旅游业进入1000万名游客时代。 旅游业给韩国带来了很多收入。
   2) 容易。
   3) 希望能遇到自己的女朋友。
   4) 只有韩国。
   5) 韩国文化体育观光部与观光公社为了迎接第1000万名游客的到来，举行了欢迎仪式，并举办了"游客1000万时代来临的宣传仪式"。

2. 1) X　2) X　3) O　4) O　5) O

3. 1) 海水不可斗量
   2) 芝麻官
   3) 耍贫嘴
   4) 摇钱树
   5) 白日梦
   6) 桃花运

4. 1) 那个弹丸之地，却住了那么多名人。
   2) 这个公司年轻人是主力军。
   3) 最近公司又在发帖招聘新人了。
   4) 蛋糕看上去太好吃了，我禁不住吃了好几口。
   5) 我去找他借钱，谁知道碰了钉子。
   6) 我又一次来到了九寨沟，这是第三次故地重游了。

5. 1) A: 那么一个弹丸之地，有那么多人去旅游啊？
      B: 虽然国家小，地方小，没什么自然资源，但是东方不亮西方亮，韩国人在旅游上做出了好文章。
   2) A: 听说中国和日本游客是去韩国旅游的外国游客中的主力军。
      B: 所以韩国的卖场和商店的商品标签上都有汉语，而且现在会汉语的导购在韩国炙手可热。
   3) A: 唉，我也曾经为韩国的旅游业添过砖加过瓦啊。
      B: 这话怎讲啊？啊，对了，你去年也去韩国旅游过的啊！
   4) A: 在那些韩剧里出现过的地方旅游，是不是有一种新鲜感，同时又有一种故地重游的感觉？
      B: 是啊是啊，我好像成了韩剧里的主角。

6. 1) C　2) A

제7과

1. 1) 济州岛是由火山喷发而形成，那些石头是火山岩。
   2) 就是石多、风多、女人多。
   3) "三无"是指无小偷、无大门、无乞丐。
   4) 温和湿润的气候和由火山活动塑造出的绮丽多彩的自然风景，使它赢得了"韩国的夏威夷"的美誉，吸引着成千上万的海内外游客前往观光。(自由回答)
   5) (自由回答)

2. 1) O　2) X　3) O　4) O　5) X

3. 1) 初二三的月亮——不明不白
   2) 和尚头上的虱子——明摆着
   3) 打破砂锅——问到底
   4) 竹篮打水——一场空
   5) 城隍与玉皇——有天地之别
   6) 炒面捏的妹妹——熟人

4. 1) 大夏天的，下了这么大的雪，真稀罕。
   2) 怪不得我好久没有见过他了，原来他出国了。
   3) 你别见外，随便吃。
   4) 很多人在那次地震中遇难了。
   5) 每个人都期待有一次艳遇。
   6) 哥哥五大三粗的，弟弟却很弱小。

5. 1) A: 一下飞机就看到济州岛上的石头都是黑色的，这对我们来说是菜园里长人参——稀罕事，麻烦您给解释一下吧。
　B: 那些就是火山岩，济州岛是由火山喷发而形成，所以地貌十分奇特。
2) A: 看来今天要打破砂锅——问到底了。
　B: 是啊，我这人不喜欢初二三的月亮——不明不白的。
3) A: 俩人是好朋友吧？
　B: 是啊，我们俩是炒面捏的妹妹——熟人。
4) A: 我还指望有什么艳遇呢，这下竹篮打水——一场空了。这些女人不是个个都五大三粗的啊？
　B: 哈哈，你以为是"美女"多啊？和你设想的是城隍与玉皇——有天地之别。
6. 1) A　　2) D

제8과

1. 1) 因为她要去韩国留学了。
2) 去韩国。因为韩国当地的韩国料理店肯定比这里的地道。
3) (自由回答)
　韩国料理的佐料多用麻油、酱油、盐、蒜、姜等，尤其大蒜的食用普遍。不论是烤肉、泡菜还是糕点，五颜六色的视觉享受，是韩国料理的最大特点。
4) 冬天时农作物不兴，必须仰赖泡菜、酱瓜等传统腌制菜。
5) 韩国料理一般选材天然，且选择不破坏营养成分的烹调方式。
2. 1) X　　2) X　　3) O　　4) X　　5 X
3. 1) 擦火柴点电灯——其实不然
2) 斑马的脑袋——头头是道
3) 闭着眼睛哼曲子——心里有谱
4) 看三国掉泪——替古人担忧
5) 炒咸菜不放盐——有言在先
6) 张飞绣花——粗中有细
4. 1) 韩国料理富于特色。
2) 在美国出生的她练就了一口流利地道的英语。
3) 他是我们这里少有的美食家。
4) 一看他背古诗的样子，就知道他古文功底不浅。
5) 她正在为儿子考大学的事情担忧。
6) 坐在海边，享受着休闲时光。
5. 1) A: 我今天买了几本介绍韩国料理的书。
　B: 韩国料理？你不是前几天还在研究泰国料理吗？怎么这么快就陈世美不认秦香莲——喜新厌旧了？
2) A: 韩国当地的韩国料理店肯定比这里的地道啊，去了韩国再吃吧。
　B: 你说得真是斑马的脑袋——头头是道啊！

3) A: 那在去韩国之前就会成为韩国料理美食家了。
　B: 美食家？如果我现在想做韩国料理美食家，那真是吃了三天斋就想上西天——功底还浅啊！
4) A: 听说吃韩国料理还有很多礼仪上的讲究，你别和人吃饭的时候丢人啊！
　B: 你别看三国掉泪——替古人担忧了，我早预习好了。
6. 1) C　　2) C

제9과

1. 1) 韩国。
2) 不可不信不可全信。
3) 标新立异的不对称款式，是"韩版"中最典型的款式。
4) 张扬个性的阔腿裤和紧身裤，尽显妩媚极致的纯白色紧身背心和嫩粉色绣花长裤搭配，以及展现神秘魅力的黑色无带背心配黑色的阔腿长裤和本色的鱼网长裙，都是韩版服装所运用的夸张手法。
5) 韩版服装巧妙地借助欧美时尚，将欧美时尚元素糅合到东方的流行之中，体现出东方人的审美。
2. 1) X　　2) X　　3) O　　4) O　　5) X
3. 1) 反其道而行之
2) 肥水不流外人田
3) 聪明一世糊涂一时
4) 大丈夫能屈能伸
5) 人生地不熟
6) 欲速则不达
4. 1) 他获得了这次创意大赛的第一名。
2) 教育部取缔了很多没有资质的留学中介。
3) 那件衣服没穿几次就走形了。
4) 这是一个处于科技前沿的技术课题。
5) 大家一起尽情享受美食吧。
6) 首尔是一座魅力无穷的城市。
5. 1) A: 你说在去韩国之前要不要买几件韩版衣服啊？
　B: 我说你这人，怎么聪明一世糊涂一时啊？韩版衣服为什么在国内买呢？去了韩国再买不是更好吗？
2) A: 国内的韩版衣服也有质量和款式都不错的。
　B: 我说你别不信，不怕不识货，就怕货比货，你去了韩国一比就知道了。
3) A: 咱一家人不说两家话，你肯定不会赚我的钱，对不？
　B: 哈哈，谁说的？我可是无利不起早的人啊。
4) A: 真羡慕你，可以到东方时尚的前沿去留学，可以感受最地道的韩版时尚。
　B: 是啊，近水楼台先得月，在不耽误学习的前提下，我会尽情感受时尚之都的魅力的。
6. 1) D　　2) B

연습문제 정답

제10과

1. 1) 田光觉得那里太大，太复杂，所以不想去。
因为东大门非常有名，张玲还没去过，很想去看看。
2) 张玲请他吃饭了。
3) 东大门比秀水市场大多了。
4) 晚上的东大门交通堵塞。
5) 东大门市场诞生于1905年，自从这里被指定为服装批发商街后发展速度惊人。作为亚洲最大规模的批发市场之一，据称约有30个商场、3万多个商店以及5万多个制作厂商云集于此，这里的商品也是应有尽有。

2. 1) X 2) X 3) O 4) X 5) O

3. 1) 丑话说在前头
2) 不管三七二十一
3) 不当家不知道柴米贵
4) 一个天上一个地下
5) 便宜没好货，好货不便宜
6) 不比不知道，一比吓一跳

4. 1) 因为内向，他吃了很多<u>哑巴亏</u>。
2) 咱们<u>把丑</u>话说在前头，别到时候闹别扭。
3) 东大门可以说是世界时尚的<u>晴雨表</u>。
4) 那个设计师的作品成了时尚界的<u>风向标</u>。
5) 一到晚上，整个东大门就成了一座<u>不夜城</u>。
6) 济州岛和夏威夷不可<u>同日而语</u>。

5. 1) A: 我都来韩国两个星期了，还没有去过东大门呢，今天你陪我去吧。
B: 东大门？<u>那里对我来说是八抬大轿请不去的地方</u>。
2) A: 可是那么有名的地方，我真的想去啊。求你了，我昨天请你吃的饭不能白请了啊。
B: <u>真是吃人家的嘴短，拿人家的手软</u>。好吧，我陪你去，我陪你去。
3) A: <u>我们丑话说在前头</u>，到时候别说累啊。
B: 走走，我肯定不会说的。
4) A: 原来在家都是花爸妈的钱，见了喜欢的衣服，不管三七二十一就买。
B: 现在自己管自己了，<u>开始明白不当家不知道柴米贵了吧</u>？

6. 1) B 2) D

제11과

1. 1) 没有，她觉得八字还没有一撇呢。
2) 除了练习韩国语外，她还对釜山的各个方面了解了一个底朝天。
3) 他可以每天陪张玲练习一个小时韩国和各种情景对话。
4) 2004年2月韩国导演金基德，以《撒玛利亚女孩》在柏林拿下了最佳导演奖。同年5月，朴赞旭的《老男孩》在法国戛纳获得评委会大奖。2004年9月份，导演金基德的《空房间》在威尼斯，摘取最佳导演银狮奖。
5) 一，废除了电影审查制度，以电影分级制度取而代之；二，实施了电影配额制度；三，拥有充足的资金来源；四，三大电影节为韩国电影的振兴推波助澜。

2. 1) X 2) O 3) O 4) X 5) O

3. 1) 此一时，彼一时
2) 好记性不如烂笔头
3) 人多出韩信，智多出孔明
4) 打如意算盘
5) 斗大字不识一升
6) 常说口里顺，常做手不笨

4. 1) 他们为这次野游准备了很多<u>应急</u>物品。
2) 他把房间翻了个<u>底朝天</u>也没有找到钥匙。
3) 女孩的情感一般都比男孩要<u>细腻</u>很多。
4) 他是这个行业的<u>行家</u>。
5) 那位歌手的声音很<u>柔美</u>。
6) 这次第一的位置<u>非你莫属</u>了。

5. 1) A: 听说你要去釜山电影节做志愿者？
B: 我刚递上去报名申请，<u>八字还没一撇呢</u>。
2) A: 多准备好，不怕慢，就怕站，每天都要努力准备。
B: 我还准备了很多应急的东西，<u>不怕一万，就怕万一嘛</u>。
3) A: 需要帮忙的话，我可以每天陪你练习一个小时韩国语和各种情景对话，不是说：<u>常说口里顺，常做手不笨嘛</u>。
B: 谢谢你！如果能被选上就好了。
4) A: 我来了韩国后，看过很多部，慢慢开始喜欢上的。我还选了一门关于韩国电影的课呢。
B: 到时候写作业什么的，我可是<u>打着灯笼都找不到的好帮手啊</u>！

6. 1) B 2) D

제12과

1. 1) 她最近经常发一些韩国艺人的消息，还坚持每天发一条"常用韩国语"。
2) 互相成为粉丝。
3) 她的很多微博都被转发几十次。
4) K-POP形成的韩流掀起了热潮，使得学习韩国语的人大幅飙升。
5) 截至2011年在一般世宗学堂学习韩国语的学生多达16,590人。而文化院世宗学堂因报名费用较低，因此学生人数更多，到2011年听文化院课程的人数多达176,478人。

2. 1) X 2) X 3) O 4) X 5) X
3. 1) 给力
　2) 僵尸粉
　3) 微博控
　4) 互粉
　5) 灌水
　6) 跟帖
4. 1) 不知道他有什么 招数 让很多人都喜欢他。
　2) 很多 艺人 都整过容。
　3) 这个人的缺点就是 好为人师。
　4) 我把他的mail 转发 给你了。
　5) 我今天才看到你发的 帖子。
　6) 我一个下午都很 纠结 要不要主动约他。
5. 1) A: 是不是有很多僵尸粉啊？
　　B: 你真是 狗嘴里吐不出象牙！告诉你，我的粉丝没有一个是僵尸粉！
　2) A: 我昨天看你的微博了，好像一夜之间就多了那么多粉丝似的。你施了什么招数呢？
　　B: 我最近经常发一些韩国艺人的消息，还坚持每天发一条"常用韩国语"。很多人转发我的微博，也有很多人要求和我互粉。
　3) A: 我的这些粉丝真给力，我的很多微博都被转发了几十次。
　　B: 说明越来越多的人开始学习韩语了呗。
　4) A: 你这个人 就不能给人家一点儿正能量，鼓励一下人家嘛！
　　B: 哟哟，快去发你的微博吧，别在这里冲我卖萌了。
6. 1) B　2) C

제13과

1. 1) 只是赚点生活费而已。
　2) 很受欢迎，有的商品刚发到网站就被抢购了。
　3) 很小。一来他担心竞争不过国内的山寨货，二来他担心耽误了学习。
　4) 因为她卖的泳衣是韩国制造的。
　5) 超市里的牛肉分三等：美国产、澳洲产和韩国产。其中，美国产的最便宜，价格就跟猪肉差不多；澳洲产的牛肉品质还算不错，价格居中；最贵的是"韩牛"。
2. 1) X 2) X 3) X 4) X 5) X
3. 1) 山寨
　2) 压力山大
　3) 没有不透风的墙
　4) 按下葫芦浮起瓢——顾此失彼
　5) 杯具
　6) 高富帅

4. 1) 很多在韩国的留学生都在 勤工俭学。
　2) 这些钱也许只是 杯水车薪，但是是我的心意。
　3) 刚发到网上就被网友 秒杀 了。
　4) 我店全部商品都是 正品。
　5) 很多大城市的务工人员都过着 蜗居 的生活。
　6) 她的言论被很多人 狂顶。
5. 1) A: 听说你现在专门代购韩国产品？
　　B: 真是没有不透风的墙啊。我还以为没人知道呢。
　2) A: 有这样的情况，但是不是每件商品都会被"秒杀"的。亲，你也开一个吧，或者和我一起做吧。
　　B: 我一想做来着，但是觉得国内的山寨货太多，我们能竞争过他们吗？而且如果耽误了学习，那就是 按下葫芦浮起瓢——顾此失彼 了。
　3) A: 我这人不会做生意，我怕我孔夫子搬家——净是输。
　　B: 一般不会赔，很多人都认"Made in Korea"。没有你说得那么杯具。
　4) A: 我也赚点钱，当一次高富帅。
　　B: 你啊，我看只能高只能富，至于最后一个嘛，你知我知天知地知了。
6. 1) D　2) D

과별 색인

제1과

■ 회화

眼光	yǎnguāng	명	시선, 눈길
刮目相待	guāmù xiāngdài	성	괄목상대하다, 눈을 비비고 다시 보다
毫无	háowú	동	조금도 ~이 없다
瓜葛	guāgé	명	(일 사이의) 관련, 관계
席卷	xíjuǎn	동	장악하다, 점령해서 통치하다
巨星	jùxīng	명	(어떤 방면에) 뛰어난 인물, 거성
老土	lǎotǔ	형	본고장의, 지방색을 띤, 촌스러운
逾越	yúyuè	동	뛰어넘다, 초월하다, 넘다, 넘어서다
代沟	dàigōu	명	세대차이
心动	xīndòng	동	마음을 움직이다, 마음이 흔들리다
亏	kuī	동	손해 보다, 잃어버리다, 손실되다

□ 士别三日, 当刮目相待
　shì bié sān rì, dāng guāmù xiāngdài
　괄목상대하다, 새로운 안목으로 대하다

□ 十万八千里
　shíwàn bāqiān lǐ
　차이가 많이 나다

□ 潜移默化
　qiányí mòhuà
　은연중에 감화하다

□ 言之有理
　yánzhī yǒulǐ
　말에 일리가 있다

□ 势不可挡
　shìbùkědǎng
　세찬 기세를 막아낼 수 없다

□ 新新人类
　xīnxīnrénlèi
　신인류, 신세대

□ 不可逾越
　bùkě yúyuè
　뛰어 넘을 수 없다

□ 这一……不要紧
　zhè yī……bú yàojǐn
　이렇게 하는 것이 별 문제가 되지 않다

□ 改头换面
　gǎitóu huànmiàn
　단지 겉만을 바꾸고 내용은 그대로다

□ 一把年纪
　yì bǎ niánjì
　나이가 지긋하다

□ 判若两人
　pànruò liǎngrén
　전혀 딴 사람 같다

■ 열독

异样	yìyàng	형	이상하다, 특별하다
竟然	jìngrán	부	뜻밖에도, 의외로
乃至	nǎizhì	부	더 나아가서
亚文化	yàwénhuà	명	비주류문화
为人处世	wéirén chǔshì	성	남과 잘 사귀며 살아가다
作派	zuòpài	명	위엄, 위신, 가식적인 자세
引人瞩目	yǐnrén zhǔmù	성	사람이나 사물이 특별해서 흡인력이 있다
冲击力	chōngjīlì	명	충격
知名度	zhīmíngdù	명	지명도, 세상에 이름이 알려진 정도
昔日	xīrì	명	옛날, 지난날
风靡	fēngmǐ	동	풍미하다, 유행하다
天下	tiānxià	명	하늘 아래의 온 세상, 한 나라 전체
素质	sùzhì	명	소질, 자질
宣扬	xuānyáng	동	선양하다, 널리 알리다
股	gǔ	양	맛, 기체, 냄새, 힘 따위를 세는 단위

■ PLUS 관용 표현

□ 爱面子
　ài miànzi
　체면을 중시하다, 체면을 차리다

□ 交白卷
　jiāo báijuàn
　임무를 완성하지 못하다

□ 爆冷门
　bào lěngmén
　생각지도 못한 일이 발생하다, 의외의 결과가 나타나다

□ 半边天
　bànbiāntiān
　세상의 절반. 신시대의 여성

□ 炒鱿鱼
　chǎo yóuyú
　해고하다, 사퇴하다

제2과

■ 회화

推荐	tuījiàn	동	추천하다, 소개하다

书呆子	shūdāizi	명	책벌레, 공부벌레
普及	pǔjí	동	보급되다, 확산되다
狂热	kuángrè	형	열광적이다, 미치다
床头	chuángtóu	명	침대 머리맡
崇拜	chóngbài	동	숭배하다
蔓延	mànyán	동	만연하다, 널리 번지다
节奏	jiézòu	명	리듬, 박자
路线	lùxiàn	명	노선
抒情	shūqíng	동	감정을 토로하다, 정서를 드러내다
偶像	ǒuxiàng	명	우상
生辰八字	shēngchén bāzì	명	생년월일시, 사주팔자
吃醋	chīcù	동	질투하다, 시기하다

□ 摇头晃脑
yáotóu huàngnǎo
머리를 흔들다, 스스로 만족하다, 의기양양하다

□ 两耳不闻窗外事，一心只读圣贤书
liǎng'ěr bù wén chuāngwàishì, yìxīn zhǐ dú shèngxiánshū
세상사엔 전혀 관심이 없다

□ 省得
shěnde
~ 하지 않도록, ~ 않기 위하여

□ 井底之蛙
jǐngdǐzhīwā
우물 안의 개구리

□ 家喻户晓
jiāyù hùxiǎo
집집마다 다 알다, 누구나 다 알다

□ 粉丝
fěnsī
팬, 팔로워

□ 妇孺皆知
fùrú jiēzhī
모두 다 알고 있다

□ 满……
mǎn……
꽉 차다, ~에 가득하다

□ 顶礼膜拜
dǐnglǐ móbài
남의 발아래 머리를 조아리며 설설 기다, 맹목적으로 숭배하다

□ 势如破竹
shìrú pòzhú
파죽지세, 파죽지세이다

□ 他山之石，可以攻玉
tāshān zhīshí, kěyǐ gōngyù
타산지석

□ 了如指掌
liǎorú zhǐzhǎng
제 손바닥에 있는 물건을 가리키듯 아주 분명하게 알다, 제 손금을 보듯 훤하다, 손금 보듯 하다

□ 略知一二
lüèzhī yī'èr
조금 알다, 대략적으로 이해하다

□ 不折不扣
bùzhé búkòu
한 푼의 에누리도 없다, 한 치도 어김이 없다

□ 镜中花，水中月
jìng zhōng huā, shuǐ zhōng yuè
거울 속의 꽃이요, 물 속의 달이다

□ 爱屋及乌
àiwū jíwū
사람을 좋아하기에 그의 집 지붕에 앉은 까마귀까지도 관심을 갖다, 어떤 사람을 좋아하기에 그와 관계된 사람이나 사물에게까지도 관심을 쏟다

■ 열독

东西合璧	dōngxī hébì		서로 다른 것을 잘 배합하다
产物	chǎnwù	명	산물, 결과
叛逆	pànnì	동	배반하다, 반역하다
动向	dòngxiàng	명	동향, 추세
主题曲	zhǔtíqǔ	명	주제곡
插曲	chāqǔ	명	삽입곡, 간주곡
唯美	wéiměi	명	탐미
主题	zhǔtí	명	주제
柔和	róuhé	형	온유하다, 온화하다, 부드럽다
元素	yuánsù	명	요소
奔放	bēnfàng	형	자유분방하다, 약동하다
活力	huólì	명	활력, 생기, 활기
东风	dōngfēng	명	유리한 형세
视频	shìpín	명	동영상
爆红	bàohóng	동	폭발적인 인기를 끌다
热潮	rècháo	명	열기, 붐
轰动	hōngdòng	동	뒤흔들다, 들끓게 하다
收支	shōuzhī	명	수입과 지출, 수지
顺差	shùnchā	명	흑자

■ PLUS 관용 표현

□ 出难题
chū nántí
곤란하게 하다

□ 出洋相
chū yángxiàng
웃음거리가 되다, 추태를 부리다

과별 색인

□ 穿小鞋
chuān xiǎoxié
일부러 괴롭히다, 냉대하다

□ 吹牛
chuīniú
허풍치다, 큰 소리치다

□ 吃大锅饭
chī dàguōfàn
공동분배, 한 솥 밥을 먹다

제3과

■ 회화

挺	tǐng	동	(몸 또는 몸의 일부를) 곧추펴다
搞笑	gǎoxiào	동	웃기다
冲击	chōngjī	명	충격
点击	diǎnjī	동	클릭(click)하다
纳闷儿	nàmènr		궁금하다, 알고 싶다
心得	xīndé	명	느낌, 소감, 체득, 터득
哼唱	hēngchàng	동	흥얼거리다, 콧노래를 부르다
扭动	niǔdòng	동	(몸을 좌우로) 흔들다, 비틀다
打住	dǎzhù	동	멈추다, 그만두다
退居	tuìjū	동	(낮은 지위로) 물러나다, 밀려나다

□ 大汗淋漓
dàhàn línlí
땀범벅이 되다, 땀이 비오는 듯하다

□ 神采飞扬
shéncǎi fēiyáng
득의양양하다

□ 就是再……也
jiùshì zài …… yě
아무리 ~해도

□ 耳濡目染
ěrrú mùrǎn
항상 보고 들어서 익숙하고 습관이 되다

□ 大腹便便
dàfù piánpián
배가 올챙이처럼 나오다, 배가 북통같다

□ ……到家(了)
…… dàojiā (le)
너무 ~하다, 아주 ~하다

□ 眉飞色舞
méifēi sèwǔ
희색이 만면하다, 의기양양하다

□ 洗耳恭听
xǐ'ěr gōngtīng
귀를 씻고 공손하게 듣다, 경청하다

□ 信口雌黄
xìnkǒu cíhuáng
사실을 무시하고 입에서 나오는 대로 함부로 지껄이다

□ 趋之若鹜
qūzhī ruòwù
옳지 않는 일에 달려들다

□ 比 A 还 A
bǐ A hái A
A보다 더 A 같아, A 뺨 칠 정도야

□ 草根
cǎogēn
평민

□ 头头是道
tóutóu shìdào
말이나 행동이 하나하나 사리에 들어맞다

□ 一针见血
yìzhēn jiànxiě
한 마디로 정곡을 찌르다

□ 捧腹大笑
pěngfù dàxiào
포복절도하다, 몹시 웃다

□ 一鸣惊人
yìmíng jīngrén
뜻밖에 사람을 놀라게 하다

■ 열독

推出	tuīchū	동	(신상품을) 내놓다, 출시하다
当下	dāngxià	부	즉각, 바로, 곧, 바로 그 때
榜首	bǎngshǒu	명	명단의 맨 처음
吉尼斯纪录	Jínísī Jìlù	명	기네스북
争相	zhēngxiāng	부	서로 다투어
火爆	huǒbào	형	한창이다, 흥성하다, 번창하다
新媒体	xīn méitǐ	명	새로운 매체, 뉴미디어
参与性	cānyùxìng	명	참여성
高高在上	gāogāo zàishàng	성	높은 지위에 있는 사람이 현실 속에 들어가지 못하고 대중과 동떨어져 있다
联合国	Liánhéguó	명	유엔(UN), 국제 연합
秘书长	mìshūzhǎng	명	사무국장
强劲	qiángjìng	형	세다, 강력하다, 세차다
洗脑	xǐnǎo	동	세뇌하다
科研	kēyán	명	과학 연구
周期	zhōuqī	명	주기 (같은 현상이 한 번 나타나고부터 다음 번 되풀이되기까지의 기간)

核心	héxīn	명	핵심
心率	xīnlǜ	명	심장 박동수
激发	jīfā	동	불러일으키다, 끓어오르게 하다
生理反应	shēnglǐ fǎnyìng		생리적인 반응
朗朗上口	lǎnglǎng shàngkǒu	성	목소리가 또랑또랑하고 유창하다, 기억하기 쉽다
首发	shǒufā	동	처음으로 발표하다
策略	cèlüè	명	책략, 전술, 전략
投放	tóufàng	동	(인적·물적 자원을) 투자하다
预热	yùrè	동	예열하다

■ PLUS 관용 표현

□ 吃定心丸
chī dìngxīnwán
정서가 안정되다

□ 打交道
dǎ jiāodào
교제하다, 왕래하다, 사귀다

□ 戴高帽(子)
dài gāomào(zi)
비행기태우다, 부추기다, 아첨하다

□ 倒胃口
dǎo wèikǒu
비위상하다, (비유적 표현) 구역질 나다

□ 喝西北风
hē xīběifēng
먹을 것이 없어 배를 주리다

□ 夜猫子
yèmāozi
부엉이(猫头鹰)의 낮은말, 올빼미

□ 开夜车
kāi yèchē
밤을 새워 공부하다(일하다), 밤을 꼬박 새우다

□ 熊猫眼
xióngmāoyǎn
다크 서클

□ 我肚子里的蛔虫
wǒ dùzi lǐ de huíchóng
나를 훤히 잘 알다

□ 说实话
shuō shíhuà
사실대로 말하자면

□ 还真……
hái zhēn……
정말 ~하다

□ 那是
nà shì
맞아, 그건 그래

□ 不得……啊?
bù děi …… a?
~이 아니니? (틀림없이 ~ 할 것이다)

□ 吊胃口
diào wèikǒu
(다른 사람으로 하여금) 입맛을 다시게 하다

□ 七大姑八大姨
qī dàgū bā dàyí
멀고 가까운 여자 친척, 많은 친척들

□ 集……为一身
jí …… wéi yì shēn
한데 모여 있다

□ 香饽饽
xiāngbōbo
인기 있는 사람이나 사물

□ 老外
lǎowài
외국인, 문외한

□ 门外汉
ménwàihàn
문외한

□ 肚子里还真有料儿
dùzi lǐ hái zhēn yǒu liàor
어떤 분야에 상당한 지식이 있는 사람

제4과

■ 회화

熬夜	áoyè	동	밤새다, 철야하다
甭	béng	부	~할 필요 없다, ~하지 마라
密友	mìyǒu	명	친한 친구, 가까운 친구
情敌	qíngdí	명	연적
拍摄	pāishè	동	촬영하다, 사진을 찍다
纯情	chúnqíng	형	순결하고 진지하다
大半夜	dàbànyè	명	깊은 밤, 한밤중
丑八怪	chǒubāguài	명	용모가 아주 못생긴 사람
噩梦	èmèng	명	불길한 꿈, 악몽
花痴	huāchī	명	금새 사랑에 빠지는 사람
贤惠	xiánhuì	형	(여자가) 어질고 총명하다, 현모양처이다
收视	shōushì	동	시청하다, 보다

과별 색인

■ 열독

振人耳目	zhènrén ěrmù	성	사람을 놀라게 하다
恐怖片	kǒngbùpiàn	명	공포영화
主力军	zhǔlìjūn	명	주력군
诙谐	huīxié	형	유머러스하다, 해학적이다
笔调	bǐdiào	명	글의 스타일(style), 풍격, 필치
宿命	sùmìng	명	숙명
悲情	bēiqíng	명	슬픈 감정
释放	shìfàng	동	방출하다, 내보내다
泾渭分明	jīngwèi fēnmíng	성	좋고 나쁨의 구분이 아주 분명하다, 선악(善恶)·시비(是非)의 구별이 확실하다
无疑	wúyí	형	의심할 바 없다, 틀림없다, 두 말 할 것 없다
琐事	suǒshì	명	자질구레한 일, 번거로운 일, 사소한 일
深沉	shēnchén	형	(정도가) 깊다, 심하다
一门心思	yìmén xīnsī	성	전심전력을 기울이다, 정력을 집중하다, 몰두하다
喜怒哀乐	xǐnù āilè	성	희로애락, 기쁨과 노여움과 슬픔과 즐거움, 사람의 각종 감정
伦理	lúnlǐ	명	윤리, 도덕
孝道	xiàodào	명	효도
边缘化	biānyuánhuà	동	비주류화하다, 주변화하다
凭借	píngjiè	동	~에 의지하다, ~을 믿다, ~을 기반으로 하다, ~를 통하다, 핑계 대다, 빙자하다, 구실로 삼다

■ PLUS 관용 표현

□ 砍大山
　kǎndàshān
　실없는 말을 하다, 쓸데없는 말을 지껄이다

□ 二把刀
　èrbǎdāo
　얼치기(어느 분야에서 기술·지식이 미숙한 사람)

□ 开绿灯
　kāi lǜdēng
　협조하다, 길을 내어주다

□ 开快车
　kāi kuàichē
　(공부나 일등에) 박차를 가하다

□ 露一手儿/露两手儿
　lòu yì shǒu(r) / lòu liǎng shǒu(r)
　솜씨를 보이다, 특기를 발휘하다

제5과

■ 회화

韩版	Hánbǎn	명	한국 스타일
过时	guòshí	형	유행이 지나다, 시대에 뒤떨어지다
细皮嫩肉	xìpí nènròu	성	피부가 곱고 부드럽다
瑕疵	xiácī	명	하자, 흠, 결함
不懈	búxiè	형	게으르지 않다, 꾸준하다
美轮美奂	měilún měihuàn	성	아름답고 절묘하다
无动于衷	wúdòng yúzhōng	성	전혀 무관심하다
民俗村	mínsúcūn	명	민속촌
通宵	tōngxiāo	명	밤새도록, 밤새껏
免疫力	miǎnyìlì	명	면역력
拉动	lādòng	동	촉진하다, 적극적으로 이끌다
产业链	chǎnyèliàn	명	산업 사슬

□ 血拼
　xuèpīn
　쇼핑하다

□ 吃错药
　chī cuò yào
　약을 잘못 먹다

□ 清一色
　qīngyīsè
　일색이다, 획일화하다, 일률적으로 하다

□ 打入冷宫
　dǎrù lěnggōng
　찬밥 신세가 되다, 방치되다

□ 破天荒
　pòtiānhuāng
　미증유, 전대미문

□ 一方水土养一方人
　yìfāng shuǐtǔ yǎng yìfāng rén
　그 지방 풍토는 그 지방 사람을 기른다, 장소가 변하면 성질도 변한다

□ 不在一个水平线
　bú zài yí ge shuǐpíngxiàn
　수준이 같지 않다.

□ 紧箍咒
　jǐngūzhòu
　사람을 구속하는 수단, 골칫거리가 되는 말

□ 祸水
　huòshuǐ
　화의 원인이 되는 사람, 화근

□ 八竿子打不着
　bā gānzi dǎbuzháo
　사실과 전혀 다르다, 동떨어져 상관이 없다

- 一不做二不休
  yī bú zuò èr bù xiū
  일단 시작한 일은 철저하게 하다, 손을 댄 바에는 끝까지 하다
- 打退堂鼓
  dǎ tuìtánggǔ
  퇴청(退廳)의 북을 울리다, 중도에 물러나다
- 打水漂
  dǎ shuǐpiāo
  낭비하다, 물거품이 되다
- 定心丸
  dìngxīnwán
  생각이나 정서를 안정시킬 수 있는 말이나 행동, 안정제
- 无用功
  wúyònggōng
  쓸데없는 노력
- 滚雪球
  gǔn xuěqiú
  갈수록 커지다(많아지다), 눈덩이처럼 불어나다
- 打预防针
  dǎ yùfángzhēn
  사전에 교육하여 잘못된 사상에 저항할 수 있는 능력이 생기게 하다

■ 열독

勇往直前	yǒngwǎng zhíqián	성	용감하게 앞으로 나아가다
诱惑	yòuhuò	동	끌어들이다, 매료(매혹)시키다
腰包	yāobāo	명	돈주머니, 지갑
影碟	yǐngdié	명	VCD, 비디오 CD
改编	gǎibiān	동	(원작을) 각색하다, 개작하다
专辑	zhuānjí	명	앨범
知名	zhīmíng	형	잘 알려진, 저명한
原声	yuánshēng	명	오리지널 사운드
大碟	dàdié	명	CD, DVD, VCD, 레이저 디스크 (LD, laser disc)
衍生	yǎnshēng	동	파생하다
挂饰	guàshì	명	고리형 장식품
美味佳肴	měiwèi jiāyáo	명	맛있는 요리
鲜为人知	xiǎnwéi rénzhī	성	사람들에게 잘 알려지지 않다
激起	jīqǐ	동	일어나게 하다, 야기하다
赴	fù	동	(~로) 가다, 향하다
渲染	xuànrǎn	동	선염하다, 바림하다
烘托	hōngtuō	동	부각시키다, 돋보이게 하다, 받쳐 주다
憧憬	chōngjǐng	동	동경하다, 지향하다
身临其境	shēnlín qíjìng	성	어떤 장소에 (직접 가서) 체험하다, 어떤 입장에 서다
模式	móshì	명	패턴, 모델

■ PLUS 관용 표현
- 马大哈
  mǎdàhā
  세심하지 못하고 대강하는 사람
- 拿手戏
  ná shǒuxì
  재주, 특기
- 闹着玩儿
  nàozhe wánr
  장난하다, 희롱하다, 농담하다
- 闹笑话
  nào xiàohuà
  웃음거리가 되다, 웃음을 자아내다
- 留后手 / 留后路
  liú hòushǒu / liú hòulù
  앞으로 닥칠 어려움을 피하기 위해) 빠져나갈 길을 남겨두다

제6과

■ 회화

概念	gàiniàn	명	개념
旅游业	lǚyóuyè	명	관광업, 여행업
弹丸之地	dànwán zhī dì	명	비좁은 땅(곳)
标签	biāoqiān	명	상표, 라벨(label)
发帖	fātiě	동	(인터넷에) 글을 올리다, 포스팅하다
打动	dǎdòng	동	마음을 움직이다(울리다), 감동시키다
砖	zhuān	명	벽돌
瓦	wǎ	명	기와
禁不住	jīnbuzhù	동	참지 못하다, ~하지 않을 수 없다
拍摄地	pāishèdì	명	촬영지
专题游	zhuāntíyóu	명	테마 여행

- 白日梦
  báirìmèng
  백일몽, 헛된 꿈
- 做白日梦
  zuò báirìmèng
  공상에 잠기다
- 摇钱树
  yáoqiánshù
  돈 줄, 돈이 되는 사람(봉)·물건, 딸
- 东方不亮西方亮
  dōngfāng bú liàng xīfāng liàng

과별 색인

어떤 일을 하는데 한 곳에서 통하지 않더라도 다른 곳에서는 통한다, 방법을 바꾸면 다른 곳에서는 통할 수도 있다, 이곳에서는 안 통하지만 다른 곳에서는 아직 선회할 수 있는 여지가 있다

□ 海水不可斗量
　hǎishuǐ bù kě dǒuliáng
　사람을 겉모습만 보고 판단해서는 안 된다

□ 主力军
　zhǔlìjūn
　주력군

□ 炙手可热
　zhìshǒu kěrè
　손을 델만큼 뜨겁다, 따끈따끈하다, 권세가 대단하다, 인기가 있다

□ 桃花运
　táohuāyùn
　남자의 애정 방면의 운, 여복, 염복, 행운, 좋은 운수

□ 耍贫嘴
　shuǎ pínzuǐ
　입만 살아서 저속한 농담을 늘어놓다, 잔소리하다, 수다 떨다

□ 执牛耳
　zhí niú'ěr
　맹주의 지위에 오르다, 주도권을 잡다

□ 芝麻官
　zhīmaguān
　직위가 낮은 관직

□ 三寸舌
　sāncùnshé
　뛰어난 말재주

□ 碰钉子
　pèng dīngzi
　난관에 부닥치다, 장애를 만나다, 일이 안 풀리다, 지장이 생기다, 질책을 받다

□ 一窝蜂
　yìwōfēng
　벌집을 쑤신 것 같다, 몹시 소란하다

□ 唱主角
　chàng zhǔjué
　주도적인 역할을 하다, 주역을 맡다

□ 捧着金饭碗要饭
　pěngzhe jīnfànwǎn yàofàn
　금 밥그릇을 가지고 있음에도 불구하고 밥을 구걸하다

□ 摸着石头过河
　mōzhe shítou guò hé
　돌을 더듬어 가며 강을 건너다, 돌다리도 두들겨 보고 건너다, 세심한 주의를 기울여 일을 처리하다, 실천 중에 방법을 모색하고 경험을 쌓다

□ 故地重游
　gùdì chóngyóu
　전에 살던 곳을 다시 찾아가 돌아보다

□ 怎一个"爽"字了得
　zěn yí ge "shuǎng" zì liǎode
　어찌 "爽"이라는 글자만으로 표현될 수 있는가, 매우 기분이 좋다

■ 열독

公社	gōngshè	명	공사 (국가적 사업을 수행하기 위하여 설립된 공공 기업체의 하나)
统计	tǒngjì	동	통계하다
突破	tūpò	동	돌파하다
预定	yùdìng	동	예정하다, 미리 약속하다
增长率	zēngzhǎnglǜ	명	증가율
排行	páiháng	동	순서대로 줄을 서다
两位数	liǎngwèishù		두 자리 수
同比	tóngbǐ	동	전년도 동기와 대비하다
来源国	láiyuánguó	명	유래국, 근원 국가
一臂之力	yíbìzhīlì	성	조그마한 힘, 보잘것없는 힘
来临	láilín	동	이르다, 도래하다
仪式	yíshì	명	의식
台阶	táijiē	명	더 큰 성적, 더 높은 목표
挑战	tiǎozhàn	명	도전
筹备	chóubèi	동	사전에 기획하고 준비하다
金额	jīn'é	명	금액
凸显	tūxiǎn	동	분명하게 드러나다, 부각되다

■ PLUS 관용 표현

□ 拍马屁
　pāi mǎpì
　아첨하다

□ 跑龙套
　pǎolóngtào
　단역 배우

□ 碰钉子
　pèng dīngzi
　퇴짜 맞다, 난관에 부딪히다, 거절당하다

□ 泼冷水
　pō lěngshuǐ
　찬물을 끼얹다

□ 气管炎
　qìguǎnyán
　공처가

제7과

■ 회화

夏威夷	Xiàwēiyí	고유	하와이
稀罕	xīhan	형	희한하다, 보기 드물다
火山岩	huǒshānyán	명	화산암(현무암)

喷发	pēnfā	동	용암을 분출하다, 화산이 분화하다
地貌	dìmào	명	지세, 땅 거죽의 생김새
奇特	qítè	형	이상하고도 특별하다, 독특하다
熬	áo	동	오래 끓이다, 푹 삶다
砂锅	shāguō	명	(뚝배기·약탕관 따위의) 질그릇
城门楼	chéngménlóu	명	성루(城樓)
乘凉	chéngliáng	동	더위를 피하여 서늘한 바람을 쐬다
出风头	chūfēngtou		앞에 나서다, 자기를 내세우다
炒面	chǎomiàn	명	볶음면
捏	niē	동	(손가락으로) 집다, 잡다
怪不得	guàibude	부	과연, 그러기에, 어쩐지
见外	jiànwài	동	타인 취급하다, 남처럼 대하다
茶壶	cháhú	명	찻주전자
遇难	yùnàn	동	조난을 당하다, 재난을 당하다
身亡	shēnwáng	동	사망하다, 죽다
艳遇	yànyù	명	연애의 기회, 연애의 만남
城隍	chénghuáng	명	성황신, 서낭신
玉皇	yùhuáng	명	옥황상제

□ 菜园里长人参 —— 稀罕事
càiyuán lǐ zhǎng rénshēn – xīhan shì
희한한 일, 드문 일

□ 厨师熬粥 —— 难不住
chúshī áo zhōu – nánbuzhù
곤란하게 할 수 없다, 난처하게 할 수 없다

□ 打破砂锅 —— 问到底
dǎpò shāguō – wèn dàodǐ
일의 내막까지 알아내다

□ 初二三的月亮 —— 不明不白
chū èrsān de yuèliang – bùmíng bùbái
불분명하다, 애매하다

□ 城门楼上乘凉 —— 好出风头
chéngmén lóushàng chéngliáng – hào chū fēngtóu
주제넘게 나서다, 나서기를 좋아하다

□ 炒面捏的妹妹 —— 熟人
chǎomiàn niē de mèimei – shúrén
잘 알고 있는 사람

□ 和尚头上的虱子 —— 明摆着
héshang tóushàng de shīzi – míngbǎizhe
분명하다, 뚜렷하다, 명백하다

□ 茶壶掉了把儿 —— 只有一张嘴
cháhú diào le bàr – zhǐyǒu yì zhāng zuǐ
입만 살아있다

□ 茶壶有嘴 —— 说不出话
cháhú yǒu zuǐ – shuōbuchū huà
말을 할 수가 없다

□ 炒菜放油盐 —— 理所当然
chǎocài fàng yóu yán – lǐsuǒ dāngrán
당연하다

□ 竹篮打水 —— 一场空
zhúlán dǎ shuǐ – yì chǎng kōng
물거품이 되다, 헛수고하다

□ 五大三粗
wǔdà sāncū
신체가 크고 건장하다, 기골이 장대하다

□ 城隍与玉皇 —— 有天地之别
chénghuáng yǔ yùhuáng – yǒu tiāndì zhībié
하늘과 땅 차이가 나다

■ 열독

岛屿	dǎoyǔ	명	섬, 도서
奇岩	qíyán	명	기이하게 생긴 바위
白沙场	báishāchǎng	명	백사장
洞窟	dòngkū	명	동굴
白手起家	báishǒu qǐjiā	성	자수성가하다
散布	sànbù	동	퍼져 있다, 곳곳에 분산되다
城邑	chéngyì	명	성읍
诉说	sùshuō	동	하소연하다, 간곡히 말하다, 감동적으로 말하다
地处	dìchǔ	동	~에 위치하다(자리하다)
台风带	táifēngdài	명	태풍 발생 지역
潜入	qiánrù	동	물속으로 들어가다
波涛汹涌	bōtāo xiōngyǒng		파도가 거세다, 물결이 거세다
冒险	màoxiǎn	동	위험을 무릅쓰다
采摘	cǎizhāi	동	따다, 뜯다, 채취하다
海女	hǎinǚ	명	해녀
贫瘠	pínjí	형	척박하다, 메마르다, 비옥하지 않다
顾名思义	gùmíng sīyì	성	이름을 보고 그 뜻을 생각하다
塑造	sùzào	동	빚어서 만들다, 조소하다
绮丽多彩	qǐlì duōcǎi		아름답고 다채롭다
美誉	měiyù	명	명성, 명예
成千上万	chéngqiān shàngwàn	성	수천만, 대단히 많다
湛蓝	zhànlán	형	짙푸르다, 짙은 남색의
傍	bàng	동	인접하다, 근접하다, 기대다
不可多得	bùkě duōdé	성	진귀하다, 드물다
休养	xiūyǎng	동	휴양하다, 요양하다
蜜月	mìyuè	명	밀월, 허니문
美称	měichēng	명	아름다운 이름

■ PLUS 관용 표현

□ 敲边鼓
qiāo biāngǔ
부추기다, 협조하다, 맞장구치다

과별 색인

□ 伤脑筋
shāng nǎojīn
골머리를 앓다, 어찌할 바를 모르다
□ 随大流
suí dàliú
대세를 따르다, 친구 따라 강남 간다
□ 说风凉话
shuōfēngliánghuà
비꼬다, 빈정대다
□ 铁饭碗
tiěfànwǎn
평생직업

제8과

■ 회화

陈世美	Chén Shìměi	고유	중국 전통극《진향련(秦香莲)》중 과거에 장원 급제한 후 조강지처를 버리고 부마가 되었다가 포청천에 의해서 죽임을 당한 인물
秦香莲	Qín Xiānglián	명	중국 전통극 (극중 陈世美의 부인)
喜新厌旧	xǐxīn yànjiù	성	새로운 것을 좋아하고 옛 것을 싫어하다, 애정이 한결같지 않다
鞭子	biānzi	명	채찍
走人	zǒurén	동	떠나다, 가다
美食家	měishíjiā	명	미식가
斋	zhāi	명	불교, 도교 등 종교인이 먹는 소식(素食)
功底	gōngdǐ	명	기초, 기본
浅	qiǎn	형	정도가 낮다, 수준이 낮다
大粪	dàfèn	명	인분, 대변
享	xiǎng	동	누리다, 향유하다, 즐기다
地道	dìdao	형	명산지의, 본고장의, 진짜의
斑马	bānmǎ	명	얼룩말
其实不然	qíshí bùrán		실제는 그렇지 않다
超载	chāozài	동	과다 적재하다, 과적하다
任重道远	rènzhòng dàoyuǎn	성	맡은 바 책임은 무겁고 갈 길은 멀기만 하다
富于	fùyú	동	~이 풍부하다
糕点	gāodiǎn	명	케이크·과자·빵 등의 총칭
享受	xiǎngshòu	동	누리다, 향유하다, 즐기다
馋人	chánrén	명	식탐 있는 사람
三国	Sān Guó	명	삼국지, 삼국연의
担忧	dānyōu	동	걱정하다, 근심하다, 우려하다
哼	hēng	동	콧노래 부르다, 흥얼거리다, 읊조리다
有谱	yǒupǔ	동	마음속에 속셈(요량)이 있다
绣花	xiùhuā	동	그림이나 도안을 수놓다
粗中有细	cūzhōng yǒuxì	성	거칠면서도 세심한 데가 있다
有言在先	yǒuyán zàixiān	성	미리 말을 명확하게 하여 두다, 사전에 주의 시키다, 미리 말로 다짐하여 두다

□ 陈世美不认秦香莲 —— 喜新厌旧
Chén Shìměi bú rèn Qín Xiānglián -- xǐxīn yànjiù
애정이 한결같지 않고 자꾸 변하는 것
□ 唱戏的拿马鞭子 —— 走人
chàngxì de ná mǎbiānzi--zǒurén
떠나다
□ 吃了三天斋就想上西天 —— 功底还浅
chī le sān tiān zhāi jiù xiǎng shàng xītiān -- gōngdǐ hái qiǎn
삼일 동안의 절밥을 먹고 극락세계에 가고 싶어 하다, 아직 기초가 모자라다
□ 朝廷老爷拾大粪 —— 有福不会享
cháoting lǎoye shí dàfèn -- yǒu fú bú huì xiǎng
누릴 수 있는데도 누릴 줄을 모른다
□ 斑马的脑袋 —— 头头是道
bānmǎ de nǎodai -- tóutóu shìdào
하는 말이나 쓰는 글이 정돈되어 있고 조리가 있다
□ 擦火柴点电灯 —— 其实不然(燃)
cā huǒchái diǎn diàndēng -- qíshí bù rán(rán)
사실은 그렇지 않다
□ 超载的火车 —— 任重道远
chāozài de huǒchē -- rènzhòng dàoyuǎn
짐이나 무게가 초과되다, 책임이 막중하고 길이 멀다
□ 馋人打赌 —— 净是吃的
chánrén dǎdǔ -- jìng shì chīde
먹는 것만 생각하다
□ 看三国掉泪 —— 替古人担忧
kàn Sān Guó diàolèi -- tì gǔrén dānyōu
옛날 사람들을 생각해서 걱정하다, 쓸데없는 생각을 하다
□ 闭着眼睛哼曲子 —— 心里有谱
bìzhe yǎnjing hēng qǔzi -- xīnli yǒupǔ
마음속에 자신감이 있다
□ 张飞绣花 —— 粗中有细
Zhāng Fēi xiù huā -- cūzhōng yǒuxì
거칠지만 그 안에도 세심한 면이 있다
□ 炒咸菜不放盐——有言(盐)在先
chǎo xiáncài bú fàng yán -- yǒuyán(yán) zàixiān
미리 말하다

■ 열독

| 面食 | miànshí | 명 | 밀가루 음식, 분식 |

荞麦	qiáomài	명	메밀
配菜	pèicài	명	(주된 요리 외의) 보조 요리, 곁들이는 요리
发酵	fājiào	동	발효하다, 발효시키다
饭馔	fànzhuàn	명	반찬
佐料	zuǒliào	명	양념, 조미료
麻油	máyóu	명	참기름
不兴	bùxīng	동	흥성하지 못하다, 번성하지 못하다
仰赖	yǎnglài	동	의지하다, 기대다
酱瓜	jiàngguā	명	오이 장아찌
腌制菜	yānzhìcài	명	소금에 절인 음식
佐以	zuǒyǐ	동	~을 보조적으로 사용하다
瓮	wèng	명	독, 항아리
呈	chéng	동	(어떤 형식을·형태를) 갖추다
扁平	biǎnpíng	형	편평하다, 납작하고 평평하다
火辣	huǒlà	형	매우 맵다, 얼얼하다, 혀끝이 아리다
直冲冲	zhíchōngchōng	형	곧바로
掩饰	yǎnshì	동	덮어 숨기다, 감추다
醇香	chúnxiāng	형	(맛·냄새 등이) 순수하고 향기롭다
后劲	hòujìn	명	후에 나타나는 기운이나 작용, 뒤끝
炖	dùn	동	(약한 불에 장시간) 고다, 푹 삶다
荤素	hūnsù	명	고기 요리와 야채 요리
暴饮暴食	bàoyǐn bàoshí	성	마구 먹고 마시다, 폭음 폭식하다
周岁	zhōusuì	양	만 한 살, 한 돌
聘礼	pìnlǐ	명	신랑 집에서 신부 집에 보내는 예물
巫俗	wūsú	명	무속
祭礼	jìlǐ	명	제례, 제물

■ PLUS 관용 표현

□ 一风吹
yìfēngchuī
과거의 모든 것을 청산하다, 다 없애 버리다

□ 一锅粥
yìguōzhōu
뒤죽박죽

□ 纸老虎
zhǐ lǎohǔ
종이호랑이, 겉보기에 강한 듯하지만 실제로 힘이 없는 사람 또는 집단

□ 走过场
zǒu guòchǎng
대강대강 해치우다

□ 半瓶(子)醋
bànpíng(zi)cù
반 병만 차있는 식초병, 돌팔이

제9과

■ 회화

汗毛	hànmáo	명	솜털
创意	chuàngyì	명	독창적인 견해, 창조적인 구상
肥水	féishuǐ	명	양분을 함유한 물
同胞	tóngbāo	명	동포
中介	zhōngjiè	동	중개하다, 매개하다
大丈夫	dàzhàngfu	명	대장부
屈	qū	동	구부리다, 굽히다
伸	shēn	동	펴다, 펼치다, 내밀다
托	tuō	동	맡기다, 부탁하다
走形	zǒuxíng	동	변형되다, 모양이 변하다
劳务费	láowùfèi	명	노임, 노동 임금, 보수
重赏	zhòngshǎng	명	중상, 큰 포상
勇夫	yǒngfū	명	용감한 사람, 용사
前沿	qiányán	명	최전방
楼台	lóutái	명	누대
尽情	jìnqíng	부	하고 싶은 바를 다하여, 한껏, 실컷, 마음껏
魅力	mèilì	명	매력
欲	yù	동	~을(를) 하고자 하다, 원하다
速	sù	형	빠르다, 신속하다
达	dá	동	도달하다, 도착하다
迈	mài	동	내디디다, 내딛다, 나아가다

□ 聪明一世糊涂一时
cōngmíng yíshì hútú yì shí
총명한 사람이 어리석은 일을 하다

□ 拔根汗毛比……腰粗
bá gēn hànmáo bǐ …… yāo cū
두 사람의 빈부나 실력이 차이가 있다

□ 反其道而行之
fǎn qí dào ér xíng zhī
그 길을 거꾸로 행한다, 상대방과 다른 방법으로 일을 행한다

□ 肥水不流外人田
féishuǐ bù liú wàirén tián
아주 좋은 물은 남의 밭에 흘러 보내지 않는다, 좋은 일은 남에게 양보할 수 없다

□ 不可不信不可全信
bù kě bú xìn bù kě quán xìn
전부 믿을 수도, 그렇다고 믿지 않을 수도 없다

부록 259

과별 색인

□ 大丈夫能屈能伸
dàzhàngfu néng qū néng shēn
환경에 잘 적응하다

□ 这山望着那山高
zhè shān wàngzhe nà shān gāo
이쪽 산에서 보면 저쪽 산이 높다, 남의 떡이 커 보인다

□ 不怕不识货，就怕货比货
bú pà bù shí huò, jiù pà huò bǐ huò
비교해 봐야 양질의 상품인지 안다

□ 人生地不熟
rénshēng dì bùshú
사람과 지역(모든 것)이 낯설다

□ 重赏之下必有勇夫
zhòngshǎng zhī xià bì yǒu yǒngfū
큰 상을 준다하면 최선을 다한다

□ 一家人不说两家话
yìjiārén bù shuō liǎng jiā huà
한 집안 사람들은 서로 예의를 차리지 않는다

□ 无利不起早
wú lì bù qǐ zǎo
생기는 게 없으면 하지 않는다

□ 近水楼台先得月
jìn shuǐ lóutái xiān dé yuè
어떤 방법이나 방편을 이용하여 자신을 돌보고 이익을 챙기다, 가까이 있기 때문에 유리하다

□ 欲速则不达
yù sù zé bù dá
일을 너무 서두르면 도리어 목적을 달성하지 못한다, 일을 빨리 하려고 하면 도리어 이루지 못한다

□ 大门不出二门不迈
dàmén bù chū èrmén bú mài
집을 나가지 않아 다른 사람과의 접촉이 없다

□ 功到自然成
gōng dào zìrán chéng
공을 들이면 자연히 성공한다

■ 열독

标新立异	biāoxīn lìyì	성	새롭고 기발한 주장을 내놓아 남들과 다름을 나타내다
裸露	luǒlù	동	드러내다, 노출하다
下摆	xiàbǎi	명	(외투·상의·치마 등의) 하단, 아랫단
动感	dònggǎn	명	생동감
忙碌	mánglù	형	(정신 없이) 바쁘다, 눈코 뜰 새 없다
宣泄	xuānxiè	동	(불만 등을) 털어놓다, 쏟아 내다, 발산하다
张扬	zhāngyáng	동	떠벌리다, 퍼뜨리다
源泉	yuánquán	명	사물 발생의 본원 (근원·근본)
极致	jízhì	명	극치, 최고의 경지
阔腿裤	kuòtuǐkù	명	통바지
紧身衣	jǐnshēnyī	명	몸에 꼭 끼는 옷, 스킨타이즈
妩媚	wǔmèi	형	(여자·꽃 등의 자태가) 사랑스럽다, 곱고 아름답다
凝眸	níngmóu	동	응시(주시)하다, 눈여겨보다, 뚫어지게 보다
追寻	zhuīxún	동	추적하다
女郎	nǚláng	명	젊은 여성(여인)
莫过于	mòguòyú	동	~보다 더한 것은 없다
雕塑	diāosù	동	조소(彫塑)하다
玲珑	línglóng	형	정교(精巧)하고 아름답다
璀璨	cuǐcàn	형	(옥 등의 광채가) 반짝반짝 빛나는 모양
无可厚非	wúkě hòufēi	성	크게 비난할 것이 없다
紧随	jǐnsuí	동	바싹 뒤따르다
照搬	zhàobān	동	답습하다, 모방하다
糅合	róuhé	동	혼합하다, 절충하다
欧版	Ōubǎn	명	유럽식
若隐若现	ruòyǐn ruòxiàn	성	보일 듯 말 듯하다
考究	kǎojiu	동	깊이 생각하다, 신경 쓰다, 정성들이다
青睐	qīnglài	명	총애, 호감, 인기
追捧	zhuīpěng	동	열렬하게 추종하다, 사람을 받다

■ PLUS 관용 표현

□ 走后门
zǒu hòumén
뒷거래를 하다, 뒷문으로 거래하다

□ 走弯路
zǒu wānlù
돌아가다, 헛수고하다

□ 走老路
zǒu lǎolù
옛 방법대로 일을 처리하다

□ 走下坡路
zǒu xiàpōlù
내리막길을 걷다, 점점 더 악화되다

□ 走着瞧
zǒuzheqiáo
(되어가는 형편을 보며) 두고 보자

제10과

■ 회화

八抬大轿	bātái dàjiào	명	팔인교
哑巴亏	yǎbakuī	명	남에게 말 못 할 손해
丑话	chǒuhuà	명	단도직입적인 말, 꾸밈없이 솔직한 말
秀水市场	Xiùshuǐ Shìchǎng	명	슈수이스창 (베이징의 유명한 쇼핑가. 주요 판매품은 보세 의류, 중국기념품, 실크제품)
晴雨表	qíngyǔbiǎo	명	청우계(대기의 압력을 측정하여 날씨의 변화를 예측하는 계기), 척도, 기준, 바로미터
风向标	fēngxiàngbiāo	명	풍향계, 척도, 기준
不夜城	búyèchéng	명	불야성
同日而语	tóngrì'éryǔ	성	(성질이 다른 것을) 함께 취급하여 논하다, 한데 섞어 논하다

□ 八抬大轿请不去
　bātái dàjiào qǐng bú qù
　아무리 좋은 특혜를 주어도 가지 않는다

□ 被人卖了还帮人数钱
　bèi rén mài le hái bāng rén shǔ qián
　속아도 속은 줄 모르고 오히려 속인 사람을 돕다

□ 只比死人多口气
　zhǐ bǐ sǐ rén duō kǒuqì
　초죽음 상태가 되다

□ 吃人家的嘴软, 拿人家的手短
　chī rénjia de zuǐ ruǎn, ná rénjia de shǒu duǎn
　다른 사람에게 선물이나 뇌물을 받으면 일을 공정하게 처리할 수 없다

□ 吃人家饭, 受人家管
　chī rénjia fàn, shòu rénjia guǎn
　타인의 요구에 따라 일을 하고 그 사람을 위해서 일을 해야 한다

□ 吃哑巴亏
　chī yǎbakuī
　벙어리 냉가슴 앓듯 하다

□ 丑话说在前头
　chǒuhuà shuō zài qiántou
　툭 터놓고 말하다

□ 不比不知道一比吓一跳
　bù bǐ bù zhīdào yì bǐ xià yí tiào
　봐서는 그 차이를 몰라도 비교해 보면 그 차이에 놀란다

□ 一个天上一个地下
　yí ge tiānshàng yí ge dìxià
　차이가 매우 크다

□ 比登天还难
　bǐ dēngtiān hái nán
　매우 어렵다, 불가능하다

□ 便宜没好货好, 货不便宜
　piányi méi hǎohuò, hǎohuò bù piányi
　싼 게 비지떡이다

□ 不管三七二十一
　bùguǎn sān qī èrshíyī
　무턱대고, 앞뒤 가리지 않고

□ 不当家不知道柴米贵
　bù dāngjiā bù zhīdào chái mǐ guì
　어떤 일을 경험해 보지 않으면 그 일이 얼마나 힘든지 알 수 없다

□ 不可同日而语
　bù kě tóngrì'éryǔ
　함께 논할 수 없다, 함께 취급하여 이야기할 수 없다

■ 열독

午夜	wǔyè	명	한밤중, 오밤중, 자정 전후의 시간
塞车	sāichē	동	차가 막히다
灯火通明	dēnghuǒ tōngmíng		등불이 매우 밝다
熙熙攘攘	xīxī rǎngrǎng	성	왕래가 빈번하고 왁자지껄한 모양, 북적거리다
诞生	dànshēng	동	탄생하다, 태어나다
商街	shāngjiē	명	상가
器皿	qìmǐn	명	(그릇·식기 등) 생활 용기(容器)의 총칭
应有尽有	yīngyǒu jìnyǒu	성	온갖 것이 다 있다, 없는 것이 없다
簇拥	cùyōng	동	(많은 사람들이) 빽빽하게 둘러싸다
小摊点	xiǎotāndiǎn	명	작은 노점
走红	zǒuhóng	동	잘나가다, 운수가 트이다
赶制	gǎnzhì	동	시간에 맞춰 만들다, 서둘러 만들다
兴旺发达	xīngwàng fādá		왕성하게 발전하다
深夜	shēnyè	명	심야
涌来	yǒnglái	동	몰려오다, 밀려오다
景观	jǐngguān	명	구경거리가 되는 현상, 상황
华灯初上	huádēng chūshàng	성	화려한 등불이 처음 밝혀질 때, 초저녁
人头攒动	réntóu cuándòng		사람들이 떼를 지어 움직이다
摩肩接踵	mójiān jiēzhǒng	성	어깨가 부딪히고 등이 스치다, 발 디딜 틈이 없을 정도로 붐비다

■ PLUS 관용 표현

□ 钻空子
　zuān kòngzi
　빈틈을 노리다

과별 색인

□ 叶公好龙
yègōng hàolóng
어떤 사물에 대해 겉으로는 좋아하는 듯 하나 실제로는 두려워하다

□ 小年轻儿
xiǎo niánqīngr
젊은 사람, 젊은이

□ 四面八方
sìmiàn bāfāng
사면팔방, 사방팔방, 각 방면

□ 别老呆子呆子的
bié lǎo dāizi dāizi de
자꾸 바보라고 하지 마

제11과

■ 회화

电影节	diànyǐngjié	명	영화제
志愿者	zhìyuànzhě	명	자원 봉사자
撇	piě	명	한자의 필획(筆劃)인 'ノ'(삐침)
应急	yìngjí	동	긴급 상황에 대처하다, 임시변통하다
检验	jiǎnyàn	동	검증하다, 검사하다
细腻	xìnì	형	(묘사나 연기 등이) 섬세하다, 세밀하다
丝丝入扣	sīsī rùkòu	성	(글·예술 등의 표현이) 매우 짜임새 있고 섬세하다
帮手	bāngshou	명	일을 거들어 주는 사람, 조수
行家	hángjia	명	전문가, 숙련가
算盘	suànpán	명	타산, 심산, 계획, 기대
特技	tèjì	명	특수 촬영, 특수 효과
柔美	róuměi	형	부드럽고 아름답다
笔头	bǐtóu	명	펜(붓) 끝
天鹅绒	tiān'éróng	명	우단, 벨벳, 비로드
质感	zhìgǎn	명	(예술품의) 실감, 박진감, 생동감
轻柔	qīngróu	형	가볍고 부드럽다
丝滑	sīhuá		명주처럼 매끄럽다
非你莫属	fēinǐ mòshǔ		너여야만 한다
韩信	Hán Xìn	고유	중국 한(漢)나라 초의 무장
孔明	Kǒngmíng	고유	제갈량(諸葛亮)의 자(字)
升	shēng	명	되, 됫박 (곡식이나 액체·가루 따위의 분량을 재는 그릇)

□ 八字还没一撇
bāzì hái méi yì piě
일이 아직 윤곽조차도 없는 상황이다

□ 笨鸟先飞
bènniǎo xiānfēi
능력이 부족한 사람이 다른 사람보다 먼저 행동한다

□ 不蒸馒头，争口气
bù zhēng mántou, zhēng kǒuqì
사람됨이 씩씩하고 기상이 있다

□ 不打无准备之仗
bù dǎ wú zhǔnbèi zhī zhàng
성심성의껏 준비해야한다

□ 底朝天
dǐcháotiān
아주 철저하게 하다

□ 不怕慢，就怕站
bú pà màn, jiù pà zhàn
천천히 가는 것을 염려하지 말고 멈추어 서는 것을 걱정해라

□ 不怕一万，就怕万一
bú pà yíwàn, jiù pà wànyī
발생할 확률이 크지 않더라도 발생할 가능성이 언제든지 있으니 항상 대비를 해야 하다

□ 常说口里顺，常做手不笨
cháng shuō kǒu lǐ shùn, cháng zuò shǒu bú bèn
자주 말해 보고 자주 해 보다, 바지런하고 부지런히 열심히 하다

□ 丑媳妇早晚也得见公婆
chǒu xífù zǎowǎn yě děi jiàn gōngpó
진면목을 보이다

□ 此一时，彼一时
cǐ yìshí, bǐ yìshí
그건 그때 얘기고 지금은 다르다

□ 打着灯笼(都)找不到
dǎzhe dēnglong (dōu) zhǎobúdào
쉽게 얻을 수 없다

□ 打如意算盘
dǎ rúyì suànpán
좋을 대로 해석하다

□ 好记性不如烂笔头
hǎo jìxing bùrú làn bǐtóu
좋은 기억력이 망가진 붓만 못하다

□ 人多出韩信，智多出孔明
rén duō chū Hán Xìn, zhì duō chū Kǒngmíng
사람이 많아지다 보면 한신보다도 낫고, 지혜가 많이 모이면 제갈공명보다도 낫다

□ 斗大字不识一升
dǒudàzì bù shí yì shēng
낫 놓고 기역자도 모른다, 일자무식

■ 열독

| 柏林 | Bólín | 고유 | 베를린 |
| 戛纳 | Gānà | 고유 | 칸 |

评委会	píngwěihuì	명	심사 위원회
摘取	zhāiqǔ	동	(꽃·열매·잎 등을) 따다, 뜯다, 채취하다
银狮奖	Yínshī jiǎng	명	(베니스영화제) 은사자상
扬威	yángwēi	동	뽐내다, 위세를 부리다
威尼斯	Wēinísī	고유	베네치아
显赫	xiǎnhè	형	(권세·명성 등이) 찬란하다, 빛나다
骄人	jiāorén	동	자랑스럽다, 긍지를 느끼다
振兴	zhènxīng	동	진흥하다, 흥성하게 하다
黄金时代	huángjīn shídài	명	황금 시대
审查制度	shěnchá zhìdù	명	심의(심사, 검열) 제도
挑剔	tiāotī	동	(결점·잘못 따위를) 들추다, 지나치게 트집 잡다
暴力	bàolì	명	폭력
恐怖	kǒngbù	형	공포를 느끼다, 무섭다, 두렵다
灵异	língyì	명	신선과 요괴
情色	qíngsè		감정적 색채
配额	pèi'é	명	할당액, 배정액, 배당액
本土	běntǔ	명	본토, 고향
金融风暴	jīnróng fēngbào		금융위기
爆发	bàofā	동	돌발하다, 갑자기 터져 나오다, 발발하다
避难所	bìnánsuǒ	명	피난처, 은신처
财阀	cáifá	명	재벌
推波助澜	tuībō zhùlán	성	(주로 나쁜 일이) 커지도록 조장하다, 불난 집에 부채질하다, 사태가 번지도록 선동하다
数码	shùmǎ	명	디지털(digital)
影像	yǐngxiàng	명	영상

■ PLUS 관용 표현

□ **弹丸**
dànwán
(탄궁의) 탄환, (총탄의) 탄두, 탄환, 협소한 곳, 비좁은 장소

□ **一盘棋**
yìpánqí
장기 한 판, 전반적 국면, 전체 국면

□ **没商量**
méi shāngliang
(이미 결정되어) 상의(의논)의 여지가 없다

□ **雷声大雨点小**
léishēng dà yǔdiǎn xiǎo
천둥은 크지만 빗방울은 작다, 소문만 요란하고 실속은 없다

□ **江山易改本性难移**
jiāngshān yì gǎi běnxìng nán yí
강산은 바꾸기 쉬워도 타고난 본성은 바꾸기 어렵다

제12과

■ 회화

施	shī	동	가하다, 쓰다
招数	zhāoshù	명	수단, 방법, 계책, 책략
艺人	yìrén	명	연예인
赚	zhuàn	동	얻다
转发	zhuǎnfā	동	전파하다, 글을 퍼 나르다
板块	bǎnkuài		
帖子	tiězi	명	댓글

□ **微博**
wēibó
중국판 트위터, 미니 블로그

□ **僵尸粉**
jiāngshīfěn
블로그 상에서의 허구의 팬

□ **狗嘴里吐不出象牙**
gǒu zuǐli tǔbùchū xiàngyá
개 주둥이에서 상아가 나올 수 없다, 나쁜 사람의 입에서는 좋은 말이 나올 수 없다

□ **互粉**
hùfěn
이웃 팔로워

□ **好为人师**
hàowéi rénshī
남의 스승이되길 좋아하다, 걸핏하면 잘난 체하며 남을 가르치려고 한다

□ **给力**
gěilì
쓸모 있다, 끝내주다

□ **斑竹**
bānzhú
관리자, 운영자(= 版主 bǎnzhǔ)

□ **灌水**
guànshuǐ
글을 올리다

□ **跟帖**
gēntiě
댓글을 달다

□ **控**
kòng
어떤 분야에 푹 빠져 있는 사람

□ **纠结**
jiūjié
주저하다, 어떻게 해야 할지 몰라 갈등하다

과별 색인

- 气场
  qìchǎng
  영향권, 자기장, 파장
- 正能量
  zhèngnéngliàng
  사람이 가지고 있는 능력, 역량, 긍정 에너지, 좋은 기운
- 卖萌
  màiméng
  애교를 부리다, 귀여운 척하다

■ 열독

剧增	jùzēng	동	갑자기 증가하다, 격증하다
大众	dàzhòng	명	대중, 군중
掀起	xiānqǐ	동	자극하다, 불러일으키다
大幅	dàfú		대폭, 많이, 크게
飙升	biāoshēng	동	급증하다, 급등하다
鉴于	jiànyú		~에 비추어 보아, ~을 감안하여
反响	fǎnxiǎng	명	반향, 반응
累计	lěijì	동	누계하다, 합계하다
截至	jiézhì	동	(시간적으로) ~에 이르다

■ PLUS 관용 표현

- 吃了猪肝想猪心──贪得无厌
  chī le zhūgān xiǎng zhūxīn -- tāndé wúyàn
  욕심이 그지없다
- 出水的芙蓉 ── 一尘不染
  chū shuǐ de fúróng -- yìchén bùrǎn
  깨끗하다, 순결하다
- 此地无银三百两 ── 自欺欺人
  cǐ dì wú yín sān bǎi liǎng -- zìqī qīrén
  스스로를 기만하고 남도 속이다
- 城门楼上的哨兵 ── 高手
  chéngmén lóushàng de shàobīng -- gāoshǒu
  고수
- 扯旗杆放炮 ── 生怕别人不知道
  chě qígān fàngpào -- shēngpà biérén bù zhīdào
  동네방네 다 소문내다

제13과

■ 회화

代购	dàigòu	동	대리 구입(구매)하다
勤工俭学	qíngōng jiǎnxué	성	일하면서 공부하다, 중국 일부 학교가 취하는 학교 운영 방식. (학생이 재학 기간 중 노동을 하고, 그 노동 수입을 학교 운영 자금으로 씀)
葫芦	húlu	명	호리병박(나무), 조롱박
浮	fú	동	뜨다, 띄우다
瓢	piáo	명	표주박, 쪽박, 바가지
顾此失彼	gùcǐ shībǐ	성	하나를 돌보다가 다른 것을 놓치다, 두루 다 돌볼 수가 없다
正品	zhèngpǐn	명	정품, 합격품
狂顶	kuángdǐng		힘 있게 의견을 지지(추천)하다

- 没有不透风的墙
  méiyǒu bú tòufēng de qiáng
  낮말은 새가 듣고 밤 말은 쥐가 듣는다, 누군가 알게 마련이다
- 中国式
  Zhōngguó shì
  중국식
- 东东
  dōngdōng
  물건
- 杯水车薪
  bēishuǐ chēxīn
  부질없는 일을 하다, 계란으로 바위치기
- 被
  bèi
  ~되었다
- 秒杀
  miǎoshā
  시간 제한 한정 할인 판매
- 亲
  qīn
  친애하다, 사랑하다
- 山寨
  shānzhài
  모조품, 가짜
- 按下葫芦浮起瓢──顾此失彼
  àn xià húlu fúqǐ piáo -- gùcǐ shībǐ
  이것 챙기다보면 다른 것을 챙길 수가 없다, 이쪽을 돌보다보니 저쪽을 돌볼 수 없는 상태가 되다
- 孔夫子搬家──净是输
  kǒngfūzǐ bān jiā -- jìng shì shū
  경쟁에서 모두 지다, 만판으로 깨지다
- 杯具
  bēijù
  비극, 불행한 처지
- hold不住
  hold búzhù
  참아낼 수 없다
- 蜗居
  wōjū
  달팽이 집, 작은 집

□ 顶
dǐng
의견을 지지(추천)하다

□ 赞
zàn
칭송하다, 칭찬하다

□ 压力山大
yālì shāndà
스트레스가 많다

□ 高富帅
gāofùshuài
키 크고 돈 많고 잘 생긴 남자

□ 你知我知天知地知
nǐ zhī wǒ zhī tiān zhī dì zhī
네가 알고 내가 알고 하늘과 땅만 아는 비밀

□ 白富美
bǎifùměi
피부 좋고 돈 많은 예쁜 여자

大为不解 dàwéi bùjiě   전혀 이해하지 못하다
奔波   bēnbō   동 분주히 뛰어다니다, 바쁘다

■ PLUS 관용 표현

□ 吃了喜鹊蛋 —— 乐开怀
chī le xǐquè dàn —— lè kāihuái
굉장히 기쁘다

□ 吃得耳朵都动 —— 味道好爽
chī de ěrduo dōu dòng —— wèidào hǎo shuǎng
맛이 굉장히 좋다

□ 吃饱了撑的
chī bǎo le chēng de
밥 먹고 할 일 없다

□ 王婆卖瓜 —— 自卖自夸
wángpó mài guā —— zìmài zìhuā
자화자찬

□ 二一添作五
èr yī tiān zuò wǔ
이등분하다, 둘로 나누다

■ 열독

讨价还价	tǎojià huánjià		값을 흥정하다
让	ràng	동	(값을) 낮추다, 깎다
尴尬	gāngà	형	입장이 곤란하다, 난처하다
欣然	xīnrán	부	즐겁게, 기쁘게, 기꺼이, 쾌히
威力	wēilì	명	위력
两眼放光	liǎngyǎn fàngguāng		두 눈을 반짝거리다
垂涎	chuíxián	동	(먹고 싶어) 침을 흘리다
难于言表	nányú yánbiǎo		말로 표현하기 힘들다
感叹	gǎntàn	동	탄식하다, 한탄하다
不菲	bùfěi	형	싸지 않다
供给	gōngjǐ	동	공급하다
标注	biāozhù	동	표시하다
廉价	liánjià	명	염가, 싼 값
混淆	hùnxiáo	동	뒤섞이다, 헛갈리다
归结	guījié	동	귀납하거나 총괄하다, 귀결시키다
崇洋	chóngyáng	동	(외국의 것을) 숭배하다
资深	zīshēn	형	경력이 오랜, 베테랑의
梦中人	mèngzhōngrén	명	헛된 꿈을 꾸는 사람
严谨	yánjǐn	형	엄격하다, 신중하다
缜密	zhěnmì	형	엄밀하다, 세밀하다, 치밀하다
打样	dǎyàng	동	도안을 만들다
简约	jiǎnyuē	형	간단하다
淡雅	dànyǎ	형	말쑥하고 우아하다
举手投足	jǔshǒu tóuzú	성	일거일동, 하나하나의 동작이나 움직임
温雅	wēnyǎ	형	온화하고 우아하다

병음 색인

A

áo	熬	오래 끓이다, 푹 삶다	106
áoyè	熬夜	밤새다, 철야하다	57

B

bātáidàjiào	八抬大轿	팔인교	153
báishāchǎng	白沙场	백사장	112
báishǒu qǐjiā	白手起家	자수성가하다	112
bānmǎ	斑马	얼룩말	124
bǎnkuài	板块	인터넷 상의 게시판	188
bāngshou	帮手	일을 거들어 주는 사람, 조수	173
bǎngshǒu	榜首	단의 맨 처음	48
bàng	傍	인접하다, 근접하다, 기대다	112
bàofā	爆发	돌발하다, 갑자기 터져 나오다, 발발하다	176
bàohóng	爆红	폭발적인 인기를 끌다	32
bàolì	暴力	폭력	176
bàoyǐn bàoshí	暴饮暴食	마구 먹고 마시다, 폭음 폭식하다	128
bēiqíng	悲情	슬픈 감정	64
bēnbō	奔波	분주히 뛰어다니다, 바쁘다	210
bēnfàng	奔放	자유분방하다, 약동하다	32
běntǔ	本土	본토, 고향	176
béng	甭	~할 필요 없다, ~하지 마라	60
bǐdiào	笔调	글의 스타일(style), 풍격, 필치	64
bǐtóu	笔头	펜(붓) 끝	174
bìnánsuǒ	避难所	피난처, 은신처	176
biānyuánhuà	边缘化	비주류화하다, 주변화하다	64
biānzi	鞭子	채찍	122
biǎnpíng	扁平	편평하다, 납작하고 평평하다	128
biāoqiān	标签	상표, 라벨(label)	91
biāoxīn lìyì	标新立异	새롭고 기발한 주장을 내놓아 남들과 다름을 나타내다	144
biāozhù	标注	표시하다	210
biāoshēng	飙升	급증하다, 급등하다	192
bōtāo xiōngyǒng	波涛汹涌	파도가 거세다, 물결이 거세다	112
Bólín	柏林	베를린	176
búxiè	不懈	게으르지 않다, 꾸준하다	76
búyèchéng	不夜城	불야성	159
bùfěi	不菲	싸지 않다	210
bùkě duōdé	不可多得	진귀하다, 드물다	112
bùxīng	不兴	흥성하지 못하다, 번성하지 못하다	128

C

cáifá	财阀	재벌	176
cǎizhāi	采摘	따다, 뜯다, 채취하다	112
cānyùxìng	参与性	참여성	48
cèlüè	策略	책략, 전술, 전략	48
chāqǔ	插曲	삽입곡, 간주곡	32
cháhú	茶壶	찻주전자	109
chánrén	馋人	식탐 있는 사람	125
chǎnwù	产物	산물, 결과	32
chǎnyèliàn	产业链	산업 사슬	79
chāozài	超载	과다 적재하다, 과적하다	125
chǎomiàn	炒面	볶음면	108
Chén Shìměi	陈世美	중국 전통극《진향련(秦香莲)》중 과거에 장원 급제한 후 조강지처를 버리고 부마가 되었다가 포청천에 의해서 죽임을 당한 인물	121
chéng	呈	(어떤 형식을·형태를) 갖추다	128
chénghuáng	城隍	황신, 서낭신	110
chéngménlóu	城门楼	성루(城樓)	108
chéngyì	城邑	성읍	112
chéngliáng	乘凉	더위를 피하여 서늘한 바람을 쐬다	108
chéngqiān shàngwàn	成千上万	수천만, 대단히 많다	112
chīcù	吃醋	질투하다, 시기하다	31
chōngjī	冲击	충격	42
chōngjīlì	冲击力	충격	16
chōngjǐng	憧憬	동경하다, 지향하다	80
chóngbài	崇拜	숭배하다	28
chóngyáng	崇洋	(외국의 것을) 숭배하다	210
chóubèi	筹备	사전에 기획하고 준비하다	96
chǒubāguài	丑八怪	용모가 아주 못생긴 사람	60
chǒuhuà	丑话	단도직입적인 말, 꾸밈없이 솔직한 말	156
chūfēngtou	出风头	앞에 나서다, 자기를 내세우다	108
chuángtóu	床头	침대 머리맡	28
chuàngyì	创意	독창적인 견해, 창조적인 구상	138
chuíxián	垂涎	(먹고 싶어) 침을 흘리다	210
chúnqíng	纯情	순결하고 진지하다	60
chúnxiāng	醇香	(맛·냄새 등이) 순수하고 향기롭다	128
cūzhōng yǒuxì	粗中有细	거칠면서도 세심한 데가 있다	127
cùyōng	簇拥	(많은 사람들이) 빽빽하게 둘러싸다	160
cuǐcàn	璀璨	옥 등의 광채가 반짝반짝 빛나는 모양	144

D

dá	达	도달하다, 도착하다	143
dǎdòng	打动	마음을 움직이다(울리다), 감동시키다	93
dǎyàng	打样	도안을 만들다	210
dǎzhù	打住	멈추다, 그만두다	47
dàbànyè	大半夜	깊은 밤, 한밤중	60
dàdié	大碟	CD, DVD, VCD, 레이저 디스크 (LD, laser disc)	80
dàfèn	大粪	인분, 대변	123
dàfú	大幅	대폭, 많이, 크게	192
dàwéi bùjiě	大为不解	전혀 이해하지 못하다	210
dàzhàngfu	大丈夫	대장부	139
dàzhòng	大众	대중, 군중	192
dàigōu	代沟	세대차이	13
dàigòu	代购	대리 구입(구매)하다	201
dānyōu	担忧	걱정하다, 근심하다, 우려하다	126
dànshēng	诞生	탄생하다, 태어나다	160
dànwán zhī dì	弹丸之地	비좁은 땅(곳)	90
dànyǎ	淡雅	말쑥하고 우아하다	210
dāngxià	当下	즉각, 바로, 곧, 바로 그 때	48
dǎoyǔ	岛屿	섬, 도서	112
dēnghuǒ tōngmíng	灯火通明	등불이 매우 밝다	160
dìchǔ	地处	~에 위치하다(자리하다)	112
dìdao	地道	산지의, 본고장의, 진짜의	123
dìmào	地貌	지세, 땅 거죽의 생김새	106
diǎnjī	点击	클릭(click)하다	42
diànyǐngjié	电影节	영화제	169
diāosù	雕塑	조소(彫塑)하다	144
dōngfēng	东风	유리한 형세	32
dōngxī hébì	东西合璧	서로 다른 것을 잘 배합하다	32
dònggǎn	动感	생동감	144
dòngxiàng	动向	동향, 추세	32
dòngkū	洞窟	동굴	112
dùn	炖	(약한 불에 장시간) 고다, 푹 삶다	128

E

èmèng	噩梦	불길한 꿈, 악몽	60

F

fājiào	发酵	발효하다, 발효시키다	128
fātiě	发帖	(인터넷에)글을 올리다, 포스팅하다	93
fǎnxiǎng	反响	반향, 반응	192
fànzhuàn	饭馔	반찬	128
fēinǐ mòshǔ	非你莫属	너여야만 한다	175
féishuǐ	肥水	양분을 함유한 물	138
fēngmǐ	风靡	풍미하다, 유행하다	16
fēngxiàngbiāo	风向标	풍향계, 척도, 기준	158
fú	浮	뜨다, 띄우다	205
fù	赴	(~로) 가다, 향하다	80
fùyú	富于	~이 풍부하다	125

G

Gānà	戛纳	칸	176
gǎibiān	改编	(원작을) 각색하다, 개작하다	80
gàiniàn	概念	개념	89
gāngà	尴尬	입장이 곤란하다, 난처하다	210
gǎntàn	感叹	탄식하다, 한탄하다	210
gǎnzhì	赶制	시간에 맞춰 만들다, 서둘러 만들다	160
gāodiǎn	糕点	케이크·과자·빵 등의 총칭	125
gāogāo zàishàng	高高在上	"높은 지위에 있는 사람이 현실 속에 들어가지 못하고 대중과 동떨어져 있다"	48
gǎoxiào	搞笑	웃기다	41
gōngdǐ	功底	기초, 기본	123
gōngjǐ	供给	공급하다	210
gōngshè	公社	공가 (국가적 사업을 수행하기 위하여 설립된 공공 기업체의 하나)	96
gǔ	股	맛, 기체, 냄새, 힘 따위를 세는 단위	16
gùcǐ shībǐ	顾此失彼	하나를 돌보다가 다른 것을 놓치다, 두루 다 돌볼 수가 없다	205
gùmíng sīyì	顾名思义	이름을 보고 그 뜻을 생각하다	112
guāgé	瓜葛	(일 사이의) 관련, 관계	12
guāmù xiāngdài	刮目相待	괄목상대하다, 눈을 비비고 다시 보다	11
guàshì	挂饰	고리형 장식품	80
guàibude	怪不得	과연, 그러기에, 어쩐지	109
guījié	归结	귀납하거나 총괄하다, 귀결시키다	210
guòshí	过时	유행이 지나다, 시대에 뒤떨어지다	74

H

hǎinǚ	海女	해녀	112
Hánbǎn	韩版	한국 스타일	73
Hán Xìn	韩信	중국 한(漢)나라 초의 무장	175
hànmáo	汗毛	솜털	137

병음 색인

병음	한자	뜻	쪽
hángjia	行家	전문가, 숙련가	174
háowú	毫无	조금도 ~이 없다	12
héxīn	核心	핵심	48
hēng	哼	콧노래 부르다, 흥얼거리다, 읊조리다	126
hēngchàng	哼唱	흥얼거리다, 콧노래를 부르다	45
hōngdòng	轰动	뒤흔들다, 들끓게 하다	32
hōngtuō	烘托	부각시키다, 돋보이게 하다, 받쳐 주다	80
hòujìn	后劲	후에 나타나는 기운이나 작용, 뒤끝	128
húlu	葫芦	호리병박(나무), 조롱박	205
huāchī	花痴	금새 사랑에 빠지는 사람	62
huádēng chūshàng	华灯初上	화려한 등불이 처음 밝혀질 때, 초저녁	160
huángjīn shídài	黄金时代	황금 시대	176
huīxié	诙谐	유머러스하다, 해학적이다	64
hūnsù	荤素	고기 요리와 야채 요리	128
hùnxiáo	混淆	뒤섞이다, 헷갈리다	210
huólì	活力	활력, 생기, 활기	32
huǒbào	火爆	한창이다, 흥성하다, 번창하다	48
huǒlà	火辣	매우 맵다, 얼얼하다, 혀끝이 아리다	128
huǒshānyán	火山岩	화산암(현무암)	106

J

병음	한자	뜻	쪽
jīfā	激发	불러일으키다, 끓어오르게 하다	48
jīqǐ	激起	일어나게 하다, 야기하다	80
Jínísī Jìlù	吉尼斯纪录	기네스북	48
jízhì	极致	극치, 최고의 경지	144
jìlǐ	祭礼	제례, 제물	128
jīnbuzhù	禁不住	참지 못하다, ~하지 않을 수 없다	94
jīn'é	金额	금액	96
jīnróng fēngbào	金融风暴	금융위기	176
jīngwèi fēnmíng	泾渭分明	좋고 나쁨의 구분이 아주 분명하다, 선악(善惡)·시비(是非)의 구별이 확실하다	64
jīnróng fēngbào	金融风暴	금융위기	176
jiǎnyàn	检验	검증하다, 검사하다	172
jiǎnyuē	简约	간단하다	210
jiànwài	见外	타인 취급하다, 남처럼 대하다	109
jiànyú	鉴于	~에 비추어 보아, ~을 감안하여	192
jiàngguā	酱瓜	오이 장아찌	128
jiāorén	骄人	자랑스럽다, 긍지를 느끼다	176
jiézhì	截至	(시간적으로) ~에 이르다	192
jiézòu	节奏	리듬, 박자	29
jǐnshēnyī	紧身衣	몸에 꼭 끼는 옷, 스킨타이츠	144
jǐnsuí	紧随	바싹 뒤따르다	144
jìnqíng	尽情	하고 싶은 바를 다하여, 한껏, 실컷, 마음껏	142
jǐngguān	景观	구경거리가 되는 현상, 상황	160
jìngrán	竟然	뜻밖에도, 의외로	16
jǔshǒu tóuzú	举手投足	일거일동, 하나하나의 동작이나 움직임	210
jùxīng	巨星	(어떤 방면에) 뛰어난 인물, 거성	13
jùzēng	剧增	갑자기 증가하다, 격증하다	192

K

kǎojiu	考究	깊이 생각하다, 신경 쓰다, 정성들이다	144
kēyán	科研	과학 연구	48
kǒngbù	恐怖	공포를 느끼다, 무섭다, 두렵다	176
kǒngbùpiàn	恐怖片	공포영화	64
Kǒngmíng	孔明	제갈량(諸葛亮)의 자(字)	175
kuángdǐng	狂顶	힘 있게 의견을 지지(추천)하다	207
kuángrè	狂热	열광적이다, 미치다	27
kuī	亏	손해 보다, 잃어버리다, 손실되다	15
kuòtuǐkù	阔腿裤	통바지	144

L

병음	한자	뜻	쪽
lādòng	拉动	촉진하다, 적극적으로 이끌다	79
láilín	来临	이르다, 도래하다	96
láiyuánguó	来源国	유래국, 근원 국가	96
lǎnglǎng shàngkǒu	朗朗上口	목소리가 또랑또랑하고 유창하다, 기억하기 쉽다	48
láowùfèi	劳务费	노임, 노동 임금, 보수	141
lǎotǔ	老土	본고장의, 지방색을 띤, 촌스러운	13
lěijì	累计	누계하다, 합계하다	192
Liánhéguó	联合国	유엔(UN), 국제 연합	48
liánjià	廉价	염가, 싼 값	210
liǎngwèishù	两位数	두 자리 수	96
liǎngyǎn fàngguāng	两眼放光	두 눈을 반짝거리다	210
línglóng	玲珑	정교(精巧)하고 아름답다	144
língyì	灵异	신선과 요괴	176
lóutái	楼台	누대	142
lùxiàn	路线	노선	30
lǚyóuyè	旅游业	관광업, 여행업	89
lúnlǐ	伦理	윤리, 도덕	64
luǒlù	裸露	드러내다, 노출하다	144

M

máyóu	麻油 참기름		128
mài	迈 내디디다, 내딛다, 나아가다		143
mànyán	蔓延 만연하다, 널리 번지다		29
mánglù	忙碌 (정신 없이) 바쁘다, 눈코 뜰 새 없다		144
màoxiǎn	冒险 위험을 무릅쓰다		112
měichēng	美称 아름다운 이름		112
měilún měihuàn	美轮美奂 아름답고 절묘하다		77
měishíjiā	美食家 미식가		122
měiwèi jiāyáo	美味佳肴 맛있는 요리		80
měiyù	美誉 명성, 명예		112
mèilì	魅力 매력		142
mèngzhōngrén	梦中人 헛된 꿈을 꾸는 사람		210
mìshūzhǎng	秘书长 사무국장		48
mìyǒu	密友 친한 친구, 가까운 친구		60
mìyuè	蜜月 밀월, 허니문		112
miǎnyìlì	免疫力 면역력		79
miànshí	面食 밀가루 음식, 분식		128
mínsúcūn	民俗村 민속촌		79
mójiān jiēzhǒng	摩肩接踵 어깨가 부딪치고 등이 스치다, 발 디딜 틈이 없을 정도로 붐비다		160
móshì	模式 패턴, 모델		80
mòguòyú	莫过于 ~보다 더한 것은(것이) 없다		144

N

nàmènr	纳闷儿 궁금하다, 알고 싶다		43
nǎizhì	乃至 더 나아가서		16
nányú yánbiǎo	难于言表 말로 표현하기 힘들다		210
niē	捏 (손가락으로) 집다, 잡다		108
níngmóu	凝眸 응시(주시)하다, 눈여겨보다, 뚫어지게 보다		144
niǔdòng	扭动 (몸을 좌우로) 흔들다, 비틀다		46
nǔláng	女郎 젊은 여성(여인)		144

O

Ōubǎn	欧版 유럽식		144
ǒuxiàng	偶像 우상		30

P

pāishè	拍摄 촬영하다, 사진을 찍다		60
pāishèdì	拍摄地 촬영지		94
páiháng	排行 순서대로 줄을 서다		96
pànnì	叛逆 배반하다, 반역하다		32
pēnfā	喷发 용암을 분출하다, 화산이 분화하다		106
pèicài	配菜 (주된 요리 외의) 보조 요리, 곁들이는 요리		128
pèi'é	配额 할당액, 배정액, 배당액		176
piáo	瓢 표주박, 쪽박, 바가지		205
piě	撇 한자의 필획(筆劃)인 'ノ'(삐침)		169
pínjí	贫瘠 척박하다, 메마르다, 비옥하지 않다		112
pìnlǐ	聘礼 신랑 집에서 신부 집에 보내는 예물		128
píngjiè	凭借 ~에 의지하다, ~을 믿다, ~을 기반으로 하다, ~를 통하다, 핑계 대다, 빙자하다, 구실로 삼다		64
píngwěihuì	评委会 심사 위원회		176
pǔjí	普及 보급되다, 확산되다		26

Q

qíshí bùrán	其实不然 실제는 그렇지 않다		124
qítè	奇特 이상하고도 특별하다, 독특하다		106
qíyán	奇岩 기이하게 생긴 바위		112
qǐlì duōcǎi	绮丽多彩 아름답고 다채롭다		112
qìmǐn	器皿 (그릇·식기 등) 생활 용기(容器)의 총칭		160
qiánrù	潜入 물속으로 들어가다		112
qiányán	前沿 최전방		142
qiǎn	浅 정도가 낮다, 수준이 낮다		123
qiángjìng	强劲 세다, 강력하다, 세차다		48
qiáomài	荞麦 메밀		128
qíngōng jiǎnxué	勤工俭学 일하면서 공부하다, 중국 일부 학교가 취하는 학교 운영 방식. (학생이 재학 기간 중 노동을 하고, 그 노동 수입을 학교 운영 자금으로 씀)		202
Qín Xiānglián	秦香莲 중국 전통극 (극중 陈世美의 부인)		121
qīnglài	青睐 총애, 호감, 인기		144
qīngróu	轻柔 가볍고 부드럽다		174
qíngdí	情敌 연적		60
qíngsè	情色 감정적 색채		176
qíngyǔbiǎo	晴雨表 청우계(대기의 압력을 측정하여 날씨의 변화를 예측하는 계기), 척도, 기준, 바로미터		158
qū	屈 구부리다, 굽히다		139

병음 색인

R

ràng	让	(값을) 낮추다, 깎다	210
rècháo	热潮	열기, 붐	32
réntóu cuándòng	人头攒动	사람들이 떼를 지어 움직이다	160
rènzhòng dàoyuǎn	任重道远	맡은 바 책임은 무겁고 갈 길은 멀기 만 하다	125
róuhé	柔和	온유하다, 온화하다, 부드럽다	32
róuhé	糅合	혼합하다, 절충하다	144
róuměi	柔美	부드럽고 아름답다	174
ruòyǐn ruòxiàn	若隐若现	보일 듯 말 듯하다	144

S

sāichē	塞车	차가 막히다	160
Sān Guó	三国	삼국지, 삼국연의	126
sànbù	散布	퍼져 있다, 곳곳에 분산되다	112
shāguō	砂锅	(뚝배기·약탕관 따위의) 질그릇	107
shāngjiē	商街	상가	160
shēn	伸	펴다, 펼치다, 내밀다	139
shēnchén	深沉	(정도가) 깊다, 심하다	64
shēnyè	深夜	심야	160
shēnlín qíjìng	身临其境	어떤 장소에 (직접 가서) 체험하다, 어떤 입장에 서다	80
shēnwáng	身亡	사망하다, 죽다	110
shěnchá zhìdù	审查制度	심의(심사, 검열) 제도	176
shēng	升	되, 됫박 (곡식이나 액체·가루 따위의 분량을 재는 그릇)	175
shēngchén bāzì	生辰八字	생년월일시, 사주팔자	30
shēnglǐ fǎnyìng	生理反应	생리적인 반응	48
shī	施	가하다, 쓰다	186
shìfàng	释放	방출하다, 내보내다	64
shìpín	视频	동영상	32
shōushì	收视	시청하다, 보다	63
shōuzhī	收支	수입과 지출, 수지	32
shǒufā	首发	처음으로 발표하다	48
shūdāizi	书呆子	책벌레, 공부벌레	25
shūqíng	抒情	감정을 토로하다, 정서를 드러내다	30
shùmǎ	数码	디지털(digital)	176
shùnchā	顺差	흑자	32
sīhuá	丝滑	주처럼 매끄럽다	174
sīsī rùkòu	丝丝入扣	(글·예술 등의 표현이) 매우 짜임새 있고 섬세하다	173
sù	速	빠르다, 신속하다	143
sùmìng	宿命	숙명	64
sùshuō	诉说	하소연하다, 간곡히 말하다, 감동적으로 말하다	112
sùzào	塑造	빚어서 만들다, 조소하다	112
sùzhì	素质	소질, 자질	16
suànpán	算盘	타산, 심산, 계획, 기대	174
suǒshì	琐事	자질구레한 일, 번거로운 일, 사소한 일	64

T

táifēngdài	台风带	태풍 발생 지역	112
táijiē	台阶	더 큰 성적, 더 높은 목표	96
tǎojià huánjià	讨价还价	값을 흥정하다	210
tèjì	特技	특수 촬영, 특수 효과	174
tiān'éróng	天鹅绒	우단, 벨벳, 비로드	174
tiānxià	天下	하늘 아래의 온 세상, 한 나라 전체	16
tiāotī	挑剔	(결점·잘못 따위를) 들추다, 지나치게 트집 잡다	176
tiǎozhàn	挑战	도전	96
tiězi	帖子	댓글	189
tǐng	挺	(몸 또는 몸의 일부를) 곧추펴다	41
tōngxiāo	通宵	밤새도록, 밤새껏	79
tóngbāo	同胞	동포	138
tóngbǐ	同比	전년도 동기와 대비하다	96
tóngrì éryǔ	同日而语	(성질이 다른 것을) 함께 취급하여 논하다, 한데 섞어 논하다	159
tǒngjì	统计	통계하다	96
tóufàng	投放	(인적·물적 자원을) 투자하다	48
tūpò	突破	돌파하다	96
tūxiǎn	凸显	분명하게 드러나다, 부각되다	96
tuībō zhùlán	推波助澜	(주로 나쁜 일이) 커지도록 조장하다, 불난 집에 부채질하다, 사태가 번지도록 선동하다	176
tuīchū	推出	(신상품을) 내놓다, 출시하다	48
tuījiàn	推荐	추천하다, 소개하다	25
tuìjū	退居	(낮은 지위로) 물러나다, 밀려나다	47
tuō	托	맡기다, 부탁하다	140

W

wǎ	瓦	기와	93
wēilì	威力	위력	210
Wēinísī	威尼斯	베네치아	176
wéiměi	唯美	탐미	32

병음	한자	뜻	쪽
wéirén chǔshì	为人处世	남과 잘 사귀며 살아가다	16
wēnyǎ	温雅	온화하고 우아하다	210
wèng	瓮	독, 항아리	128
wūsú	巫俗	무속	128
wúdòng yúzhōng	无动于衷	전혀 무관심하다	77
wúkě hòufēi	无可厚非	크게 비난할 것이 없다	144
wúyí	无疑	의심할 바 없다, 틀림없다, 두 말 할 것 없다	64
wǔmèi	妩媚	(여자·꽃 등의 자태가) 사랑스럽다, 곱고 아름답다	144
wǔyè	午夜	한밤중, 오밤중, 자정 전후의 시간	160

X

xīhan	稀罕	희한하다, 보기 드물다	105
xīrì	昔日	옛날, 지난날	16
xīxī rǎngrǎng	熙熙攘攘	왕래가 빈번하고 왁자지껄한 모양, 북적거리다	160
xíjuǎn	席卷	장악하다, 점령해서 통치하다	12
xǐnǎo	洗脑	세뇌하다	48
xǐnù āilè	喜怒哀乐	희로애락, 기쁨과 노여움과 슬픔과 즐거움, 사람의 각종 감정	64
xǐxīn yànjiù	喜新厌旧	새로운 것을 좋아하고 옛 것을 싫어하다, 애정이 한결같지 않다	121
xìnì	细腻	(묘사나 연기 등이) 섬세하다, 세밀하다	173
xìpí nènròu	细皮嫩肉	피부가 곱고 부드럽다	75
xiácī	瑕疵	하자, 흠, 결함	75
xiàbǎi	下摆	(외투·상의·치마 등의) 하단, 아랫단	144
Xiàwēiyí	夏威夷	하와이	105
xiānqǐ	掀起	자극하다, 불러일으키다	192
xiánhuì	贤惠	(여자가) 어질고 총명하다, 현모양처이다	62
xiǎnhè	显赫	(권세·명성 등이) 찬란하다, 빛나다	176
xiǎnwéi rénzhī	鲜为人知	사람들에게 잘 알려지지 않다	80
xiǎng	享	누리다, 향유하다, 즐기다	123
xiǎngshòu	享受	누리다, 향유하다, 즐기다	125
xiǎotāndiǎn	小摊点	작은 노점	160
xiàodào	孝道	효도	64
xīndé	心得	느낌, 소감, 체득, 터득	43
xīndòng	心动	마음을 움직이다, 마음이 흔들리다	15
xīnlǜ	心率	심장 박동수	48
xīnméitǐ	新媒体	새로운 매체, 뉴미디어	48
xīnrán	欣然	즐겁게, 기쁘게, 기꺼이, 쾌히	210
xīngwàng fādá	兴旺发达	왕성하게 발전하다	160
xiūyǎng	休养	휴양하다, 요양하다	112
xiùhuā	绣花	그림이나 도안을 수놓다	127
Xiùshuǐ Shìchǎng	秀水市场	슈수이 스창 (베이징의 유명한 쇼핑가. 주요 판매품은 보세의류, 중국 기념품, 실크제품)	157
xuānxiè	宣泄	(불만 등을) 털어놓다, 쏟아 내다, 발산하다	144
xuānyáng	宣扬	선양하다, 널리 알리다	16
xuànrǎn	渲染	선염하다, 바림하다	80

Y

병음	한자	뜻	쪽
yǎbakuī	哑巴亏	남에게 말 못 할 손해	156
yàwénhuà	亚文化	비주류문화	16
yānzhìcài	腌制菜	소금에 절인 음식	128
yánjǐn	严谨	엄격하다, 신중하다	210
yǎnguāng	眼光	시선, 눈길	11
yǎnshì	掩饰	덮어 숨기다, 감추다	128
yànyù	艳遇	연애의 기회, 연애의 만남	110
yángwēi	扬威	뽐내다, 위세를 부리다	176
yǎnshēng	衍生	파생하다	80
yǎnglài	仰赖	의지하다, 기대다	128
yāobāo	腰包	돈주머니, 지갑	80
yībì zhīlì	一臂之力	조그마한 힘, 보잘것없는 힘	96
yìmén xīnsī	一门心思	전심전력을 기울이다, 정력을 집중하다, 몰두하다	64
yíshì	仪式	의식	96
yìrén	艺人	연예인	187
yìyàng	异样	이상하다, 특별하다	16
Yínshī jiǎng	银狮奖	(베니스영화제) 은사자상	176
yǐnrén zhǔmù	引人瞩目	사람이나 사물이 특별해서 흡인력이 있다	16
yīngyǒu jìnyǒu	应有尽有	온갖 것이 다 있다, 없는 것이 없다	160
yǐngdié	影碟	VCD, 비디오 CD	80
yǐngxiàng	影像	영상	176
yìngjí	应急	긴급 상황에 대처하다, 임시변통하다	171
yǒngfū	勇夫	용감한 사람, 용사	141
yǒnglái	涌来	몰려오다, 밀려오다	160
yǒngwǎng zhíqián	勇往直前	용감하게 앞으로 나아가다	80
yǒupǔ	有谱	마음속에 속셈(요량)이 있다	126
yǒuyán zàixiān	有言在先	미리 말을 명확하게 하여 두다, 사전에 주의 시키다, 미리 말로 다짐하여 두다	127
yòuhuò	诱惑	끌어들이다, 매료(매혹)시키다	80
yúyuè	逾越	뛰어넘다, 초월하다, 넘다, 넘어서다	13
yù	欲	~을(를) 하고자 하다, 원하다	143

병음 색인

병음	한자	뜻	페이지
yùdìng	预定	예정하다, 미리 약속하다	96
yùrè	预热	예열하다	48
yùhuáng	玉皇	옥황상제	110
yùnàn	遇难	조난을 당하다, 재난을 당하다	110
yuánquán	源泉	사물 발생의 본원 (근원·근본)	144
yuánshēng	原声	오리지널 사운드	80
yuánsù	元素	요소	32

Z

병음	한자	뜻	페이지
zēngzhǎnglǜ	增长率	증가율	96
zhāi	斋	불교, 도교 등 종교인이 먹는 소식(素食)	123
zhāiqǔ	摘取	(꽃·열매·잎 등을) 따다, 뜯다, 채취하다	176
zhànlán	湛蓝	짙푸르다, 짙은 남색의	112
zhāngyáng	张扬	떠벌리다, 퍼뜨리다	144
zhāoshù	招数	수단, 방법, 계책, 책략	186
zhàobān	照搬	답습하다, 모방하다	144
zhěnmì	缜密	엄밀하다, 세밀하다, 치밀하다	210
zhènrén ěrmù	振人耳目	사람을 놀라게 하다	64
zhènxīng	振兴	진흥하다, 흥성하게 하다	176
zhēngxiāng	争相	서로 다투어	48
zhèngpǐn	正品	정품, 합격품	205
zhīmíng	知名	잘 알려진, 저명한	80
zhīmíngdù	知名度	지명도, 세상에 이름이 알려진 정도	16
zhíchōngchōng	直冲冲	곧바로	128
zhìgǎn	质感	(예술품의) 실감, 박진감, 생동감	174
zhìyuànzhě	志愿者	자원 봉사자	169
zhōngjiè	中介	중개하다, 매개하다	139
zhòngshǎng	重赏	중상, 큰 포상	141
zhōuqī	周期	주기 (같은 현상이 한 번 나타나고부터 다음 번 되풀이되기까지의 기간)	48
zhōusuì	周岁	만 한 살, 한 돌	128
zhǔlìjūn	主力军	주력군	64
zhǔtí	主题	주제	32
zhǔtíqǔ	主题曲	주제곡	32
zhuān	砖	벽돌	93
zhuānjí	专辑	앨범	80
zhuāntíyóu	专题游	테마 여행	94
zhuǎnfā	转发	전파하다, 글을 퍼 나르다	188
zhuàn	赚	얻다	187
zhuīpěng	追捧	열렬하게 추종하다, 사람을 받다	144
zhuīxún	追寻	추적하다	144
zīshēn	资深	경력이 오랜, 베테랑의	210
zǒuhóng	走红	잘나가다, 운수가 트이다	160
zǒurén	走人	떠나다, 가다	122
zǒuxíng	走形	변형되다, 모양이 변하다	140
zuǒliào	佐料	양념, 조미료	128
zuǒyǐ	佐以	~을 보조적으로 사용하다	128
zuòpài	作派	위엄, 위신, 가식적인 자세	16